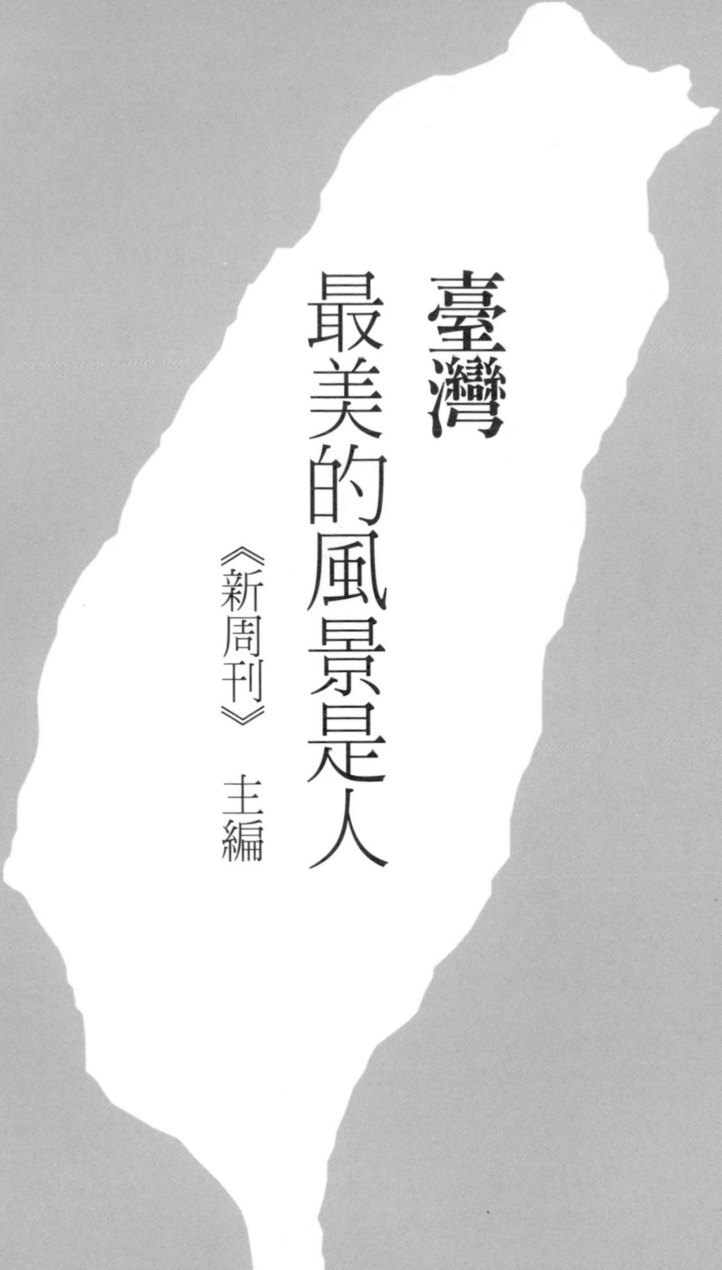

臺灣最美的風景是人

《新周刊》主編

目次 Contents

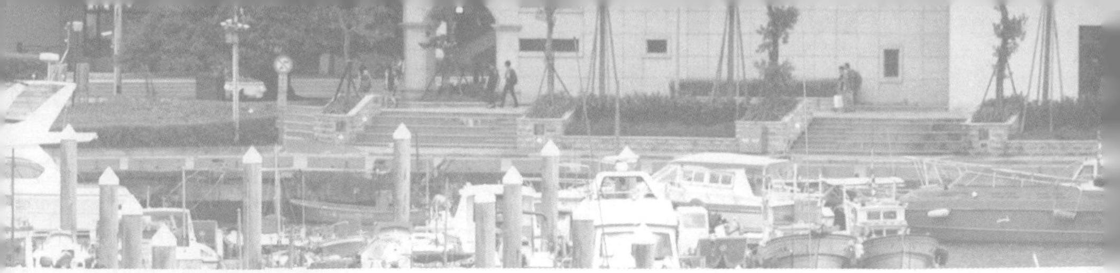

印象臺灣

序

一九九八年八月，在《新周刊》總第四十五期的「城市魅力排行榜」專題中，臺北被評爲「最陌生的城市」。多年以後，臺北街頭卻成爲了我們最感親切的地方，想像的彼岸變成了眞切的對岸。

在改革開放的這些年，我們通過臺商、臺企和回鄉臺胞認識了來大陸的臺灣人。目前，旅遊是海峽兩岸重要的交流方式之一，中國大陸已成爲臺灣第一大入境客源市場。二〇〇八年七月開放大陸遊客組團赴臺遊至今，赴臺遊客已近四百萬人次。現在，每天平均有近萬人次的大陸遊客在臺觀光，走五都三市十二縣，體驗「臺灣五美」（美景、美食、美湯、美容及美好的傳統文化），與二千三百萬臺灣同胞親密接觸。

除了旅遊，同根同源的傳統文化也是海峽兩岸的橋樑；經濟和ECFA是橋樑，人更是橋樑。通過各種橋樑，中國大陸與臺灣互看、互知、互相體認，民間社會湧動著人情的暖流。

我們衷心希望，人人在臺灣看到的最美風景是人，正如岸這邊的我們對自己的期許一樣。

《新周刊》執行總編　封新城

台灣加油

臺灣一〇一

你必須知道的一〇一個臺灣人

你必須體驗的一〇一件臺灣事

愛恨臺灣的一〇一個理由

你必須知道的
一〇一個臺灣人

統籌/陳漠
文/陳漠、胡堯熙、丁曉潔、孫琳琳、張堅、黃俊傑、
何雄飛、張丁歌、譚山山、肖鋒、陳非、金雯

你必須知道的一〇一個臺灣人

他們讓臺灣更豐富、更吸引人、更有價值。他們來自各行各業（暫不包括政壇人物），以自身的努力和成就，讓臺灣人成爲臺灣最美的風景。（人名按中文筆劃排序）

九把刀

他二〇〇〇年開始寫網路小說，也有十幾本書進入大陸，但直到他親自導演的《那些年，我們一起追的女孩》公映，小清新電影打敗了大製作，人們才如夢初醒地「發現」了他。他前六十三本書的銷量加起來都沒有「那些年」銷量的一半。柯景騰同學創造了人生第一個引爆點，小清新們開始關注他未來的那些年。

王永慶

王永慶是臺灣產業史的柱石，從一個茶園雜工開始自己的創富之路，直到二〇〇六年以九十歲高齡宣佈交棒，台塑集團正式步入二代經營；女兒王雪紅也創辦了宏達電，旗下的HTC手機成爲移動終端中的明星，而它們的前途將驗證華人家族企業能否長期繁榮。二〇〇八年，王永慶爲四川地震災區捐出一億元人民幣，讓國人對他多了親近感。如今已離世的王永慶，仍將是臺灣創業者的精神領袖。

王建民

臺灣人不看足球，看棒球，棒球有個王建民。他一度像珍珠奶茶一樣流行，讓臺灣民眾暫忘政治紛爭，是臺灣體育迷心中的「臺灣之光」。他縱橫美國職棒，連續兩年入選《時代》雜誌全球最具影響力的百大人物之一。二〇一三年三月二日，王建民代表中華隊在世界棒球經典賽首輪出戰澳洲隊，主投六局無失分，終場以4:1擊敗澳洲，拿下勝投。二〇一三年三月二十一日，以小聯盟合約回到紐約洋基隊。目前進入大聯盟藍鳥隊。

王偉忠

他是臺灣「綜藝教父」，更是手下大牌雲集的「偉忠幫」幫主。《全民最大黨》、《康熙來了》、《我猜我猜我猜猜猜》、《超級星光大道》、《國光幫幫忙》……經他所製作或監製的電視節目單就是中國宅男腐女最早的網路點播單。這個頑童臺客一玩就是四十年，連人生告白都是《我住寶島一村》。但是，這位充滿創意的臺客，卻是中國綜藝娛樂的拉幕人。

王陳彩霞

從台南的裁縫鋪到臺北中山北路的名牌店，她是臺灣最成功的時裝設計師。她創立於一九七八年的品牌「夏姿・陳」以改良過的中國元素爲特色，將中國傳統服飾工藝以高級定製級的水準呈現出來，創造了一種西方人也適用的東方美。一九九〇年，她在巴黎設立工作室，推廣「現代中國風格」(Neo-Chinese Chic)。她將提花、水墨、刺繡等東方傳統技法和西方立體剪裁相融合，成爲國際時尚領域中國風服飾設計的代表人物。

王榮文（照片由本人提供）

王榮文是臺灣最大出版社「遠流」的創辦人。遠流曾被日本人喻爲「臺灣的講談社」，李敖、柏楊、金庸——曾經最風靡臺灣的作家作品幾乎都來自遠流。臺灣業界評價他是一位「左手談文化理想，右手講經營績效，中間用創意腦袋」的出版人。當下他正發展線上閱讀器，「替所有的出版界做服務」。他還挖掘「華山創意園區」，每一棟房子都是一個藝術家和一樁生意，致力於經營一個藝術家寫作之外的所有智慧才華。

丘如華

上海有個阮儀三，臺北有個丘如華——她是臺灣的文脈保姆，十餘年來持續推動文化資產保護及社區營造事業。以非營利組織角色動員草根力量，在臺北迪化街，新北三峽老街，高雄美濃，新竹湖口與北埔，臺南新化，澎湖馬公，馬祖、蘭嶼等社區的活化上付出大量心血。她與國際組織結盟，引進先進的觀念和技術，協助臺灣社會打開一扇面向歷史資源的窗。

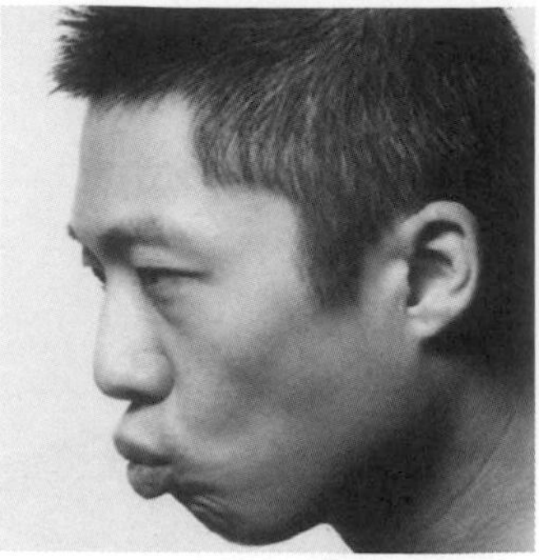

包益民

不管作爲廣告人，還是生意人，包益民始終在闡述「創意」如何改造行業。在李奧貝納、智威湯遜時，他賣創意給品牌；創辦包氏企業後，他賣創意給大衆。在臺灣人開始關注設計時，他適時創辦雜誌**PPAPER**連接創意界和大衆，使之成爲華人世界最爲流行的設計讀物；在創意成爲新的競爭力時，他又拿出了International Creative Business，讓創意者看到商業化的無限可能。

古龍

如溫里安所言：「古龍生前死後臺灣還沒有可跟他相比擬的武俠小說家。」古龍，還是金庸？這是上世紀八〇年代開始瘋狂閱讀武俠小說的那批武俠迷永遠的追問。古龍的小說不寫神或魔，而寫活生生的人和人性，古龍本人就是性情中人。今日，古龍後人宣佈將五十七部古龍小說版權授權給大陸一家出版公司，希望「大陸的九〇後、〇〇後們能愛上古龍」。

白先勇

一九五二年遷居臺灣，一九六二年赴美並旅居美國，他在臺灣只待了十年，仍被視爲臺灣代表作家，只因爲他那部《臺北人》。他第一次進入大陸大衆視野，緣於一九八八年謝晉將他的《謫仙記》改編成電影《最後的貴族》。那大概是大陸導演第一次試圖正面演繹所謂「貴族」遺風，但實現得不理想，白先勇那種骨子裏的蒼涼更付之闕如。現在，他爲崑曲心醉。

朱德庸

他爲都市裏困惑的年輕男女而畫，創作形式是簡單的四格漫畫，內容卻是成人世界裏各種複雜糾結的關係。提起畫筆來他既是導演又是編劇，他的作品像一部部小型肥皀劇，道盡對城市生活和白領階層的觀察，既諷刺調侃又提點教路。《醋溜族》創下了臺灣漫畫連載時間最長的紀錄，《雙響炮》、《澀女郎》、《醋溜族》等被改編成同名電視劇。

余光中

一首常常在大小晚會被配樂朗誦，甚至收入中學語文課本的《鄉愁》，使余光中在大陸家喻戶曉。但成也《鄉愁》，敗也《鄉愁》，余光中的形象從此被定格爲「那個寫《鄉愁》的臺灣詩人」，但實際上，他的好詩、好散文、好譯作衆多。更讓他難爲情的是，大陸演員朗誦《鄉愁》時，「總是激動，甚至淒厲，有樣板戲的風味」。

吳兆南

「年輕時說相聲是爲了活著，爾後活著是爲了說相聲。」吳兆南一九五二年開始擔綱「單口相聲」演出，後與魏龍豪搭檔出演對口相聲，數十年來，廣撒相聲緣，桃李遍臺灣。「吳兆南相聲劇藝社」至今是曲藝界的地標，與社會積極互動，爲相聲推廣作出卓越貢獻。

吳宗憲

他是「憲哥」，是金牌主持，也是周杰倫的老師。他有自己的「憲式幽默」，臺灣壽命最長的節目都由他主持，《我猜我猜我猜猜猜》更是全球華人收視率最高的節目。他睡眠很少，副業很多，他說從綜藝節目裏可以看到「文明的表徵」，這句話讓他像是娛樂界的正經人。

吳清友（照片由本人提供）

有他在，書就不會死；也因爲他，臺灣人打開閱讀的雙目。一九八九年，三十九歲的吳清友創辦現今成爲臺灣文化地標的「誠品」書店，口號是「不在家，就在誠品；不在誠品，就在往誠品的路上」。連續虧損十五年，一輛車子開了十八年，他寧賣家產也不變初衷。五十四歲，滿頭白發的他採用書店與商場的複合模式，扭虧爲盈也引發爭議，但卻爲網絡時代日漸萎縮的實體書店的生存和新的發展注入了全新生機。全臺五十三家分店（臺、港兩地四十二家分店）、二十四小時不打烊、每年逾四千場文化活動、極少降價打折——這是吳清友的誠品，不只是賣書，更爲推廣閱讀，不止爲閱讀，更爲推廣一種全新的生活方式。

吳寶春

這個臺南土生土長的鄉下小孩，現在是世界級飲食藝術家。他十七歲懷揣五十元新臺幣隻身到臺北麵包店當學徒，四十歲以「米釀荔香麵包」勇奪世界麵包大師個人賽冠軍。他說，秘方是將感情融入麵包，「麵包不僅是看、聞、吃的東西，還融入了生活的情感」。

李安

從民衆到政壇，全臺灣都是他的忠實粉絲，連戰稱他是「中國之光」，馬英九把他升至「亞洲之光」。兩次獲得威尼斯電影節金獅獎、柏林電影節金熊獎，憑藉《斷背山》更成爲亞洲第一位獲奧斯卡金像獎的導演。不論拍華語片，還是拍英語片，李安不局限於本土，卻成爲臺灣文化輸出的重要環節，爲華人在西方話語體系中取得一席之地。《少年PI的奇幻漂流》再度榮獲奧斯卡最佳導演獎。

李宗盛

《凡人歌》之前，李宗盛是流行音樂家，這首歌之後，他成了生活家。生活最難得的是自嘲，學會自嘲，就是學會了生活。拉碴的鬍子，粗糙的嗓音，隨性的調侃，嘻嘻哈哈的鄰家大叔做派，他堪稱最沒氣場的音樂教父。他始終在傳達一種理念：柴米油鹽，喜怒哀樂，才是最眞實的生活。不激進，不悲觀，懂得平凡，才能提煉不凡。他是臺灣音樂的生活風範。

李祖原

他是「臺北一〇一的建築師」，中國元素處處可見——每八層組成一個鼎的形狀、「如意」形的裙樓頂樓採光罩、直徑達四層樓的古錢幣裝飾、節節高升的意象等。他主持的李祖原建築事務所，以中國符號爲設計特色，並將這種建築風格推到極致，實施在摩天大樓等西式建築物上。其設計關注傳統文化中的具象，但在功能性方面卻爭議頗多，他在北京最令人印象深刻的案例是形似巨龍的盤古大觀。

李敖

李敖可以說是在大陸曝光率最高的臺灣作家，也是被傳媒消費最多的作家。通過上電視，他淋漓盡致地展示了自己擅長表演的一面。他自稱把「知識份子」做得神氣活現，並把知識份子的清議傳統與現實結合得嚴絲合縫。人人看到他的驚人之舉，少有人看出他的勤奮和眞誠。

阮義忠

他是專業攝影師，更是攝影界的傳教士。他一直堅持人文主義的溫暖視角，以超乎尋常的熱情和洞察力，專注地用鏡頭記錄臺灣社會。他出版的《當代攝影大師》、《當代攝影新銳》影響甚廣，一九九二年創的《攝影家》中英雙語雜誌，旨在提升世界對亞洲人攝影表現的認知，更爲中國人認知世界開闢了大師級影像長廊。

周正剛

他原本經營家族的紡織生意，卻因被「日本社會的讀書風氣」打動，決心進入書店行業，把金石堂變成臺灣的「國民書店」，創建出臺灣連鎖書店的直營店與加盟店模式，二〇〇五年五月總店數衝破百家，目前全臺共六十八家。周正剛說自己從「企業人」變成「文化人」是偶然。弟弟周傳芳二〇〇三年接下金石堂書店總經理的擔子，開始金石堂書店年輕化的改革。求新求變抱持著新鮮態度，讓金石堂書店的招牌能始終發亮。

周杰倫

周杰倫改變了整整一代人的審美方式，乃至生活方式。這是之前任何歌手都沒做到的，身爲大眾偶像，他更像音樂怪胎。Jay、鴨舌帽、耍帥、籃球、街舞、R&B、Hip-Hop……每個標籤都是新鮮多汁的，都是亢奮不安的，都是噴湧而出的。含糊不清的歌詞，表達了一個清晰無比的態度：我的地盤我做主。周杰倫，即臺灣新銳史。

林生祥

他是最原生態的客家民謠歌手，同時也是民生社會運動的推動者。一九九九年四月，美濃反水庫運動的《我等就來唱山歌》，在各式抗爭場合與民眾一起唱著憤怒與希望。《菊花夜行軍》等專輯依然延續著發軔於草根、關注底層生存狀態的特點。他始終在豐厚的鄉土裏收割靈感，用客家語唱出感懷與訴求，用本土器樂奏出庶民文化的樸實與光鮮。他的歌，被「反水庫」的鄉親們從高雄一路唱到臺北，爲民生運動提供「子彈」。

林百里

全世界每四台筆電之中，就有一台是廣達集團生產的。生於上海、長於香港、立於臺灣的林百里，將廣達集團打造成全球筆電的代工之王。他也被認爲「文人氣質勝於商人氣質」，成立文教基金會贊助藝文活動，也是張大千畫作的大藏家，被龍應台稱爲「不可救藥的浪漫主義者」。

林志玲

打到臺灣去，活捉林志玲——再也沒有比這更過分的恭維了。她是美女、名模、封面人物、臺灣第一個發行專屬郵票的藝人。「林志玲現象」被視爲臺灣「最大規模時代權力交替的徵候」，是年輕新階層「理想化自我」、「自我認同」的文化符號。她不僅是臺灣女性美的代表，也是臺灣新一代價值觀的代言人。

林青霞

她的美有目共睹，《窗外》開啓了不可超越的「最美瓊瑤女郎」。她曾經是華語影壇的玉女掌門人，與林鳳嬌、秦漢、秦祥林並稱七〇年代臺灣影壇「二林二秦」，也是港臺電影界最早能跨界文藝、武俠兩種不同電影風格的女明星。她從影二十一年，演出一百多部電影，被臺灣人譽爲「走紅時間最長、光芒最閃亮的女明星」。

林美虹

師承碧娜．鮑許的林美虹，更擅長在劇場內展現當下社會對人性的塑造。《淚之泉》呈現瀕死的恐懼、《北方旅館》展現人生的不安，使她在歐洲舞臺發光發熱。但她不忘時時對自己臺灣身份的強調，舞劇《新娘妝》剖析了臺灣婦女在傷痛中的掙扎，甚至穿插了歌仔戲。林美虹展現的是作爲臺灣現代女性與藝術家走出去的勇氣，她的編舞既能體現現代西方精神的困惑，亦能回到當下臺灣的鄉愁。

林書豪（照片由華品文創拍攝）

林書豪，哈佛小子，美籍華人籃球員。他是「臺灣之光」，更是全球孩子的最佳榜樣，典型美國夢樣板。先是遭遇「傲慢與偏見」，進大學幾經坎坷；踏入聯盟後十六天內兩度被裁，成了「被侮辱與被損害的」。他只是紐約尼克斯隊的臨時短工，但他帶領尼克斯隊七連勝。他陽光又謙遜，在全臺刮起「林旋風」，馬英九也貼文爲其加油。林書豪也在出版社引起了「林來瘋」。他爲臺灣人點燃追求夢想的聖火。

林義傑

他是臺灣的阿甘，特別會跑。一點六四米的他，跑出了臺灣，跑完了撒哈拉沙漠七天六夜橫越賽，跑進了亞馬遜叢林，跑成了四大極地超級馬拉松巡迴賽冠軍，跑通了一萬公里的絲綢之路。他為挑戰人類極限而跑，為創造歷史而跑。他跑出了生命的寬度，至今還在跑。

林懷民

一九七三年後的林懷民帶領著華人社會的第一個現代舞團「雲門舞集」，用東方意象刷新了世界舞界。他與舞團於中國大陸、臺灣和世界各地公演，用舞蹈融貫了東西方美學。他被譽為「亞洲英雄」，也被稱為二十世紀最偉大的編舞家之一。他做了臺灣藝術家普遍想做的：為華人保留並探索傳統美的可能性。看林懷民與雲門舞集的演出，就像是看臺灣如何在傳統與西方價值中取得平衡。

侯孝賢

他是世界級的電影大師，從一九八三年一部《小畢的故事》開啓的臺灣電影新浪潮，影響了此後衆多年輕導演的創作方向和基調。拍攝於上世紀九〇年代的「悲情三部曲」，第一次將臺灣電影帶上了世界舞臺，並爲此後的臺灣影片開拓出一條「國際影展路線」。幾十年來，侯孝賢堅持以匠人之心重現臺灣人日常生活細節，以鄉土電影爲臺灣歷史寫註，他的每一部作品都是記錄臺灣「社會眞實」的最佳範本。

侯德健

一個被銘記又被擦拭過的名字。一個音樂裏跳不過去的音符。他是臺灣校園民謠時代的啓蒙者，亦是中國流行音樂被遺忘的開門人。《捉泥鰍》、《歸去來兮》、《酒矸倘賣無》等一系列歌曲，曾讓上世紀七〇年代的侯德健戲稱「紅到沒對手」。《龍的傳人》即便一次次遠走他鄉，依然是臺灣音樂裏「無聲」的龍。

南方朔

他以新聞人、政論者、政治學者聞名，寫了大量的時政評論，既針砭時弊也構建期望，被稱作是民間智庫中的重要一員。他也寫英美詩歌評論，爲讀者提供不一樣的知識趣味。南方朔從新聞記者到專欄作家，在華語評論界都有著持久的影響力。他對自己的評價是「讀書人」，努力爲臺灣人解讀社會並提供思想武器。

姚壯憲

所有華語遊戲玩家都必須記得姚壯憲，他是《仙劍奇俠傳》之父。一九八九年，他創造出中文遊戲史上最暢銷的系列遊戲《大富翁》第一代。一九九五年，他出品的《仙劍奇俠傳》開創了國產RPG的紀元，被衆多玩家譽爲「曠世奇作」。二〇〇〇年，他從臺灣進入大陸，在單機版遊戲領域，兩岸三地無人能及。

施振榮

施振榮見證並親歷了臺灣ＩＴ業發展的全歷程，他創建的宏碁集團也經歷了從製造業轉爲行銷服務業的一系列轉變。不變的是，宏碁在全球電腦製造商的排名榜上始終穩步上揚，進入前四。「明基電通集團」、「緯創集團」等拆分公司組成的「宏碁系」主導著臺灣電腦市場的走向。已經離開一線崗位的施振榮仍然關注著商業世界，他的最新夢想是擊敗三星，讓臺灣ＩＴ製造業重新超越韓國。

施崇棠

他低調務實，專心創業，被形容爲「不喝酒，不喝咖啡，不喝茶，本人就像最愛喝的白開水一樣，不張揚但卻乾淨」。二十五歲時聯合施振榮創立宏碁，四十二歲時入主華碩，助推臺灣業界的「電子五哥」成爲世界一極。他體會過創業之艱和守業之難，親歷過兩間公司的高峰和低谷，在潛心經營下把它們的名字寫進了世界五百強。

星雲法師

他將佛教帶往現代化。他於一九九一年成立的國際佛光會，已成全球華人最大的社團。身爲臨濟宗第四十八代傳人，他以弘揚「人間佛教」爲宗風，以文化弘揚佛法，以教育培養人才，以慈善福利社會，以共修淨化人心。他的「說法」是：做人很簡單——說好話、做好事、存好心；做事很簡單——給人信心、給人歡喜、給人希望、給人方便；世界也很簡單——自心和樂、人我和敬、家庭和順、社會和諧、世界和平。他代表臺灣，更代表中華文化。他以「臺灣情、中國心」架起兩岸溝通的虹橋。

柏楊

一九八四年九月，柏楊在美國愛荷華大學作了《醜陋的中國人》的演講；一九八六年，《醜陋的中國人》在大陸出版。研究者說，柏楊是在「他應該來，也正是大陸需要他來的時候」適時出現的，帶來了「醬缸文化」的概念。因爲此書，柏楊在上世紀八〇年代的思想解放思潮中佔據重要地位，影響力也延續至今。二〇一〇年，柏楊去世兩年後，《柏楊全集》在大陸出版。

胡德夫

胡德夫，Kimbo，對原住民音樂來說是一個神話般的名字，幾十年來堅持本土民謠吟唱與普及。他的歌聲緩慢、渾厚，如拍打礁石的陣陣波濤，充滿野性的生命力。二〇〇五年臺北個唱，臺下竟然坐滿藍綠兩大陣營政要。他們聽著胡德夫的歌成長，又因胡德夫而拋棄異見坐在一起。這是臺灣民謠的力量。他的歌聲，是太平洋的風。

郎雄

他在銀幕上塑造了最深入人心的中國父親形象，儘管他最早是一個硬漢演員。李安說他有一張「五族共和」的臉，不論東方人或是西方人，看到他，都會想到中國父親。《推手》、《飲食男女》……人們常常是通過郎雄來理解自己父親的，他們總是不苟言笑、難以溝通，但在細微之處又處處爲兒女考慮，在意想不到的時刻懂得輕輕放手。

夏鑄九

他現任臺灣大學建築與城鄉研究所教授兼所長，在古蹟保護、建築與都市史、建築社會學與都市社會學、建築設計與規畫方面均有建樹。他主張將實質的物理空間與人的關係緊密連接在一起，將建築變成好用的公共空間，而非徒有形式。他也關注民生利益，四川「五・一二」大地震後，發起成立「臺灣支援四川災後重建行動聯盟」。

席慕蓉

在大陸普通讀者的認知中，余光中是唯一的臺灣男詩人，席慕蓉則是唯一的臺灣女詩人——儘管夏宇的詩作近年來也有不少讀者，但回望上世紀八九十年代大中學生人手一本席慕蓉的盛況，這是後輩詩人再也難以達到的高度。席慕蓉詩句唯美，被譽爲「詩中的瓊瑤」，那時誰不會背幾句「如何讓你遇見我／在我最美麗的時候」呢。

徐重仁

賺臺灣人不便利的錢，爲臺灣人提供便利——徐重仁的統一超商在經過七年的巨額虧損後才迎來轉機，成長爲臺灣第一大零售業公司。他將7-Eleven便利店引入臺灣，近五千家分店不僅作爲便利店存在，同時也負擔著個人物流的使命，喜歡網購的一代都能在7-Eleven取到自己購買的商品。臺灣《商業周刊》評價：「在臺灣誰最瞭解你的日常消費需求？除了家人，排名第一的，一定是徐重仁。」二〇一二年六月二十一日徐重仁卸任統一超商總經理職務。現任商業發展研究院董事長。

徐熙媛／徐熙娣（大小S）

大S是偶像劇常客，拍過《流星花園》；小S是主持界大嘴，主持《康熙來了》——她們是臺灣最具人氣的姊妹，一個美麗，一個慧黠，兩人都稱得上美貌與智慧並重。雖然她們一個已爲人婦，一個已是辣媽，但正如她們有過的藝名「SOS」一般，她們依然是亞洲宅男的夢中情人，也是拯救被無趣生活所圍困的橡皮觀眾之福音。

柴智屏

她當過三級片編劇，但現在已是「偶像劇教母」，是娛樂界的「魔法師」，是「亞洲之星」——這些頭銜其實都不要緊，最重要的是她製作了《流星花園》，讓我們和Ｆ４一起看過流星雨。她是「寧做黃鶯也不做禿鷹」的美麗製作人，她的人生就如一部勵志的偶像劇。

殷海光

臺灣「自由主義」的開山人物與啓蒙大師，殷海光當之無愧。他在大學講授哲學和邏輯學，卻在思辨之中步步接觸眞相，萌發了批判的力量。他參與胡適、雷震、傅斯年等人創辦的《自由中國》雜誌，以鋒利的政論文章猛烈批判當局，也以深邃廣博的學識爲自由主義思潮提供理論支援。他是臺灣當代知識份子的先聲。

郝明義

「除了愛情，沒有任何事情像閱讀這樣讓我們覺得遲來的開始也可以如此美好。」郝明義出版書，更推廣閱讀。他翻譯了《如何閱讀一本書》，把米蘭·昆德拉、村上春樹引進臺灣。從閱讀方法到目的，從圖書內容到類型，他一一闡釋。他讓嗜讀者節制，爲悅讀者架橋。以輪椅代步的他努力使閱讀成爲人們互相攀援的肩膀，使閱讀者不再迷茫和孤獨。

高希均

他終生的職業是經濟學家，卻以出版人被廣泛認知，有人說「他對臺灣社會的熱愛反映在每一個他所鼓吹的觀念上」。一九八一年，高希均創辦《天下》，給喧囂乏味的臺灣媒體圈帶來一絲清風。其後，《天下》拓展爲「天下文化」，繼續爲臺灣社會提供可貴的觀念。成功遊走政治和媒體圈的成績，讓別人把他當作「現代書生報國的最佳榜樣」，他卻只說自己最心儀「教育家」和「和平使者」，因爲「活得溫飽，活得小康，活得有尊嚴」正是他理解的教育之責。

高信疆

「紙上風雲第一人」，開創臺灣報紙副刊的新格局，高信疆是臺灣傳媒繞不開的標竿。他把報紙看作立體媒體而不是「平媒」，把副刊當作新聞的衍生。在他的領導下，人間副刊集結了一大批思想獨到、個性鮮明的學者、作家、藝術家，成爲突破思想禁忌、引領文化潮流的前沿陣地。高信疆故去，李敖爲他賣字畫買墓地，評價他「臺灣對他太小了」。

高清愿

他小學畢業，白手起家，在統一集團如日中天後，臺灣人稱他爲「臺灣的阿信」、「臺灣的松下幸之助」，他和這些人一樣，出身貧寒，在波折後建立了龐大的企業集團。他是最早把速食麵和便利店（7-Eleven）引入臺灣的企業家，改變的是商業形態，也是生活方式。高清愿評價自己說：「我做過最好的事，就是靜靜地推動了一次臺灣生活方式的革命。」

張大春（照片由本人提供）

「頑童」張大春，喜歡「玩」小說，玩得豐富、繁雜，被人稱爲在文學上要十八般武藝的「孫悟空」。八〇年代，他已經對西方小說寫作技法爛熟於心，開啓臺灣現代小說在形式上完足的黃金時期。他又醉心於傳統，顚覆歷史人物的刻板印象，極盡詼笑又悲憫。他定義自己爲說書人，新派武俠小說《城邦暴力團》被倪匡贊譽爲是金庸之後最偉大的武俠小說。梁文道稱他比自己厲害一百倍。莫言稱他是臺灣最有天分的作家。

張小燕

香港有汪明荃，臺灣有張小燕。五歲開始演戲，歌影視三棲；她是臺灣綜藝節目主持人的大姊大，人稱「小燕姊」，與張菲、胡瓜、吳宗憲被合稱爲「三王一后」。在《綜藝一百》每一集的結尾，她都用五音不全的嗓音唱《再見歌》：「朋友再見、再見，祝福您永遠快樂。」但觀眾怎麼又捨得與她帶來的快樂說再見？

張艾嘉

她是藝壇常青樹，創作多面手，既是與林青霞、林鳳嬌同時成長的第一代「瓊瑤女郎」，又在臺灣民歌運動中一炮唱響，更是臺灣珍稀的女性導演旗幟。從《最愛》到《少女小漁》、《心動》，再到《二〇，三〇，四〇》，細膩而隱忍的女性視覺，成爲無數文藝女青年的膜拜之作。

張忠謀

他是全球最大的積體電路服務製造商台積電的創始人，臺灣的「半導體之父」。他創造了專業代工的概念，「只做代工，不與客戶競爭的永續性原則」是他的信條，這一理念讓臺灣經濟受惠，也間接孵化出郭台銘的鴻海集團。在臺灣《天下》雜誌的標竿企業獎評選中，台積電連續十一年獨佔鰲頭。CNN評價他是臺灣經濟崛起的象徵，也是臺灣經濟至今尚未破產的最重要原因。二〇一一年，台積電在晶圓代工市場的佔有率全球第一。

張惠妹

張惠妹是簡單的，直接的，野性的，不留餘地的。無論勁歌還是情歌，她只要一張嘴，就必定用盡全力，直指人心。她是高山中的歌者，如阿郎的獵哨，阿妹的山歌，在都市叢林裏，吟嘯徐行，震撼異常。從《姊妹》到《你在看我嗎》，十五年來，這個臺東卑南族的女子，用原住民的單純與倔強，唱出臺灣的力量和聲音。

張菲

他在西餐廳演奏薩克斯風起家，小名「阿牛」，外號「菲哥」。他是「黃金五寶」之一，是音樂人，是主持人，是名嘴，是多情種子，是「猶豫先生」。他亦莊亦諧，曾誇：「在我心中，費玉清是遙不可及的巨星。」費玉清說的則是：「哥哥的主持功力，我絕對比不過。」

張照堂

他是臺灣近半個世紀以來最重要的紀實攝影家，對推動臺灣攝影文化的現代性轉型起了關鍵性的作用。一九六五年，他與鄭桑溪的「現代攝影雙人展」，在臺灣攝影界首次有意識提出「現代攝影」一詞。他亦花費許多心力整理臺灣重要攝影大師作品，並致力於紀錄片製作。

張榮發

在全世界都能看到漆有「Evergreen」字樣的綠色貨櫃車在街上飛馳、看到長榮航空的飛機劃過天際，它們都隸屬於臺灣長榮集團。一九六八年，張榮發以一艘雜貨船「長信輪」開啓長榮集團的歷史。目前，長榮海運已擁有世界第一大貨櫃船隊，長榮集團成爲集海運、空運、酒店、製造等業務爲一體的跨國企業集團。在大陸和臺灣加強經貿往來之後，張榮發的企業已經被越來越多的大陸人熟知。

莊淑芬

她是臺灣奧美的領導者，又幫奧美打下中國大陸市場。莊淑芬身上有太多東西可以解讀：普通人關注她從一個小女子到高管的職場奮鬥史，廣告人希望從她身上讀到奧美成功的秘訣，年輕人則被奧美文化所吸引，期待加入其中，成爲《廣告狂人》式的人物。

許常德

他用文字解碼音樂，用歌詞爲臺灣流行音樂做滿註腳，寫下了眞正意義上的「千千闕歌」（一千二百餘首）。他也是新派情感男作家，也做唱片企劃，被記住最多的，還是像出廠標配一樣的詞作者名字，簽署在經典曲目旁：《一天到晚游泳的魚》、《揮著翅膀的女孩》、《如果雲知道》、《健康歌》……

郭台銘

說起iPhone、iPad和大陸城市爭相延請的招工大戶，繞不開郭台銘。一九七四年，他找母親借來十萬元新臺幣成立「鴻海塑膠企業有限公司」，三十八年後，鴻海精密集團成爲世界最大代工廠。因爲代工模式，他和鴻海集團飽受爭議，但不可否認的是，把鴻海從一個只有十名員工的作坊發展爲員工超過百萬的產業巨艦，他的商業智慧受到資本市場的認可。二〇一二年，郭台銘又收購了日本夏普百分之九點九的股權。

陳昇

他是沉鬱頓挫的知音大叔、玩心未泯的文藝中年、不像歌手的歌手、嚴肅的製作人、玩票的專欄作家、熱情的公益人士。他對世事愛得深又無所謂，對音樂多情又專一。面對悲傷，他唱：我把悲傷留給自己。他百變、多面、非主流，活得千姿百態，五彩斑斕，是人們不願入眠的臺北一夜。

陳映眞

他是土生土長的臺灣人，上初中時偶然讀到的一本《吶喊》，給了他思想的啓蒙。他以魯迅爲師，對國家、民族有著特殊情感，哪怕爲此入獄仍不改初衷。他跟大陸文化界交往密切，王安憶曾把他視爲精神偶像，認爲是他讓她具備了對消費社會的抵抗力。二〇一〇年，陳映眞加入中國作家協會，並和金庸一樣，當選爲中國作協名譽副主席。

陳界仁

他是臺灣當代藝術界的一把尖刀，剖開及展示殘酷現實。上世紀八〇年代，他開始從事攝影創作，二〇〇二年介入影像、裝置及行爲藝術。他的攝影代表作《凌遲考》，將中國半殖民地時期留下的殺戮照片進行數位化再創作；影像代表作《加工廠》，展現了製衣女工在勞工糾紛懸而未決的情況下重返荒廢工廠的景象。他的長鏡頭關照弱勢群體，卻不施以溫情，其作品的沉重與直接讓臺灣人迴避，卻在國際藝壇引起強烈反響。

陳澄波

他是臺灣本土畫家的早期代表人物，繪畫以「圓形構圖」爲標誌，色彩憂鬱，充滿鄉土味和「素人」個性。在物資匱乏的情況下，他走遍臺灣寫生創作，作品在日治時期多次獲獎，提高了臺灣畫家的地位。一九四七年，他在「二二八」事件中遇害，很多作品也被銷毀或破壞，留存不多，但因其藝術價值和歷史價值而備受追捧。二〇〇七年，他的《淡水夕照》在香港佳士得以四千八百一十九萬港元成交。

陳樹菊

她是臺東中央市場的女菜販，卻是臺灣最值得尊敬的慈善家，多年來捐出了近一千萬元新臺幣做慈善，李安導演專門寫信向馬英九推薦她爲「臺灣之光」，《時代》雜誌評她爲二〇一〇年最具影響力時代百大人物。她信佛，省吃儉用，每天生活費不到一百元，卻很樂意捐款助人。她的新目標是存一千萬元成立基金會，讓窮人吃飯、看醫生。她說：「錢，要給需要的人才有用。」

幾米

他爲成人畫童話書，是臺灣繪本的風格開創者，引領了憂傷小清新式的漫畫風潮。從《向左走・向右走》到《星空》，他的風格一以貫之，融溫暖與孤獨於一身，觸動了當代人內心那根最文藝的神經。他的漫畫不拘泥於紙本，跨界演變成其他的藝術形式，參加繪畫展，改編成電影、電視劇和音樂劇，甚至衍生成主題公園，形成了獨特的「幾米現象」。

舒淇

她是臺灣最性感的女人，也是臺灣的勵志女神。她曾因三級片一脫成名，卻拒絕成爲娛樂世代的消費品，把脫下的衣服一件件都穿回來直至「影后」，練就華語電影中不可取代的「文藝女王」，更登上坎城和柏林電影節的評委寶座，堪稱本土的「好萊塢式傳奇」。

黃氏兄妹

黃強華、黃文擇、黃文耀、黃立綱，連同妹妹黃鳳儀，都是黃海岱布袋戲家族的第三代成員。黃強華、黃文擇成立霹靂國際多媒體股份有限公司，以長篇電視單元劇形式演出布袋戲，開創「霹靂布袋戲」的時代。黃文耀創立「天宇布袋戲」，黃立綱、黃鳳儀創立「金光布袋戲」，讓布袋戲這種傳統藝術和現代社會完美結合。

黃永松

在經濟高速發展的臺灣，黃永松卻讓自己慢下來，做一個傳統文化的守護者。最初，他參與創辦《漢聲》雜誌，希望「銜接古今」，竟堅持了四十一年。現在他把精力放在搶救大陸的傳統文化上，卻發現這裏的破壞速度比想像中快——這令他更加馬不停蹄地保護好東西。在寧波，在雁蕩山，他所做的這一切只因爲他相信「傳統文化是救贖之道」。

黃聲遠

他是「社會建築師」（張永和語）和知識份子，他不迎合大和快的時代需求，而是拆除圍牆，縮小道路，用八年時間建一座火車站，營造友善城市。自一九九三年定居宜蘭展開建築理想以來，他在小鎮上爲當地人蓋房、修路、設計景觀、做規畫，通過公共工程對當地進行環境改造，推動地方發展，創造了「宜蘭模式」，成爲臺灣建築界的經典案例。

楊惠姍

上世紀七〇年代，她是一名演員，在《小逃犯》、《我這樣過了一生》、《玉卿嫂》中光芒四射。一九八七年，她和丈夫創立中國第一個琉璃藝術工作室——琉璃工房，歷經三年半煎熬，終讓「脫蠟鑄造法」重煥光彩。如今，琉璃工房在兩岸及海外有八十多家藝廊。作爲中國現代琉璃藝術奠基人和開拓者，楊惠姍重鑄了中國琉璃，讓其閃爍著現代的設計和美感。

楊德昌

對大陸人來說，他的名字和四小時的《牯嶺街少年殺人事件》捆綁在一起。對臺灣人來說，他是「最活躍、最狂熱的導演、編劇、演員、評論家和教育者」，無論此前的《光陰的故事》、《海灘的一天》、《青梅竹馬》，還是此後的《獨立時代》、《麻將》、《一一》，都是臺灣本土電影里程碑之作。他用電影替臺灣中產階級畫肖像：「我要探尋臺北這些年來發生變化的方式，以及這些變化是如何影響臺北市民的。」

詹仁雄

他可能是娛樂圈最有文藝風範的人之一。他出生臺灣書香門第，是「人二雄」，是作家，是四格漫畫家，是金牌製作人。他策畫《我猜我猜我猜猜猜》，使得《超級星光大道》膾炙人口，又靠《康熙來了》震驚娛樂圈。他說過做人「一定要去找到一個夢，然後去相信它」——在這個無夢的時代，他就是爲我們製作夢的人。

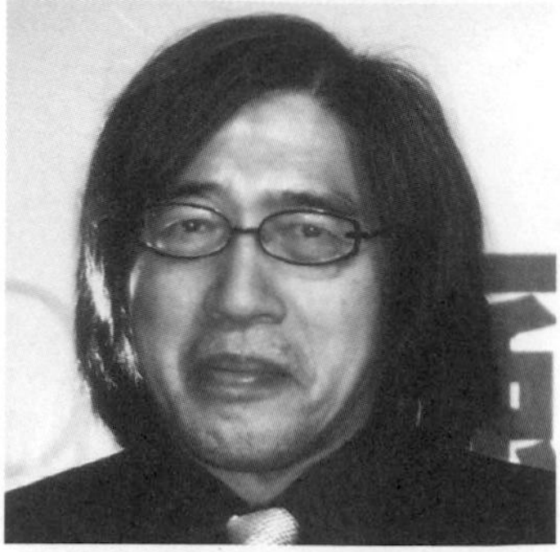

詹宏志

寫小說、辦雜誌、拍電影、開網站……詹宏志似乎無所不能，有人說他是「臺灣第一才子」，也有人喊他「臺灣網路教父」，但他自己卻喜歡說「我是鄉下來的」。詹宏志的人生是一部典型的逆襲史——長於南投，卻考入臺大經濟系，繼而進入《聯合報》，接著創辦《商業周刊》和PChome。其實，詹宏志對臺灣的意義不在於他掙了多少錢，而在於他提供了一個堪稱罕見的範本——一個才子在轉型時代進入商界，以文化爲手段取得市場成功，並贏得尊重。

廖瓊枝

被稱爲「臺灣第一苦旦」的廖瓊枝從藝六十餘年，見證歌仔戲幾起幾落，是提到臺灣「常民文化」繞不過的標竿。她主演的電視歌仔戲《白蛇傳》爲這個古老的戲種在電視時代的勃發奠定基礎，她創建的「廖瓊枝歌仔戲文教基金會」於歌仔戲藝術的記錄、保存、傳承、推廣不遺餘力。

廖繼春

他是臺灣油畫藝術的先驅，也在臺灣師範大學、臺灣藝專等院校任教超過五十年，致力於美術教育。其個人創作以濃烈的色彩聞名，被公認是野獸派在臺灣的發揚光大者。他描繪的對象多爲臺灣的風景名勝，淡水和觀音山是他繪畫中最重要的題材。他的作品屬臺灣藝術史上的精品，在全球拍賣中屢創千萬高價。

漢寶德

他是臺灣建築師的導師級人物，也是極富行動力的文化學者。他先後投入建築教育、建築理論研究、建築設計、古蹟修護、博物館經營等領域，在每一個領域都兼具視野和執行力，將其在各自方向上向前推進。其經典建築案例有洛韶山莊、天祥青年活動中心、溪頭青年活動中心、墾丁青年活動中心、「中研院」民族學研究所、聯合報系南園度假休閒中心、臺南藝術學院等，建築師黃永洪、姚仁祿、姚仁喜、登琨豔等均是他的高徒。

齊秦、齊豫

一九七八年，齊豫獲第二屆金韻獎冠軍、第一屆民謠風冠軍。一九七九年，《橄欖樹》專輯發行。一九八〇年，她送給迷茫中的弟弟一把木吉他，從此，一個男孩走上了音樂之路。他，叫齊秦。或許，這是華語樂壇最重要的一對姊弟檔，他們靜修般生活，虔誠地愛，虔誠地歌唱，虔誠地流浪。他們是音樂世界的橄欖樹與飛鳥，他們是臺灣的草木春秋。

劉金標

捷安特自行車是劉金標最得意的作品。巨大集團的捷安特目前是全球營收最高、經營績效最佳的自行車品牌，在全球擁有四個生產基地、二個原料製造工廠，不但在中國大陸市場佔有率排名第一，在歐洲也是第一大品牌。劉金標是自行車的製造者，也是自行車運動的推廣人，在他的努力下，臺灣人在每年五月都擁有專屬的「臺灣自行車月」。

劉家昌

他祖籍山東，生於哈爾濱，幼時隨父母移居韓國，以僑生身份就讀於臺灣，客居美國，又回遷上海定居，一生都在漂泊，卻代言著臺灣的鄉愁。他作曲的《一簾幽夢》、《月滿西樓》、《庭院深深》、《往事只能回味》中國風十足，對故鄉的思念，對文化的理解，是他靈感的原動力。

劉啓群

他一九九五年，從新竹市尖石鄉開始，劉啓群召集醫護人員爲山區民衆提供義診。幾年之後，劉啓群創立「路竹會」，走出臺灣，讓全世界看到臺灣人的仁心仁術——它以「哪裏需要服務，哪裏就有路竹」爲宗旨，成員不僅自掏腰包踏遍三十餘國、提供二百多趟義診，更安排貧窮地區的學生來臺學習醫術。有人說劉啓群的醫療服務「超越政治、種族、文化和宗教」，但他卻說「義診不會讓你變得比別人高尚」，「我們只是做自己該做的事」。

蔣勳

他早年以花卉、水景繪畫深受歡迎，近年以美學家身份聞名遐邇。他評點「儒家文化對年輕人傷害很大」，也以傳統文化傳播者和繼承人的身份行走江湖；他推崇名士風流，也是「平民生活美學」的宣導者。有人評論，他是一流的演講者，音質通透、風度翩翩、辭通意達、用典如流；他是臺灣美學界、文學界的一個現象，透視出臺灣思維中發現「慢」和「細小」的一面。

蔡氏家族

蔡萬春、蔡萬霖兄弟於一九六二年創建了國泰人壽，蔡氏家族登上商業舞臺。一九七九年，國泰集團分家，蔡萬霖的霖園集團業務遍及保險、投資、證券、工程等多個領域，逐漸成長爲臺灣最大的民營企業。蔡萬霖之弟蔡萬才於同年創立的富邦金融集團日後也成爲金融旗艦，他和繼承霖園集團的侄子蔡宏圖分別於二〇〇八年和二〇一二年當選臺灣首富。

蔡志忠

他是漫畫家裏的禪意佈道者，將中國文化精神用簡約趣致的方式傳播於大衆，將千年來流傳的傳說當代化、形象化。從老莊學說到孔孟之道，從唐詩宋詞到佛經禪語，從西遊水滸到鬼狐故事，他的一百多部作品行銷多國。從藝四十九年，他不僅是臺灣最好的漫畫家，也是動畫電影導演、物理學鑽研者和橋牌高手。

蔡明亮

同樣作爲臺灣電影新浪潮的代表人物，他是臺灣電影中最具國際視角的獨行俠，堅持游離於主流之外，拒絕向商業敘事妥協，以先鋒實驗的獨立性打造出國際影壇的另一張「臺灣臉」。從早期的《青少年哪吒》、《愛情萬歲》、《河流》到後來的《天邊一朵雲》，蔡明亮式的後現代隱喻總能獲得跨文化的認同，但你也總能在他的電影裏看到他對臺北這個都市空間的關注和雕琢。

蔡衍明

在每家超市，你都能買到旺旺雪餅和旺旺仙貝，旺旺集團麾下的產品是最早進入中國大陸市場的臺灣食品之一。「米果大王」並非蔡衍明唯一的成就，他還是中時集團的最大股東、中天電視的經營者、香港亞洲電視的第三大股東。在媒體和食品兩個迥異的行業，他都堅持「緣、自信、大團結」。

蔡康永

他是導演，是主持人，是總編輯，是經紀人，是作家，是女鞋設計師，是才子，也是「不乖小王子」。人生不是一句話能夠解決的，但他自有自己的說話之道；社會現實未能盡如人意，但他卻爲殘酷社會去寫善意短信；娛樂節目未必只靠喧鬧，他的《康熙來了》單靠對話就爲電視世界帶來煥然一新的風氣——他是冷峻社會的心理醫生，也是臺灣腔裏最會說話的人。

鄧麗君

她是一代人的青春記憶，幾代青春期的聽覺胎記。整個上世紀八〇年代，她的嗓音和笑容，洗滌蕩漾了海峽兩岸的聽覺和心靈，是一個不在改革開放現場的情感破冰者。她的唱片銷售量超過四千八百萬張，她的人生退場令無數人傷感，她的聲音是臺灣的甜美記憶。

蕭青陽

他在唱片封面上給臺灣音樂產業留下一個個驚豔印記。他是匠人——在偶像製造中，他讓唱片封面上的明星更像「明星」；在音樂製造中，他讓封面更加契合本質，創造出獨具東方韻味的美感。流行音樂之外，蕭青陽認眞裝點那些小衆作品，陳建年、巴奈、紀曉君……無不因爲他的封面設計而綻放出新的光芒。

賴聲川

以近三十年的劇場耕耘，賴聲川創造出了全新的劇場文化，讓話劇這種已現疲態的藝術熱血復活。《那一夜，我們說相聲》、《暗戀．桃花源》、《寶島一村》諸多經典劇碼，不僅巡演場場火爆，成就現象級的表現，其錄音帶、DVD、改編電影、書籍等衍生產品也長盛不衰，成爲都會文化佳釀。

龍應台

一九九八年，《野火集》和《龍應台評小說》分別在大陸出版，諸如「中國人，你爲什麼不生氣」的疾呼，在大陸引起了熱烈迴響。此後，她的書在兩岸幾乎同步出版，人們視她爲臺灣公共知識份子的代表——學會她激揚的大量排比句和反問句則是另一個收穫。而近年來《孩子，你慢慢來》、《目送》等書的出版，顯示了她的溫情。二〇〇九年出版《大江大海一九四九》，在華文世界引起巨大迴響。二〇一二年成爲首任文化部部長。

謝英俊

他是生態農房的研發與建設者，全情投入公共服務，並入圍聯合國最佳人居環境獎。一九九九年臺灣「九·二一」大地震後，他就地取材，組織和指導日月潭邵族失業者重建家園，由此提出「永續建築，協力造屋」的理念。此後，他投身公益，致力於幫助弱勢群體實現居者有其屋的夢想，先後進行了河北省定州市晏陽初鄉村建設學院、四川「五·一二」大地震災區農房重建、臺灣「八八水災」原住民部落重建、西藏牧民定居房等多項建設工作。

謝榮雅

他一年內（二〇〇六年）拿下德國iF、德國紅點與美國IDEA三項設計大獎，臺灣人稱「政府應該頒一個大獎給他」。謝榮雅的設計不僅爲自己爭得榮譽，也讓臺灣的設計力量出現在更大的舞臺上。謝榮雅習慣從自己的鄉村生活中汲取美學靈感，並把「尊重大自然、永續、可回收、節能」當作自己最重要的設計原則。這也契合了臺灣從製造基地到品牌基地的商業訴求。

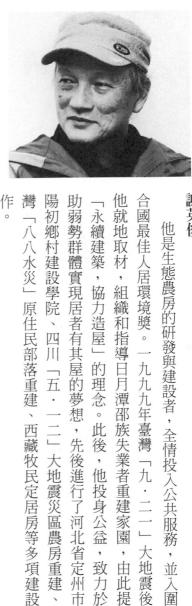

魏德聖

魏德聖是當下最被看好的臺灣新電影人。二〇〇八年執導的《海角七號》，以五千萬元新臺幣的成本收穫票房五億，寫下近十年來臺灣電影的最好紀錄。二〇一一年上映的《賽德克・巴萊》，以臺灣原住民抗日的「霧社事件」爲背景，票房超過八億，被視爲瞭解過去的「尋根之旅」。魏德聖的魅力不只是逆市創奇蹟，更來自那種押上全部身家磨一劍的「電影賭徒主義」。

魏應交

「康師傅」背後有個魏師傅，頂新集團的魏應交。魏應交的速食麵是海峽兩岸忙人應付「快生活」的標配。「康師傅」成就了魏應交的食品王國，但頂新集團在房地產市場上也屢有斬獲，如臺灣的地標建築「臺北一〇一」的大部分股權和大陸的酒店業務。

瓊瑤

自一九八二年《海峽》雜誌連載《我是一片雲》，瓊瑤作品正式進入大陸開始，瓊瑤就成爲擁有最多大陸讀者的臺灣女作家。那些認爲言情小說生命力不會長久的人看錯了，拜影視劇所賜，尤其是那部播了又播的《還珠格格》，瓊瑤作品長盛不衰，其受衆從懷春少女衍變到老中青幼全體通殺。「瓊瑤」已不僅是名字，更是金光燦燦的品牌，一個絕對無法忽略的存在。

羅大佑

他曾是臺灣音樂的引領者，對當代流行音樂最大的貢獻不是慷慨的曲風，而是厚重的歌詞。「臺北不是我的家，我的家鄉沒有霓虹燈」、「現在看看我們的青年他們在講什麼，但是要想想到底你要他們怎麼做」、「雖然你不能開口說一句話，卻更能明白人世間的黑白與眞假」……反思文化，反思政治，反思人性。反思是外省人在風雨之後的追問與探究，羅大佑用音樂唱出了一代臺灣人的心聲。

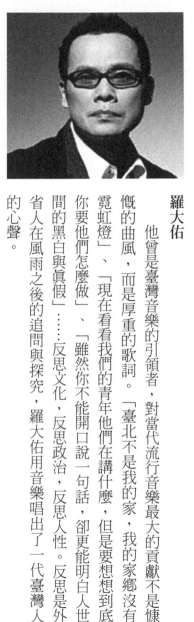

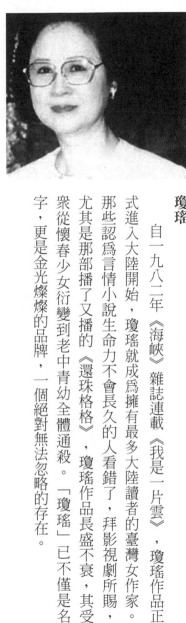

證嚴法師

她用一顆誠心撬動這個世界，被譽爲「人間菩薩」、「全臺灣最美麗的人」。她發宏願建造窮人醫院，善款最初憑五毛、一塊積攢，涓涓細流，終成大海。至今慈濟事業擴至全球，蒙惠的貧民、病人、災民不計其數。臺灣近五分之一的人都參與了證嚴法師的慈善活動。全球更有一千多萬她的志工。大陸人通過二〇〇八年汶川大地震認識了證嚴和她的慈濟會。人間佛教興盛。證嚴法師的啓示是：慈善可治「暴發戶綜合症」。

嚴凱泰

作爲臺灣中生代企業家的代表，嚴凱泰接掌家族企業裕隆汽車頗艱辛，先被稱爲「敗家嚴」，直到一九九五年力主推出的Cefiro百萬名車成爲臺灣汽車銷售冠軍，次年公司扭虧爲盈。受到二〇〇八年金融風暴的影響，裕隆汽車在臺灣的業績開始下滑之際，嚴凱泰已把目光投向大陸，希望它成爲臺灣汽車的重生之地。你有機會在中國大陸開他旗下的臺灣車。

你必須體驗的
一〇一件臺灣事

統籌/孫琳琳
文/肖鋒、陳漠、黃俊傑、丁曉潔、何雄飛、酈新華、
孫琳琳、文莉莎、陳非、金雯、朱慧、章潤娟、譚山山、
于青、汪璐、林韶斌、張堅、張丁歌、朱坤、唐海旻、
陳舒婷

你必須體驗的一〇一件臺灣事

一說起臺灣就想到阿里山、日月潭？那是老黃曆了。今天的臺灣，在衣食住行、生活方式、文創藝術、自然風光、人文景觀等諸多方面都有亮點，令人產生不少在臺灣才會有的好感覺。這一〇一件值得體驗的臺灣事，展示的不僅是物質層面的豐富性，更是人心的溫度。

來臺灣找回「有機」的心

臺灣有機農場是大陸農家樂的升級版，並正成爲臺灣的國際名片。越是在地的（本土的），就越是國際化的。

到苗栗品嘗草莓，個頭小不中看，但那是沒施化肥的結果，始知白胖肥大非好貨。農家都給自己的草莓起了特色商號，如「莓大莓小」、「莓心莓肺」。臺灣農產品在行銷上的品牌化、個性化已走在大陸前面。

二三十年前，臺灣與現在大陸一樣，到處工廠林立和污染遍地，濫用農藥化肥，田裏魚蟲不生。臺灣今天的綠色產業是整個臺島反思的結果，也是大陸的先行實驗田。

只有心是「有機」的，生活才能有機起來。

就著「貓空」的星空喝茶

「貓空」位於臺北文山區指南路，也許是臺北最適合看星空的地方了。據說是因爲當地溪床上有諸多圓形的「壺穴」，閩南語念起來是「了康」，聽起來近似普通話的「貓空」，便讓看起來有點賣萌的地名沿用了下來。「貓空」的環山公路邊至少有五六十家茶坊，主喝鐵觀音。夜深人靜、酒足飯飽之後，臺北的有閒階層與藝文分子經常驅車來到青山頭，倒上一杯鐵觀音，看臺北的燈火一盞盞滅下去。

水果當飯吃

水果是不能帶出臺灣的，這爲師奶大陸客減輕了很多負擔，也讓大陸客們在臺期間把熱帶水果儘量塡充進胃囊。芭樂太硬，吃多了會便秘；西瓜性寒，夜裏吃容易拉肚子；荔枝火大，吃多了行走於臺北街頭的超短裙間，鼻血會失控。所有這些，都不影響嘴饞的你在臺北街頭的水果店大肆採購。夏天，水果店員一天切上百個西瓜，只要你在十五秒內把一個西瓜切出來，就能在切西瓜比賽中獲獎。

到饒河夜市吃魷魚大王

饒河夜市的魷魚大王非常出名。這家小攤雖然在饒河街偏後段，卻絲毫沒有減損人們前去尋找它的熱情——拿著錢準備付帳的食客總會在攤前排成長龍。在攤子紅色的招牌旗上，能看到店家在向你保證「獨特醬汁，保證好吃」。店長還會推薦幾種醬料：原味、蒜味、綜合不辣（醬汁+蒜頭+沙茶），以及綜合辣味（醬汁+蒜頭+沙茶+辣椒）。還沒燙的魷魚通常都會被整齊地列在櫃檯上，分量十足。把新鮮的魷魚簡單燙好之後，店員就會澆上獨家自製招牌醬料，脆而美味的一大碗魷魚交於你手之後，人擠人的饒河之行總算圓滿。

在貴婦百貨和名媛一起享用盧布松下午茶

臺灣廣達副董事長梁次震的次女梁怡敏海外學成後，爸爸問她想幹什麼。她說：好想開個咖啡館什麼的。爸爸說：那就給你開間百貨公司吧。「貴婦百貨」BELLAVITA由此而來。這座位於臺北信義商圈的超豪百貨，投資超過九十億元新臺幣，歷時五年建成，匯集了愛馬仕、梵克雅寶和寶緹嘉等眾多大牌，logo更是使用了母儀天下的牡丹花，瞬間把孫芸芸的微風廣場比成了白菜。當然，百貨公司裏還是有間咖啡館的，三樓的「盧布松法式茶點沙龍」（SALON DE THE de Joel Robuchon）不但是米其林大廚盧布松（Joel Robuchon）在臺灣的唯一餐廳，如今更成了臺北一眾名媛相約喝下午茶的去處。在那裏，有心就能撞上島內各大小「貴婦」，機率之高，不亞於香港的中環置地。

到W臺北喝一杯 Green Tea Mojito

去年新開的W酒店算是臺北的時尚地標，到這裏碰上小S或林志玲毫不出奇。門童是清一色身高180cm以上、黑衣黑褲、胸肌健碩的服務生，他們會殷勤地爲你打開車門，露出迷人的微笑：Welcome home！位於十樓的Woobar與三十一樓的紫豔吧都是喝酒的好去處，前者觀人，後者賞風景。喝一杯本店特色的Green Tea Mojito或Taipei Island Iced Tea吧，前者加了鐵觀音，後者用芭樂汁替換檸檬汁，那叫一個酸酸甜甜耶！

在餐廳點份「大陸妹」

花生叫「土豆」，土豆叫「地瓜」都不算過分，臺灣人管生菜叫「大陸妹」，該是因爲這種改良後的萵苣葉「嬌嫩可口，物美價廉」，年份卻已不可考。但相比起廣東人的「西洋菜」，臺灣人顯然對此稱謂相當認眞，超級市場的蔬菜櫃裏，洗乾淨的生菜被一臉嚴肅地貼上「大陸妹」的標籤；而在火鍋店裏，則少不了這樣的對話──「今日蔬菜拼盤是什麼？」「大陸妹。」「我不要大陸妹，四季蔬菜拼盤是什麼？」「還是大陸妹啊！」

去只賣鵝的鴨肉扁吃粉麵

西門町鴨肉扁的店員被問到最多的問題肯定是：你們明明叫鴨肉扁，爲什麼只賣鵝肉？這家「名不副實」的老字號只賣三樣東西：粉麵、鵝肉、鵝內臟，其中要數鵝內臟風味最佳。店裏生意極好，但是店員都很悠閒的樣子，因爲業務簡單不必推銷，慕名而來的人知道該吃什麼。雖然上菜時盤子邊會象徵性地點上一點兒醬油膏和辣椒醬，但是吃起來基本不需要這些，鵝肉和鵝內臟本身已經滋味十足，多一分都不必了。

去「度小月」吃擔仔麵

「度小月」的擔仔麵幾乎是臺南最有名的一道小吃，已經有上百年的歷史，最大特色在於它的肉燥。早期，老闆挑著碗筷與鍋子到處叫賣，買者半蹲式地坐在小凳上食用。今天，每家店門口仍有一個老師傅用一個小爐燒著木炭煮肉燥，末了不忘添上一隻味道鮮美的蝦，雖然就小小一碗，但風味獨特，回味無窮。

之所以叫「度小月」，是因爲當初一位漳州籍洪姓漁人移民府城，靠打魚爲生。每年從清明到中秋是打魚的淡季，當地叫「小月」。爲養家活口，度過「小月」，洪姓漁人就賣起麵來，漸漸賣出了名氣，如今已經傳到第三代。

去臺大福利社吃鮮奶冰棒

臺大、中興、東海、嘉義和屏科大，是臺灣島內五所擁有實驗牧場的學府。各校自製的乳品廣受好評，各有粉絲。以臺大爲例，夏天清晨七點不到，舟山路上的福利社門口便已現人潮，七點冷藏車準時送來臺大鮮奶，限量三十瓶，才剛卸貨就被搶購一空。而以乳品爲原料製成的各式冰棒，奶料十足、甜味適中，其中以花生冰棒、紅豆冰棒、三明治奶糕最爲好吃。屏科大福利社的熱賣產品則是該校自行研發的薄鹽醬油。

嘗正宗珍珠奶茶，還是鮮奶的

上世紀八〇年代，珍珠奶茶起源於臺灣，但是今天到臺灣一試，珍奶竟已不是我們喝了又喝、早已習慣的那個味。到臺灣別喝優樂美了，一定要試試珍珠鮮奶茶。其中最出名的要數天仁茗茶的出品，有半糖、全糖、多糖等口味可選，每一杯都是手工現做，奶和茶味道都淡了很多，但是珍珠很香甜。夜市上則售賣更爲臺灣風味的黑糖珍珠鮮奶（沒有茶），使用的牛奶是本地的林鳳營牌，味道也很不俗。

在不同街角吃不一樣的特色早餐

「有好多好多早餐在這裏／在我們最熟悉的早餐店裏／不管你睡得多晚起得多晚／晨之美永遠在這裏歡迎光臨你。」盧廣仲同學唱的早餐歌正好體現了臺灣的早餐文化。自家製特色三明治、糯米蛋捲、鍋貼、炸油條、蔥油餅、水煎包、餛飩湯、鹹豆漿……隨便一個轉角便能遇見一家特色早餐店，還能同時感受清晨小街的寧靜。

吃冰吃到頭痛

阿雅的《銼冰舞》大家都聽過，臺灣的冰品眞的是冰品。悶熱下午，走進銼冰店要一大盤，紅豆、大紅豆、芋圓、小湯圓加上濃濃的黑糖漿，絕對是在這裏生活的不二法門。另外也可以嘗嘗冰沙，冰沙吸得太猛太涼，會吸到頭痛。記得一定要在無空調、吹電風扇的那種老店，不僅是氛圍，而是空調房裏吃冰眞的會冷到凍僵。

吃水果撒梅子粉，脾氣會變好

如果說咖啡有伴侶，那麼水果也不應該單身。梅子粉是在臺灣吃水果時的小趣味，將細細的酸甜粉末散落在芭樂上，水果就變得香甜，甚至有了些許臺灣味。事實上，梅子粉可以幫助脾胃消化，可以滋養肝臟，據說甚至可以讓脾氣不好的人的心情也變得愉快起來。

叫一份臺灣便當外賣，CP值高

小碗魯肉飯二十五元新臺幣，魚丸湯四十元新臺幣，折合人民幣共十四元，這是臺灣最本土的便當配搭。即使在豪雨的季節，便當哥也會正常送達，飯熱菜香，口感不變，飯到付款。

放心大吃蜜餞

嘴饞又擔心防腐劑的好吃客可以在臺北的有機食品店釋放一下對於醃製零食的熱情。不必擔心色素、防腐劑、香精，遵循古法醃製的梅子有一年到三年發酵過程，紫蘇梅經過一年發酵後，口感與添加劑、防腐劑話梅完全不同，吃完之後有一點回甘。還有一種煮飯梅，煮飯時放入幾顆可以讓米飯呈弱鹼性——米飯是酸性物質。眞正由梅肉研磨成的梅子粉只有梅子的鹹味、微酸、淡淡的甜，比添加劑做出來的口感實在很多。中藥橄欖、黑糖梅子、菩提金桔……這些蜜餞多少可以安慰一下零食愛好者：蜜餞並不一定是垃圾食品。

住最洋派的主題民宿，而不是農家樂

臺灣觀光局曾針對兩百位在臺灣停留半年以上的外籍人士進行觀光景點偏好度調查，結果墾丁爲首選。墾丁的魅力不只在沙灘衝浪和海鮮美食，更在於星羅棋佈的主題民宿，一座一個風格。

「民宿」一詞源自日本，二〇〇一年臺灣頒佈「民宿管理辦法」，臺灣民宿產業合法化。如今，臺灣已經有超過二千家民宿。主題民宿概念的興起不過是十年的事情。

墾丁民宿的主題，與中北部的農家樂大異其趣，而是體現全球化的風格。一是客人來源是全球化，二是民宿主人已不是樸實的原住民，而是接受過全球化薰陶的第二代、三代。請看民宿名稱：香格里拉、奶牛、茉莉花、橘月、愛情海、華納小築，等等，與老祖宮奇妙地共處一地。到主題民宿就得聽主人的，遵從主人的品味和習慣。客房價錢自然也比普通民宿高出一截。

住一晚十億元新臺幣打造的香豔汽車旅館

臺北的汽車旅館是普通酒店與民宿之外的另一種創意住宿體驗。如今，臺灣汽車旅館已超過九百家，除了薇閣、沐蘭外，天堂鳥、伊甸風情、愛摩兒、G點、綠繹、薇風、湖水岸、薇薇、舒活遍地開花，每家都是上億元新臺幣的投資。當然，汽車旅館的房價也不菲，休息兩個半小時得花一千五百元至三千元新臺幣，住十二小時要花三千五百元至八千元新臺幣。精心準備的無味香皂、街道和捷運背景音、按摩浴缸、室內泳池、送餐台、髮夾、情色頻道幾乎成了臺灣汽車旅館的標配。前臺小姐的臺式國語即便面對奇怪需求也溫柔可人，還會在你離開時貼心地問一句：「先生你要一輛還是兩輛計程車？」

「臺灣汽車旅館之父」許調謀花費十億元新臺幣打造的薇閣臺北大直旗艦店，是蔣友柏團隊的設計作品，共有三十三種房型九十六間房，堪稱Motel界的巔峰之作。由於名人出沒，這裏成了狗仔隊蹲點的好地方。旅館裏印有胸罩和男女內褲標誌的梳妝盒經常被客人「順走」留念，這算是對設計者的另類褒獎。

去圓山飯店吃「蔣夫人早餐」，再請邱師傅理個髮

從桃園機場進入臺北市，第一眼看到的是圓山大飯店，第二眼才是臺北一〇一大樓。

如果足夠幸運，圓山大飯店總經理蔣祖雄會帶著你走進十七點八萬元新臺幣（約合人民幣三點八萬元）一晚的總統套房，告訴你這兒的牆上有張大千的畫，梳粧檯和首飾盒是蔣夫人的私人收藏品。走出陽臺，就可俯看臺北全景，他會告訴你飯店的地基用的是美國進口軍用水泥，飯店裏藏著二十二萬條龍，飯店的地形呈葫蘆形，在風水上意味著聚財。

二〇一二年，圓山大飯店已經六十歲，客房略顯老舊，外觀卻有著一種別樣的威嚴與氣派。圓山大飯店所處位置，早年是日治時期的「臺灣神社」，一九四四年，一架日本飛機失事撞上神社引發大火。一九四九年至一九五一年，神社舊址上蓋起了一棟兩層的「臺灣大飯店」，這是當時臺灣第一家國際觀光飯店。

一九五二年，「臺灣大飯店」改組為「圓山大飯店」，起初只有一間餐廳三十六間客房，後幾經擴建。一九七三年，由上海建築師楊卓成建成的十四層中國宮殿式建築，七彩畫樑、飛簷斗拱、丹珠圓柱、琉璃金瓦，成為屹立至今的臺北地標。一九九五年，飯店屋頂換瓦整修，因電焊工操作不慎引發一場大火，十樓以上盡陷火海，所幸大火終被澆滅，損失慘重的圓山大飯店也因此降低姿態面向民間。

一九六八年，圓山大飯店曾被美國《財星》雜誌評定為世界十大飯店之一。作為臺灣六十年政經大事的親歷者，圓山大飯店曾先後接待過二千多位各國元首、政要、巨星、名流，譬如美國前總統艾森豪、新加坡前總理李光耀（頭號常客，入住達二十四次之多）等，以及伊莉莎白·泰勒、阿蘭·德龍等影星。很多影響臺灣的歷史事件在圓山大飯店上演，比如一九八六年民進黨成立大會、二〇〇〇年親民黨成立大會、二〇〇八年海協會首次赴臺協商、二〇一〇年第六次「陳江會」等都在此舉行。蔣介石、嚴家淦、蔣經國、李登輝、陳水扁、馬英九都選擇在此大宴賓客。

蔣祖雄說，圓山大飯店如今的客源主要是公務商旅團，大陸客源五成，日本客源三成，其餘則爲東南亞和歐美客源。

去圓山大飯店，除了在樓前拍照留念，萬不可錯過圓苑的上海小籠包、冰花煎餃、煨麵、寧波炒年糕和蔣夫人最愛的「甜而不膩、鬆軟彈牙」的紅豆鬆糕。麒麟咖啡廳是許多熟客的私房景點，這兒不但有平價咖啡，還能吃上「蔣夫人早餐」：高纖果汁+杏仁茶+蔬菜條優酪乳+美式煎蛋+高纖吐司+蛋糕+新鮮水果+無咖啡因咖啡。

如果有空，你可以花一千元新臺幣（約合人民幣二百一十七元）請理髮師邱炎鐘理個髮，邱師傅二十四歲進圓山大飯店當理髮師，至今在這兒幹了四十年，他的熟客包括蔣經國、孔家二小姐孔令偉、李登輝、錢復和何應欽等人，「我的感覺是，官職越高的人待人處事越是和氣」。

邱師傅已經七十一歲，如今和太太兩人打理著這家理髮店，一天的客人也就三四個，他擅長的是給上流社會人士理三七分的正統西裝頭。孔家二小姐喜歡理男式大背頭，那樣顯得精神，她從不上髮膠，每次邱師傅吹完髮後，她都會用力左右搖晃腦袋，頭髮沒亂，就算過關。孔家二小姐不但指點邱師傅頭部按摩手藝，還介紹蔣經國來這兒理髮。蔣經國從擔任臺灣最高行政機關領導人一直到過世前都是邱師傅理的髮，平均每週一次。有回蔣經國到高雄視察陸軍，有女理髮師給他吹了個時髦的飛機頭，他回來後直呼受不了。李登輝退休後愛找邱師傅，通常週二或週五來，理完髮後，他老說「我這一輩子沒這麼舒服過」。

邱師傅較少遇上大陸客，因爲他們都趕著去玩兒。他曾給上海、江蘇、北京、湖南的一些官員理過髮，有位梁書記理完髮後執意請邱師傅到大陸玩，有位四川樂山的書記因爲和他聊得開心，嚷著要和他結交拜把子。

上圓山大飯店喝咖啡、理髮，在今天的臺灣人看來，依然是非常有面子的事。

去臺灣最牛的小酒店股神行館泡溫泉

北投的溫泉因爲有日風而變得容易造成穿越感，其中最值得前往的是昔日「臺灣四大股神」之一的邱明宏的私人行館——三二行館。這家如今上遍全球酒店榜的小酒店，一共只有五間房，也是奢華精品酒店組織羅蘭夏朵在臺灣唯一的成員，被稱爲「臺灣溫泉第一館」。行館完全秉承邱明宏本身對「家」的理解設計，沒有聘用大牌設計師，依照「泉、木、石、樹」四個元素，與山勢結合，規畫出錯落有致但不失氣派舒適的東方式空間。好在溫泉部分對公衆實行預約制開放，即便泡大衆湯也有貼身管家照管。泡泡湯，坐坐禪，偶爾坐在陽臺上放鬆，才發現外面就是遊人紛至的北投地熱泉。你能看見遊人，而他們卻只能在你露出身時才能看見你，這大概就是股神的高度吧。

花兩小時坐高鐵從臺北南下高雄

臺灣的高鐵會用多種語言輪番播報：國語、臺語、英語。這是爲了照顧到臺灣的各個族群。高鐵上人不多，速度很快。高鐵就像一間平穩流動的房間，你可以有自己的空間，看窗外那些平整的綠地、蔚藍的河流、顏色鮮明的房屋、高大的鐵塔、總有薄霧圍繞的山脈，陣雨、放晴、陽光、雲層。沒有人大聲說話，沒有人打牌，沒有人走來走去。兩個小時後，你就已經穿越了整個島嶼。

在「夜間婦女候車區」候車

在臺灣，「公共廁所」叫「化妝間/室」，基本上在每個捷運站的售票點或悠遊卡（交通卡）「加值處」旁都能看到。女廁所裏設有小男孩用的小號男生便池、嬰兒尿布臺，以及自動投幣售賣機，提示語也很溫馨。臺北捷運還有專設的「夜間婦女候車區」，爲了維護婦女夜間出行的安全，此區特加強了閉路電視監控，附近還有對講機，緊急情況下可以直接與站務人員聯繫。

坐開往過去的慢火車，吃鐵路便當

在臺灣旅行，不追求速度的話，可以坐臺鐵的慢火車，不僅價格便宜，也可以讓你更好地看沿途的景色。臺鐵的線路分爲「山線」和「海線」，可以視需要自由選擇。臺灣火車上的便當好吃，而且只要八十元新臺幣（折合人民幣十七元），CP值高出大陸的火車速食太多。進入火車站的時候，你只要帶著一張只有出發地和目的地的小硬紙片，就可以隨意登上任意的火車。臺灣的慢火車有一種懷舊的人情味：旅客似乎街坊鄰里般隨意攀談，讓人有一種回到過去的感覺。

搭乘最美的一段捷運

臺北捷運大多爲地下段，部分路線爲地面路線和高架路線，可以看到臺北風景迷人的一面。比如說從大安站到南港展覽館，可以看到松山機場的飛機起落。搭木柵線往木柵，經過「科技大樓」站轉彎，穿過敦化南路二段，在兩側商業高樓下正是最美的臺灣欒樹街景，從車廂內居高臨下地欣賞欒樹，美好的鏡頭時間不到一分鐘。雖然身在臺北市「金貴」路段，但是一眼望去都是樹叢，可以感受到世外桃源般的祥和、寧靜。

用App叫車，六分鐘就到

坐計程車算什麼有意思的事？臺灣的計程車可是非常有趣。計程車司機會給你派「千萬麻將大賽」門票，「註冊就有獎哦」；會給你智慧手機叫車程序QR Code，下載就送二十元車費哦，「用App叫車很方便啦，六分鐘不到算我輸好啦」。儀錶盤上的行車記錄儀就是一個安卓平板，司機還放電影、放MV給你看，「六百五十九一個月上網吃到飽哎，不用它做什麼」。還熱情邀請你唱卡拉OK，花樣很多。

在計程車上唱K

臺灣人對卡拉OK的熱愛早已超出了在餐廳邊吃邊唱的程度，偶爾坐長途計程車，司機居然熱情地拿出一支麥，問「要不要來上一首」。螢幕往往就是前座計價器上的小電視機，而爲了完美的聲效，後座後方往往還有兩個立體聲喇叭。不用不好意思，司機都是見識過眞正風浪的主，唱得再讓人滿地找牙他們都能接受。總之，這背後的含義「就是放鬆，不要這麼累」。如今，爲了適應更多「那一邊」的遊客，有的司機還專門準備了上世紀七八十年代的國語金曲。

騎機車比開寶馬還快

臺灣是世界上人均擁有摩托車數量最多的地方，可能也是世界上摩托車平均時速最快的地方。風馳電掣的摩托車騎士，速度比汽車快得多，看得人膽戰心驚。在大陸，騎摩托車也許意味著三線城市的生活方式，但是在臺灣，體面的生意人也騎著小綿羊走來走去，而臺灣人的地理概念，也往往是由摩托車路線構成的。周杰倫、飛兒樂隊、蕭亞軒都曾為摩托車代言。二〇一一年，法國設計師Michel Klein甚至把臺灣產的摩托車頭盔直接戴在走秀模特頭上。

「腿」著去，最安逸

在臺北，步行是一件愉快的事。從敦化南路步行到最近的捷運站臺北中山（國父）紀念館站頗有些距離，但是一路上並不難受，騎樓可遮雨遮陽，每走三五步便有一個便利店，再走三五步又有一個小吃店或者玩具店等，路上行人也非常友善，見你停下腳步稍微猶豫，便會主動詢問是否需要幫助。臺北人尤其以敦化南路的林蔭大道而自豪，因為不僅有樹木扶疏的自然之美，還有設置其中的敦化藝術通廊，展示各種公共藝術作品。

問路問到乾脆被送往目的地

去過臺灣的人，會發現臺灣人的一種美德：臺灣人總是在對人禮貌的同時，居然還能給人熱情的印象，而不是距離感。對於到過臺灣的遊客來說，通過問路就完全可以體驗到這種熱情——詳細地告訴你如何走是基本動作，帶你到目的地的是熱心人。而我們甚至遇到過打電話問親戚朋友怎麼走，然後帶你去到目的地的超級好人。

學臺灣人給人指路

方向感好的遊客多走幾次難免有成就感卻無處使，不如學臺北人給人指次路。方法需參照曾爲你指過路的臺北人：看見在公共指示牌前猶豫不決或拿著地圖神情迷茫的人時，毫不猶豫上前用臺式國語問：先生/小姐你要去哪裏？需不需要幫助？如果那地方你不認識，務必要像臺北人一樣，立刻轉問第三、第四人直到問清楚爲止。這期間的禮節也許顯得過於周到，令隨身攜帶谷歌地圖的人感到不屑，但卻是一種善意的傳遞——在說國語的街頭，我們很少能有這樣卸下防備的時候。

在臺北街頭迷一次路

臺北的城市格局並無高明的規畫，多是爲生活便利或商業發展需求而形成的聚落，因此顯得有點亂。一個人拿著地圖漫無目的地走在臺北街頭的時候，雖然會迷路，但是不會有被拒之千里的感覺。街頭的通用語言是熟悉的國語，街道兩旁隨時隨地可以買到可口的小吃，雖然超多紅綠燈，但幾乎沒有無禮的行人和駕駛員，在臺北迷路也是一種不錯的體驗。

去五分埔淘「潮」衫

就像北京的「動物園」、上海的七步橋、廣州的「白馬」，在臺北火車站對面、永吉路兩邊的巷弄裏，藏著上千家服裝飾品的攤檔，這便是赫赫有名的五分埔。

這裏是臺北最大的成衣批發市場，只要走進這個街區，無論站在哪個角落，目之所及均是望不到邊的衣服，不少攤檔還直接將衣服裝在大號的塑膠袋裏，一袋一袋隨意地擺在地上。這裏的貨源來自全臺灣及港、泰、韓、新等地，款式緊跟潮流，價錢很便宜，雖質地和做工略顯粗糙，卻擋不住年輕一族來血拼。不少剛剛出道、尚沒有名氣的藝人也會不時光顧。

一雙人字拖走寶島

從臺北到墾丁，從機車騎士到暴走遊客，在臺灣最實用又最常用的裝備當屬人字拖，經濟實惠新臺幣五十元而已。終年多雨，動不動就大雨傾城，此刻需要人字拖；夜市閒逛，比臉大的牛排吃得渾身冒汗，此刻也需要人字拖。同樣炎熱的香港並不流行人字拖，因爲那裏生活節奏快，要穿球鞋才跑得贏，但是在臺灣，你就享受慢生活好了，沒有人會嫌你走得慢。

試穿大陸沒有的本地設計師品牌

在臺灣逛商場，很容易產生錯覺，以爲自己在北京或者上海，因爲佈局和品牌太類似，連燈光和氣氛都一模一樣。但仔細發掘，也會有很不同的購物體驗——很多商場會有專門爲設計師準備的樓層，比如誠品敦南店的地下一層，就專門售賣本地及世界各地設計師的新意產品。本地品牌中，臺灣藝人青睞有加的設計師品牌「溫慶珠」值得一試，用足真絲刺繡等精美的材質和工藝，看上去美輪美奐。

學臺灣妹子穿熱褲

光從宅男們把臺灣奉爲「美腿天堂」這一點，就能知道臺灣妹子有多擅長秀腿。臺北正妹最愛的裝束是「背心+熱褲」，牛仔短褲自然越短越好，冷氣開得再足都鐵打不動，高跟鞋倒是難得一見，人人一雙人字拖出街，細節設計卻都大有講究。如果去到南部海邊，更是隨處可見「比基尼+熱褲+摩托車」的熱辣組合。不妨花點心思，學好臺灣妹子穿熱褲，你也能變「辣妹」典範。

在夢中被地震震醒

初來臺灣，一日至少能感受到三震，往往夢中被震醒，抱上細軟下樓，臺灣人卻沒什麼動靜，問到的人都說「現在沒事了呀」；即便是在捷運上遇到地震，廣播也只是小小提起，一確定爲小地震，一切便運轉如常。臺灣人說，平時的小地震，只要一震他們便知沒什麼大事。那怎麼震法才是大事？臺北人說地震大了，往外跑往往更不安全，不如躲在床下或桌下，反正建築物抗震；而宜蘭人則說，房子都是自己蓋的，地基全有這方面的考慮，如果房子塌了，那就是誰也扛不住的「九・二一」。

不要客氣，把7-Eleven當成自己家一樣為所欲為

7-Eleven在臺灣叫超商，這裏不僅可以隨時隨地解決飲食的問題，還有很多我們意料之外

的生活便利。7-Eleven裏可以複印、列印、傳真、打電話，有免費Wi-Fi，可以郵寄、快遞，可以交水電費用，交稅還可以積分換點卡哦。可以洗衣，可以電話、遊戲買卡充值，可以訂購電影票、演出票、火車票，可以租賃DVD。可以作爲寄貨、取貨地址，如未準時到貨，7-Eleven送你哈根達斯霜淇淋一杯。還可以叫計程車，是的，計程車到這家7-Eleven門口來接你。

為了這張悠遊卡，也要再來一次臺灣

在臺灣暢遊，必不可少的是先買一張悠遊卡。一卡在手，可以搭捷運、坐公車、搭計程車，也可在便利店買零食和飲料，不知省去了多少換錢的麻煩。這份方便，其他城市也許也會提供，但決不會像此地這樣親民、徹底。在臺灣用悠遊卡，最重要的不是省去了找零錢、排隊買票的煩惱，而是體會「成爲」臺灣人的感覺，即使離開臺灣，也千萬不要退掉這張卡，它將成爲你下一次來臺灣的重要理由。

學習不花一毛錢就捐一百萬的正確方法

「救救老殘窮、順手捐發票」，便利店、麵包店、咖啡店等地方，經常擺著慈善機構放置的透明壓克力箱子，上面寫著這麼一行字。原來臺灣發票可兌獎，財稅部門每兩個月搖一次獎，最高獎金二百萬元新臺幣，捐發票演變成一種做慈善的形式，等於是把中獎的機會捐給慈善機構。拿到發票的慈善機構一旦中獎，可以將獎金充實入基金會，用於社會公益。捐發票看似小動作，但可能就做了一件大好事，短期停留無法兌獎的大陸遊客值得一試。

在臺灣自己洗衣服

去臺灣旅遊在酒店裏洗衣服你就遜爆了。在周圍轉轉吧，社區裏都有不少洗衣店，投幣自助，六十元新臺幣一次，烘乾十元十分鐘，洗衣粉十五元一袋。找老闆換點硬幣，洗上一鍋，半個多小時，正好和老闆、顧客聊聊天，看著像張君雅小妹妹一樣的小學生上學放學。

和最細心的警察打交道

出外旅行難免會遇到麻煩，不妨把和警察打交道看作是一次有趣的文化體驗。打電話報警，警察和急救車都來得很快，詢問情況、做筆錄、對司機做酒精測試、爲傷者診治傷情。「我們不會說誰對誰錯，那是法院的事情，我們只負責記錄當事人都認可的事實。」如果當事人願意協商解決，那麼可以達成一致後由警察記錄簽名，「我念一句你寫一句：『我願意達成和解，並放棄一切民事、刑事追訴權利』」。如果不能達成一致，那麼上法庭好了。

用臺灣腔談情，也用臺灣腔罵人

臺灣妹子軟軟的國語讓所有人都爲之迷醉，不過學學臺灣人罵人也是滿有趣的事情。「幹！」，這是最多聽到的罵人話，最多加一個「幹你娘咧」。在酒吧裏看球，球迷們則發洩：「搞什麼搞，吃大便啦！」聽上去頗爲搞笑。臺灣小哥說：「我們臺灣人比較不會罵人，不會罵得那麼難聽，不過你看網路上也是罵得亂七八糟哦。」

環境不利抽煙，不如戒煙

很多人到了臺灣，才發現再難根治的煙癮也有救。雖然這裏的便利店比大陸任何一間都提供品種更齊全的選擇，但卻不提供給煙民優質的配套環境：室內全部禁煙，大多數酒店也不會特別提供吸煙房，唯一容身之地是街邊大馬路，但當你優哉遊哉地抽完一根煙，新的問題就又來了——也許走完三條街，你都找不到一個可以扔煙頭的垃圾桶。做煙民實在麻煩，還有哪個城市比臺北更適合嘗試戒煙這件事呢？

去公路盡頭尋找檳榔西施

檳榔西施屬於臺灣傳說中的人物，可遇不可求。如果向資深計程車司機問起，他也許會帶你去看，我們遇到的司機還解釋了檳榔西施的經濟學成因：「當她彎下身來的時候，你可以看到她的胸。一顆檳榔一百元，實際上就是說五十元看一個。而且這也不違反法律，警察總不能控告她衣領太低吧？」檳榔西施也許是全世界最直接的性感行銷，雖然在臺北的市區早已鮮見，但她們的存在，依然給在臺灣路上的旅客存下一道綺念，也給寂寞的公路留下了粉紅色的幻想空間。

凌晨兩點吃關東煮看深夜劇

凌晨兩三點的夜市街紛紛打烊收攤之後，還能在7-Eleven裏尋得一碗熱騰騰的關東煮當宵夜。這裏的關東煮特別之處在於：不僅提供豆腐魚丸，還可以再買上一包速食麵，現場自煮一碗味道保證的關東煮下麵。更有生活情趣的小青年們還會帶上一台iPad，坐在便利店的透明落地窗前，吃著麵條看起深夜劇來。

去夜市幫襯練攤兒的白領

臺灣的夜市永遠人潮洶湧，夜市裏沒有白富美，也沒有高富帥，最美的風景是夜市練攤的白領。晚上七點後，他們陸續推著車來到狹窄的夜市，賣小吃賣服飾賣拖鞋。他們大都是白天工作，晚上擺攤。通常擺攤到晚上十二點乃至一點，第二天還要繼續上班。他們用兼職來彌補較低的工資，從中看出臺灣人不折不撓的勤勉和韌性。

去房產仲介體驗一下臺北生存之艱難

臺灣的房產仲介幾乎和超商一樣多，遍佈於每條大街小巷。從中同時可見臺灣房地產的真繁榮和假繁榮。一位計程車司機說，臺灣的房價被炒作得很高，中下階層的人一般買不起房，一個月收入十萬元新臺幣，要省吃儉用才有可能買房。連戰的兒子連勝文還出來說：「美國紐約大樓蓋得比臺灣好，房價沒臺北高。」

去「批踢踢」瞭解臺灣「鄉民」怎麼想

要瞭解臺灣「鄉民」在想什麼，「批踢踢」可能是最佳的網路場所，這個介面極為簡陋、用戶體驗極差的網站，高峰時期卻有十多萬人一起線上，民生、新聞、動畫、遊戲等無所不談，堪稱臺灣的2CH。如果你想看看臺灣的網路民情，那麼你可以看看相關的「國事論壇」，裏面的各種帖子能讓你大開眼界。

在臺灣「拜拜」

在臺灣應該好好領略一下臺灣的廟宇文化、「拜拜」文化。因爲在臺灣隔幾步就是廟堂，就可以燒香，到處在提醒你拜佛大事。對一個臺灣本土年輕人來說，成年後每次回家，一大家庭活動就是「拜拜」。到了七月普度時節，家裏一定要舉行隆重祭祀，跪拜祖先。「拜拜」並不是一種純粹的拜佛活動，它是一種維繫家庭的儀式。因爲「拜拜」，你才覺得有根有祖先，你才覺得自己的生活有源頭，有慎宗追遠之意。

與蚊子搏鬥

要嘗嘗蚊子的厲害，可以選擇在一個暴雨之後的黃昏，走到墾丁大街停車場後面農田旁邊的民宿。最好是一身泳裝，這樣可以在昏暗的夕照下，用白皙的皮膚反襯出灰黑的蚊子，以便於蚊子部落在你的雙腳處盤旋時，測算出一個蚊子部落的數量、大小、飛行速度以及躲閃的反應能力。這時，你要訓練自己的攻防能力，面對幾十隻蚊子，如何防守，如何快速發力拍死已經咬上你的蚊子。如果沒有腿上見紅，那不算來過臺灣。爲什麼阿里山人住在高高的山上？因爲蚊子上不去。爲什麼鄭成功死得早？因爲他沒有上山。在臺北，我們可以先做些功課，報紙上會圖文並茂地介紹臺灣山區各品類蚊子的外貌及殺傷力。

噓，小聲點，這裏是臺北

臺灣「環保署」二〇〇九年通過了首個「寧靜標誌」，一個擬人化的笑臉房子卡通形象把食指放在唇上，做出「噓，小聲點」的手勢，提醒人們在寧靜場所降低音量，以示互相尊重。在臺北的公車和捷運裏，很少能聽到手機鈴聲，偶爾響起，主人比其他人更不好意思；在臺北「故宮博物院」，工作人員手持寫著「請輕聲細語」的指示牌在場館內巡視，一旦發現有人高聲喧嘩，就上前舉牌示意。在公共場所保持公德心已經成爲臺北人的共識。

去臺灣微整形

那些害怕在大陸整容整成鳳姐的人有福了，去臺灣微整形比去韓國更可靠。

臺灣新光吳火獅紀念醫院的醫師說：臺灣的醫美健檢擁有與世界同步的頂級設備及優質的

醫療團隊。以整形美容著名的韓國，每五位整形醫師中，就有一位師承臺灣，甚至整形外科技術相當發達的美國、泰國與印度等，也都有醫師到臺灣學習。「更要一提的是，臺灣醫學美容的價格比歐美便宜許多。」

有一項便利是，自二〇一二年一月二日以來，臺灣開放了大陸居民前來進行健康體檢和整形美容，不受自由行城市的限制。

美容手術方面最受青睞的是臉部的自體脂肪抗老回春，鐳射溶脂瘦臉，臉部拉提、隆鼻和雙眼皮；身體方面最受青睞的是自體脂肪移植隆乳，鐳射溶脂體雕和射頻瘦小腿；微整形方面還是以肉毒桿菌注射和玻尿酸注射爲大宗，另外還有皮膚鐳射治療。

臺灣旅遊公會總會理事柯牧洲說，在臺灣做體檢，大約七千元到四萬元新臺幣，相當於人民幣一千四百元到八千四百元；做一次微整形，花費二萬到十萬元新臺幣，相當於人民幣四千二百元到二萬一千元。健檢美容行程，在臺停留時間最長爲十五天。有統計顯示，二〇一一年大陸已有一百個旅行團到臺灣進行健康檢查，體驗醫美服務，二〇一二年預計增長百分之三百，可有超過三百個團、六萬人次到臺灣接受醫療服務。

去區公所喝杯熱茶

在臺灣，隨便走進一家區公所（類似於大陸的政務中心、街道辦事處），你便能深切體會到什麼叫「爲人民服務」。

一九九四年，臺北市市長幹了最爲人稱道的一件事，把與民衆生活最息息相關的區公所的柵欄式高櫃檯改成開放式的平櫃檯，以前，民衆去辦戶籍、健康保險、兵役、土地資料，必須要站著辦事，現在則是和辦事員平起平坐，而且，你一坐下，馬上就會有社工噓寒問暖，倒茶水給你，區公所的飲水機貼著口號：「人民是頭家（老闆）」。公務員原來的官僚面孔，變成了一張張笑臉，他們會跟你彎腰，如果人多，會跟你說對不起、很抱歉、請稍等，有時，你會恍惚自己是坐在銀行VIP大戶室。

上網調侃小馬哥

除了參觀市政府或區公所，在臺灣登錄臉書調侃馬英九算是件不得不做的趣事。作爲華人社會的政治人物，馬英九創下開通臉書帳戶十三小時粉絲就超過九萬的紀錄。他通過臉書給考試的中學生打氣，爲調戲他吃相難看的小粉絲寄簽名照，而粉絲既能點擊豎拇指的「讚」，也能往下豎拇指給噓聲，其中有沒有水軍，看看下面的評論就知道。前陣子臺北民用電價大漲，小馬哥聲稱與民同進退，自己入住重慶南路一段一百二十二號後從不開空調。臉書上即刻有人評論：「馬沒開過，都是周美青開的。」更狠的在後面：「陳水扁八年遺毒，他根本沒有關過空調。」

看政論節目「舌殺」政客

對臺灣人來說，再沒有什麼電視節目比政論節目更娛樂、更富戲劇性的。政治對他們來說不是禁忌，而是人人都可以評論的八卦、可以圍觀的大戲。在這些節目中，地位權柄最高的馬英九是最重要的靶子，但沒有任何一個當衆指責他的人需要擔心自身安危。TVBS的《二一○○全民開講》、三立的《大話新聞》、中天的《全民最大黨》……這些節目很容易在頻道轉換中跳出來，因爲主持人和嘉賓個個語調高、語速快，呈現熱血戰鬥狀態。

聽臺灣人講民主的壞話

在臺灣，人人都有談論政治的權利和自覺。可以是大學教授，也可以是路邊掃地的阿婆，可以是科技業菁英，也可以是奶茶妹。他們對政治人物簡單粗暴的相互攻擊感到厭惡，他們對富人與惡人利用法律漏洞規避政府監管行惡感到氣憤，他們對政黨陷於意氣之爭而無視市民福利感到無奈。所謂民主，就是可以隨心所欲地講民主的壞話。

去華陶窯體驗最土的時尚

「用愛滋養土地」，苗栗的華陶窯立志打造原鄉時尚，模式是陶藝+古詩詞+人生感悟。

「未來臺灣面對的是全球化的國際競爭，沒有本土根源就沒有國際化的一席之地，根紮得多深，花朵就可以開得多繽紛，臺灣有高容量的原鄉記憶體，有土地藝術基因庫，重拾文化創意產業。」華陶窯執行長陳育平這般解釋。人們都尊稱他為「窯長」。

華陶窯是個微縮景區，不少細節都賦予了八卦意象，無論是花盆還是磚牆，都在向遊客佈道：要道法自然。無論是儒還是道，在臺灣都得到了很實在的延續與應用。

華陶窯設有假日餐廳，取甜泉水為湯，提乾淨的溪水洗菜，撿枯木、鋸乾竹為柴燒，炒野菜、燙青菜、喝筍湯，都是超越美味可口的享受，更是自然與自在的結合。

景區隨處都有陶藝作品，石頭和牆上刻有不少詩詞。其中一塊石頭上刻著一首小詩：「鼓井有水清又深，落落紅柑半伏沉；若是卜沉沉落去，勿個浮起動儂心。」說的是柳丁起起伏伏惹人煩，據說這也是陳「窯長」曾經滄海的人生寫照。

體驗臺灣「高第（Gaudi）」的伍角船板餐廳

假如評選臺灣十大最瘋狂的人物，謝麗香算一個。她的伍角船板餐廳（臺北、臺中各一家）以不規則和怪誕著稱，說它是餐廳，又像個博物館，陳列著佛像、佛塔、石人、石馬、石獸等，甚至還有餵牲口的石槽、拴馬樁等。

但伍角船板餐廳建築的主題是明確的：關於女人和夢境。其關鍵字是漂流木板、白日夢、女人、曖昧和孤獨。

餐廳叫「伍角船板」，源自主人在沙灘揀來的一塊破船板，上面嵌著一枚臺灣早期的五角硬幣，於是被用作餐廳的名號。

在這裏用餐彷佛置身於一個光線曖昧詭異、充滿神秘氣氛的海王宮之中。有人說謝麗香是「臺灣高第」，其實她從沒有上過一堂建築設計課。就因爲不是科班作品，所以設計才帶有粗糲之美。至於菜的味道如何，有機會去體味吧。

去淡水幫襯「淡水魚的店」

沒有老街的喧囂，在淡水馬偕街上，安靜地開著一家小店，名爲「淡水魚的店」。不大的面積分爲兩個區域，一邊展示著若干精緻可愛的手工產品，如魚口錢包、帆布包、杯墊、圍巾、手機繩，另一邊三兩個本地的婦女現場做著。

坦白說，這些小東西的確有討喜之處，卻不足以讓人眼前一亮，令人感動的倒是這家小店的背景，它是臺灣婦女展業會幫助經濟弱勢、無法順利進入職場的婦女的產物。通過不定期開班，逐步引導單親媽媽或者年長獨身的女性小額創業。

深夜到誠品去看好書和正妹

誠品敦南店二十四小時不打烊，信義店則開到半夜十二點。誠品的出現，改變了臺北的作息。有人曾感慨：臺北還有哪個地方，在凌晨一點，能同時容納好書及正妹兩種性感物？東森電視新聞總監張玉玲每次工作到半夜、第二天早上要開會的時候，就會到誠品去消磨時間。誠品也是遊客到臺北的必遊地，消費超過一千元新臺幣，可以憑護照打九五折，叫觀光優惠。在誠品，除了買書，還可以買文具、買衣服、喝咖啡、吃飯、約會，就像臺北的公共客廳。

逛逛本土書店，老闆聽不懂國語也沒關係

誠品固然好，可惜大陸人太多。不如去逛逛本土書店，在公館商圈和永康街一帶都有不少。它們立足本土文化保育，不僅是書店，也是臺灣本土文化和民俗的盤整地，經常會有本土文化活動。這裏的書不一定會讓你開心，但一定是最本質的臺灣本土文化映射，也會有很多有趣的創意產品和本土農產品出售。老闆不一定聽得懂國語，你也不要太介意顏色的話題。

去牯嶺街小劇場看一場新銳實驗劇

牯嶺街短短一段，卻絕對值得探訪。影迷們可以在這裏捕捉蛛絲馬跡，推測楊德昌《牯嶺

街少年殺人事件》裏的慘案發生於哪個角落；文藝青年們必到牯嶺街小劇場，這裏曾是日本憲兵分隊所，如今每天都在展演各種新銳實驗演出，還可以在明信片上蓋幾個小劇場專供郵戳。值得一逛的還有小劇場左側的松林書局，已有六十多年歷史的二手書店，據說于右任、張大千、臺靜農、毛子水都曾是這裏的常客，八十多歲高齡的老闆常常就躺在門口竹椅上，撐起一把遮陽傘——想跟他合影？一定找罵。

去美術館享喧囂的孤獨

臺灣冠之以藝術之名的事物很多，但要欣賞貨眞價實的藝術，還是要去博物館和美術館。從臺北「故宮博物院」、中正紀念堂、歷史博物館，到臺北市立美術館，從清廷和西方貴族珠寶，到達利雕塑，再到王懷慶的畫，臺灣呈現的藝術十分豐富多元。臺北市立美術館內，展廳盡處面向落地窗的地方甚至專門辟出空間，擺上兩張長凳供參觀者靜坐休息。

去一次臺北當代藝術館

臺北當代藝術館雖然二〇〇一年才成立，但它的建築卻已有九十餘年的歷史沉澱。它的建築師也是臺灣「總督府」的建築師，紅磚、灰瓦與鐘樓，讓它成爲臺北的人文地標。當代藝術館的成立為老建築注入新生命。它是第一個以「當代藝術」為定位的美術館，也是臺灣第一個古蹟化身的美術館，更是臺灣第一個公辦民營制的美術館。它的展覽傾向於國際交流，促進不同文化、不同國籍間的藝術對話，它還有藝術市集、露天音樂會、電影放映會，甚至邀請街頭藝術家來分享藝術作品。前衛和古樸在此共存。

去臺灣買「買得起的藝術」

臺灣畫廊產業在亞洲華人地區中起步最早，又最具經營規模。早在上世紀七〇年代，臺灣就開啓了「畫廊時代」。在畫廊產業發展的全盛時期，幾乎每週都有新畫廊開幕，僅臺北市東區的阿波羅大廈就聚集三十多家畫廊。一九八九年，臺灣畫廊盛況空前，畫展檔期多達一千五百多檔。寒舍、索卡、大未來這些進軍大陸的臺灣畫廊，首先是在臺灣本土發展到根深葉茂。現在於大陸頗為流行，甚至普及全球的「買得起的藝術」，其實在臺灣早就流行。正是畫廊業讓臺灣的藝術市場和臺灣大眾的藝術鑒賞力超過大陸。

在臺鐵印個「奇怪ㄟ你」

在臺灣，印章文化是本土創意文化產業的一部分，節慶日紀念章、旅遊景點紀念章、文化傳統紀念章、異型特別紀念章、地理紀念章等。從旅遊服務中心、各大景點、誠品書店、商場服務臺，到擔仔麵、豬腳店、7-Eleven、寺廟、消防局、火車站都可以找到。每個臺鐵車站出站口站得高高的工作人員不是在檢票，而是爲有需要的人蓋紀念章。五月二十日馬英九就職典禮，因下車未等夫人周美青一同牽手走進「馬辦」，被夫人抱怨「奇怪ㄟ你」。馬夫人的這句話馬上爆紅，兩日後，臺中大肚追分火車站也搶鮮刻出「奇怪ㄟ你」的印章。以前許多人會專程搭車到「追分車站」，蓋個「追分成功」，現在還可以多蓋個最流行的「奇怪ㄟ你」了。

到臺（國）軍歷史文物館買F16飛行服

從臺北中正紀念堂出來，過兩個街口就到臺（國）軍歷史文物館，臺（國）軍歷次大戰的文物都能在這裏找到，讓你從另一個角度回望那些戰爭年代的歷史片斷。此外，觀衆還能親身體驗不少制式武器，如現役的M4、M16自動步槍，還有護衛馬英九的憲兵摩托車連的超級摩托車。如果還不過癮，可以到附近的軍事用品店挑些軍用品帶回家，從F-16飛行服到各種飛行頭盔、水壺、徽章，全是大陸買不到的好東西。

看霹靂布袋戲自己的電視臺

霹靂臺灣臺是霹靂布袋戲的主戰場，布袋戲搞到自己有電視臺，眞是令人嘆服。霹靂布袋戲把聲光電、棚拍特技和木偶表演融合得天衣無縫，鏡頭剪輯、運用也頗具大片風範，眞是民俗文化和現代影視技術的完美結合。眼下正在播放的是《霹靂兵燹之聖魔戰印》和《霹靂震寰宇之龍戰八荒》，素還眞可是最具人氣的角色，到現在都出場一千七百多集了。便利店、音像店也有DVD出售，隨處可買。

在電視新聞中找尋《大富翁》裏發生過的事

都玩過大宇出品的遊戲《大富翁》吧，來臺灣除了可以看到遊戲中熟悉的地名，還有很多遊戲中的新聞事件在現實中重演。「新竹市強烈地震」，遊戲裏你就損失了一片房屋，可在臺灣，地震的確是常見的災害，二〇一二年六月十五日一天，臺灣就有四十三起有感地震。「超大豪雨，行人停止一輪」，六月十二日，臺北地區超大豪雨，市政府通知全面停班、停課。你眞能體會到阿土伯的那一句「兄弟啊，卡打拼！」

看一場王建民的職棒轉播賽

在臺灣，即便是歐洲杯這樣的重大賽事，想要在電視上找到一場足球比賽轉播也是絕不可能的事，打電話到酒店前臺詢問，很有可能得到這樣的答案：「歐洲杯？那是什麼？」與之對應的，在被明星八卦和炮轟政治的綜藝節目輪番轟炸的電視節目中，你幾乎每天都能找到一兩場棒球比賽的轉播，尤其每逢有「臺灣之光」王建民出場的賽事，更是賽前賽後都要大張旗鼓分析一番「王建民現象」，聽解說員昵稱他爲「建仔」，你能在一瞬間感應到臺灣人「燃」起來的民衆激情。

在電影院同步看日韓演唱會直播

在電影院裏看演唱會，是亞洲樂迷的一件新鮮事。包括彩虹（L'Arc-en-Ciel）、放浪兄弟（EXILE）等日韓流行樂團，都已經嘗試過將他們的巡迴演唱會在臺灣電影院裏進行遠端直播，以零時差的方式同步呈現給跨國觀衆。吃著爆米花看演唱會，沒試過吧？

在海角七號玩衝浪

歡迎來到「墾丁國」！

遠處是貓鼻頭、鵝鑾鼻，還有巨大的風車。近處是沙灘和大浪。這種奇幻的組合讓墾丁衝浪煥發獨一無二的魅力。

多數大陸客知曉墾丁是通過電影《海角七號》。每年七八月這裏都會舉辦沙灘音樂季，知名的、不知名的樂隊輪番上場，一展歌喉。歌聲不重要，沙灘派對所代表的青年文化才是人們蜂擁而至的緣由。來墾丁最刺激的當然還是玩衝浪。

專業衝浪只是少數人的專利。多數人搭摩托艇，或著條短褲就下水了。狼狽的事是經常發生的，短褲被浪拍下，眼鏡被拍落水成為別人的笑料。笑就笑吧。衝浪的獨特feel：衝浪的意義不在於征服，而在於等待。你無法預測人生的下一步，就像永遠無法預測下一個浪有多刺激，褲衩會不會被拍掉。

到太魯閣看「險谷」

太魯閣公園是臺灣八景之一，是世界上最大規模的大理石峽谷，無須門票即可體驗大自然的鬼斧神工。

到太魯閣要走一走溪邊崖下的原住民道路「砂卡礑步道」（意為「神秘的地方」），這裏曾經是泰雅族的對外要道。蘇花公路的「清水斷崖」也很險峻，背靠險峰，享無敵海景；幸運的話還可以碰上太魯閣峽谷部落音樂會，欣賞到地道的太魯閣族舞蹈、音樂與傳統工藝品。

去太魯閣欣賞險秀的自然風光時，記得戴上安全帽以免遭落石襲擊。公園管理處也會在適當的時候關閉部分路線，以護遊客安全。

到阿里山看螢火蟲

曾有山西煤老闆帶著兒子到臺灣，只為到阿里山看螢火蟲。阿里山上有被日本人砍伐後所剩無多的千年神木，有穿越寂靜森林的林間火車，有一塵不染的廣袤星空，也有懸浮在夜色中的螢火蟲。據說在臺灣螢火蟲節的時候，在阿里山上飛舞著的螢火蟲，如同一片燈海——螢火蟲的光線縱然微弱，卻可以讓逗留在此的人們，看到一條從自然通往內心的心靈隧道。

去基隆港看浪漫落日

到基隆看落日是一種浪漫的風俗。基隆離臺北不遠，坐計程車人民幣一百元（約新臺幣五百元）左右就可以到達，搭火車只需要人民幣四元（約新臺幣二十元），當然，最浪漫的是帶著女朋友騎摩托車去。基隆港就在火車站旁邊，你可以邊喝咖啡邊看太陽從軍艦、港口的風景中落下，也可以到旁邊的廣場坐下來，看穿著制服的學生在欄杆上吹風，或是在廣場上看孩子們盡情地玩耍。日落之後，你可以到基隆廟口的夜市，也可以尋找更遠處海邊的秋千。

清晨五點從涵碧樓俯看日月潭

坐在遊艇上，遊蕩於潭中央並不能真正地欣賞到日月潭的美景。觀賞日月潭的最佳時機是清晨五點，最佳地點是高處不勝寒的涵碧樓。只有此時此地俯視日月潭，才能真正明白日潭和月潭因何而得名。

去宜蘭享受偶像劇般的慢生活

去宜蘭，手錶是多餘的。宜蘭是臺灣偶像劇的故鄉：一望無垠的水稻田間或長著幾棵薰衣草，零星點綴其中的平房裏有人聲卻不吵鬧，遠處是有著黑沙灘的太平洋。由於政府實行每年種一季休一季的政策（農夫休一季的損失費用由政府補貼），稻田總是一片不緊不慢的長勢，宜蘭人也就可以花更多心思在悠閒地過日子上。民宿是當地近年來慢生活的結晶，通常每家有五到八間房，主人親自照顧日常起居，甚至下廚招待，其中既有讓人體驗宜蘭傳統小日子與美食的晨露莊，也有融現代設計與自然爲一體的建築佳作張宅，還有更多或輕鬆或風格華麗的民宿，就像不同的民宿主人。比起城市裏的酒店，這樣的小民宿更能讓人真正瞭解宜蘭人乃至臺灣人。

去九份體驗悲情城市

侯孝賢的電影《悲情城市》給九份帶來了幾分傳奇。九份是空中之城，一面是山地，一面是海景。房屋沿山而建，與基隆山遙相呼應，又能望見基隆港的粼粼波光。晨昏和四季都有不同的景致，它是電影裏的悲情城市，也是現實中讓人樂而忘憂的美麗城市。

到淡水不一定為了看煙火

鄭智化和戴佩妮的歌裏都寫到淡水河的煙火。十月十日的煙火曾經是淡水多年的專利，如今，煙火施放地採取輪值制度，要體驗歌裏寫到的熙熙攘攘，就看趕不趕巧了。除了十月十日那天，淡水絕大多數時候是個安靜的小鎮，適合步行，也可以租個自行車沿著淡水河騎行。從臺北到淡水，坐捷運大約四十分鐘，所以臺北人說想出去吹吹風，首先想到的就是淡水。眞理街上有周董的母校淡江高中，還有眞理大學，都可以去看看。

刻意偶遇原住民

每當小米收割之後，臺灣原住民族群就會舉行豐年祭，其中分佈在花蓮、臺東的阿美族和卑南族是規模較大、儀式較完整的。除了在慶典活動時專程採訪，平日你也可嘗試偶遇原住民。「刻意」有技巧，儘量往山上去。「偶遇」靠運氣，任何狀況都可能會影響你的氣場，包括你的心情。請帶著愉悅、觀賞的心慢慢地在山上遊蕩，有位朋友就這樣遇見了種茶原住民，談笑間交換了聯絡方式，共享了好茶。

到臺南赤嵌樓看臺灣史的縮影

本臺灣專輯不負責推介旅遊景點。但臺南赤嵌樓有必要一去。

赤嵌樓是臺南最著名的古蹟與精神象徵，明永曆七年，荷蘭人在此興建「普羅民遮城」，漢人則以「赤嵌樓」、「番仔樓」或「紅毛樓」稱之。三百多年來，歷經明鄭、清朝，以至日治時期，該樓堪稱臺灣史的縮影。

如今，赤嵌城的歷史已與周邊的小吃奇妙地交織在一起。一張歷史圖片說明這樣寫道：十七世紀，荷蘭人幾乎同時到達了赤嵌和曼哈頓，建立城堡和碼頭，如今曼哈頓已成為全球金融中心。

去二十三攝氏度的臺北「故宮博物院」看動畫長軸

肉型石和翠玉白菜固然值得排隊瞻仰，可臺北「故宮博物院」還有一項特色展品——動畫長軸。這些動畫是以臺北「故宮博物院」藏的六個系列的書畫為創作基礎，以無接縫熔接技術，將四台1080p Full HD高解析投影機組成仿書畫長卷的長形螢幕光牆，通過動畫設計，讓畫中各式民情風俗，如虹橋上的來往人潮、煙波浩渺的金明池、富麗的宮廷殿宇、熱鬧的迎娶隊伍「動」起來，讓觀衆彷佛置身八公尺長的原作畫境之中。去年展出的是《清院本清明上河圖》，目前展出的是《徐揚日月合璧五星聯珠圖》，後續則將展出《文徵明仿趙伯驌後赤壁圖》等。

去「兩廳院」看一場高雅藝術秀

臺灣最好的「戲劇院」和「音樂廳」在哪裏？就在中正紀念堂的兩側。它們通常被稱爲「兩廳院」。這裏有亞洲最大的管風琴；有亞洲第一個「張力索式頂棚」小劇場，表演工坊常在這裏演出。藝文廣場上有知名交響樂團的戶外直播，當年維也納愛樂樂團的一次戶外轉播，曾經聚集了六萬樂迷，令指揮小澤征爾十分感動。對於樂迷而言，與幾萬人一起聽一場交響樂應該也是一次特別的體驗。

去臺北中山（國父）紀念館看換崗儀式

在臺北中山（國父）紀念館孫中山銅像的正前方，衛兵換崗是必看的帥氣表演。這裏的衛兵由陸海空三軍儀仗隊輪流擔任，每天執勤時間爲九點至十七點，換崗儀式一小時一次，持續約二十分鐘。每到整點，身穿白色制服的兵哥哥就會在領隊帶領下，手持儀仗槍，從大堂左側門扛槍正步走到孫中山先生銅像前，向銅像敬禮後，踢腿、正步走、做交槍儀式。換崗後的衛兵走下主臺後，先進行佇列表演，再向孫中山先生致敬。整個過程通常有很多人圍觀，個個恨不得把手中的相機舉到天上去。

去士林官邸看蔣夫人最愛的蘭花

作爲蔣介石和宋美齡到臺灣後工作和生活的地方，士林官邸自然有著絕佳的風景。然而，如果不是有著強烈的故居情結，在這走一圈難免有逛公園或者植物園的感覺，唯一的驚喜是園內有個「蘭花研究院」，培育著滿滿一室名貴的蘭花品種。蘭花是蔣夫人的最愛，也是臺北的市花，在這便可一飽眼福。除此之外，士林官邸還會隨著花季，在一年中相繼舉辦櫻花節、玫瑰節、百合節和菊花節，與在溫室中常年綻放的蘭花相映成輝。

站在胡適先生墓前

在臺北尋找民國先生的蹤跡不可不去胡適紀念館。在這裏可以看到「我的朋友胡適之」在臺北的最後生活以及安息之地——一街之隔的胡適公園內有胡適及其家人的墓地，切身感受先生的人生經驗與學養。完成於一九五八年的胡適住宅是「中研院」第一座院長宅邸，修建費用由蔣介石從個人版稅中撥出四十八萬元新臺幣，後「中研院」追加二十萬。從臺北市中心的大安站搭捷運去南港「中央研究院」的胡適故居，列車多數時候在臺北的水泥森林裏穿行，充滿超現實感，是一段特別的旅程。

在林語堂故居吃飯

在臺北可以攢出一個故居遊，東吳大學的錢穆故居、溫州街的殷海光故居、廣州街上的章太炎故居，一直到陽明山腰的林語堂故居。林語堂故居由他親自設計，充分體現了他本人的美學觀念。林語堂去世後也歸葬於故居的後園。原先的林家餐廳及客廳現在被開闢成「有不為齋」餐廳，一直營業到晚上九點。在此，可以重溫當年林語堂站在自家陽臺上的感受：「看前山慢慢沉入夜色的朦朧裏，下面天母燈光閃爍，清風徐來，若有所思，若無所思。不亦快哉！」

六月，在臺大看一次畢業生撥穗儀式

臺大是感受臺灣人文氣氛的重要一站。六月正逢畢業季，手裏的向日葵與師長的白髮都令人感動。安靜的傅園也熱鬧起來，每屆畢業生都會在傅斯年墓前合影留念，他在臺大還留下了一句名言「一天只有二十一小時，其餘三小時是用來沉思的」，所以椰林大道上的傅鐘只敲二十一下。作爲胡適的學生，傅斯年將自由主義帶到了臺大，戒嚴時期，臺大的大學廣場是全臺灣唯一能發表自由言論而不被當局逮捕的地方。

到臺北體育大學上一堂武術課

臺北體育大學就在棒球場旁邊，棒球是臺北最引以爲豪的運動項目。武術訓練場在廣場中央，每天下午三點訓練開始，鋪毯子、暖身、單操，然後是競賽方法。「劍到身動，身動劍到。『到』很重要，必須明確表達出來，不能含糊。」離越南舉行的亞洲杯武術比賽還有兩個月，幾十個隊員在教練張世博眼皮底下不敢懈怠。隊員們項目各異，長拳、南拳、太極拳，短劍、單刀、齊眉棍……一個教練，眼觀六路，不時高喊隊員名字，同時訓斥不到位的地方。隊員被叫到，就會走到教練跟前，立正、背手、垂頭、敬聽，教練說完，再繼續練習。六點叫便當，飯後隊員們各自練習，十一點多最後一個隊員離開時，會拍照放上Facebook留念。在競爭激烈的臺灣，只有努力了，才能有機會，這是每一個行業的顯規則。

去深坑老街參觀坦蕩蕩的舊城改造

臺灣的老街沒有粗暴的拆遷和整舊如新工程，因此無論是淡水老街、三峽老街、迪化老街、九份老街，都能在現代遊客的頻繁造訪中保留著它的殘破和古意。臺北往返宜蘭必經的深坑老街在日治時期非常繁華，如今雖已殘破，但仍努力維持原貌，只做動作最小的加固。整修工程的圖紙在街頭公開展示，原先的一磚一木也不輕易改動。經營數十年的老生意也還在，裁縫鋪、小吃店、鐵壺鋪仍在營業，這裏的人恬靜、友善而戀舊。

體驗繁華臺北的空城記

在臺北，一定要走背街小巷，那裏永遠有驚喜。從中正紀念堂走到永康街，避開大路走內巷，兩邊基本都是空屋，保留著幾十年前人們的生活痕跡，像是人類突然消失後的空城。偶爾有黑洞洞的視窗開著，散發出泥土與老木的氣味，門上貼著法院的告示，大致內容是，此處爲空屋，不可隨意進入及堆放貨物。臺北有很多空屋是公有資產，陳水扁當臺北市長期間賣掉了大部分，多數建起高樓，這一片算是意外的留存地。

打坐龍山寺

龍山寺是臺北第一名刹，臺北開發最早的地方。寺裏供奉著各種神佛，有佛教的觀音菩薩，有道教的文昌帝君，有民間的關雲長和媽祖。寺外的公園住著各種流浪漢。這裏龍蛇混雜，最易聚衆生事。這裏也是臺北人追求心靈寧靜的地方。與大陸「菜市場化」的寺院不一樣，這裏燒香的人基本上不說話，菩薩和凡人都保持著寺裏的一片「靜」土。老太太們圍在觀音菩薩殿旁，自帶小板凳和佛經，喃喃自誦。一少婦正對觀音像盤腿坐於地上，閉目冥想。任人間是非紛爭，天地鬥轉星移，我自巋然不動。

去西門町聽Kent唱歌，看一場二十四小時電影

西門町是電影街、娛樂聖地、哈日天堂，也是臺北青少年交誼場所。最值得做的事恐怕是，在一個下雨的夜晚，站在街頭聽Kent歌唱，Kent是黑人歌手，也是傳教士，還是英語老師和素食主義者，他不喝酒，不吸煙，不喝咖啡和茶，這個臺灣女婿現在是三個孩子的爸爸，他只管坐在一張椅子上唱歌，旁邊支著一張桌子，上面堆著些歌碟，「請自由打賞，如果您打賞超過九十九元新臺幣可取一張原創專輯CD，如果超過一百九十九元新臺幣可取一張英文翻唱CD」。

老天祿是家滷味老字號，據說劉德華每次來臺都要買一份鴨舌解饞。如果鴨舌賣光，買一包鴨腳泡在U2昏暗的小包廂裏，躺在皮床上看一場二十四小時電影也不賴，只是牆上有一條標語提示你：請注意保持衣冠整潔。

在愛貓園看貓、逗貓、買貓

名爲「愛貓園」，其實也有不少萌到極致的狗仔。在這裏，不僅有如嬰兒用品般齊全的寵物用品，小到牙刷、鞋套，大到籠窩、寵物童車，更吸引的是有各種血統純正、出生不久的小貓。見慣了人流的貓貓狗狗，早已習慣了人類的挑逗，多數時候都懶懶地躺著，眯著眼假睡。老闆對客人很客氣，只要不用散光燈，任由拍照。如果有意購買，則會詳細地向之傳授飼養要領，叮囑注意事項。

在小酒吧聽說XXX曾在此駐唱

臺灣人愛唱K的習慣塑造了許多「民歌手」（吳宗憲語，指長得不好看的歌手），這些民歌手往往都有一段酒吧駐唱的歲月，而遇上這些酒吧的機率似乎特別高。臺北安和路上的EZ-5不是路上最起眼的酒吧，走進去卻人聲鼎沸，點上一份不到二百元新臺幣的小食、不到三百元新臺幣的酒水，路人甲告訴你上一個在此駐唱最有名的歌手是黃小琥，路人乙告訴你柯以敏結婚前攜老公在此答謝作唱，還有人告訴你周華健、趙傳和林志炫也在這裏唱過。大腦只覺信息量一下過大，音樂愛好者大概會覺得入了聖堂。倒是周圍的觀衆依然爲臺上面生的歌手不住喝彩，似乎她也會是下一個寶島傳奇民歌手。

去馬拉松大賽湊熱鬧

臺灣最著名的國際馬拉松比賽逢歲末都會在臺北市舉行，起點從臺北市政府廣場開始，一路途經仁愛路、光復南路、中山南路、中山北路、福林路、故宮路、市民高架道路、基隆路……每年都會吸引好幾萬市民參加。除此之外，臺灣每年還有大大小小的馬拉松賽事十幾個，臺北、臺中、高雄、澎湖、宜蘭、花蓮、日月潭等地都有涉及，如果你是長跑愛好者，又恰逢時候，不妨去馬拉松大賽湊個熱鬧，也算是另闢蹊徑體會一番臺灣街道風情。

隨時闖入偶像劇

《戀戀風塵》中的場景現在大概是見不著了，但《不能說的秘密》裏面的建築都還在——你可以去淡江中學看看，《一頁臺北》裏則有很多戲份都發生在誠品裏。從臺北到墾丁海邊，臺灣幾乎每條街都能數出那麼一兩個影視劇橋段典故，亦可做好攻略去尋找那些偶像劇裏出現過的美食小店。走在臺北的大街上，務必隨時留意周圍，搞不好一場追車苦情戲碼就正在你身邊上演。

去臺一牛奶聽人閒聊

臺一牛奶是臺大附近的一家冰店，著名到臺大的校史展覽室裏都有它當年的照片。除了冰品好吃，這裏出入的臺大師生也是吸引人的地方。要一份麥角牛奶冰，聽聽隔壁桌的小朋友激辯自由主義和新左派，這才算給臺大之行畫上完美句號。

路過郭董住的帝寶豪宅

提到臺灣豪宅和名人聚居地，過去是李敖的陽明山，現在是仁愛路三段五十三號的帝寶。當地計程車司機每每載客路過此地，總要特別介紹一番，說這裏如今是全臺北房價最高的樓盤，小S、郭台銘、連戰、頂新國際集團（康師傅）的魏家四兄弟等各路政商名人皆雲集於此。

上五百零八米的高處俯瞰臺北

每座城市都需要一幢摩天高樓來證明自己。如同帝國大廈之於紐約、艾菲爾鐵塔之於巴黎，臺北的一〇一大樓高五百零八米，建成之時是全世界最高的摩天大樓，寄託著臺灣人要把「臺北帶向全世界」的希望。來臺北值得登上這裏的高五百零八米高處，俯瞰臺北的點點燈火。臺北是一座鮮有高樓的城市，小街小巷的柔美總能讓人感受到臺北小家碧玉般溫婉，只有在一〇一大樓如此登高一望，你才能體會到它摩登都會的一面。

學幾句常用臺語

「汝好」音：li ho（你好！）

「高早」音：gao zha（早上好！）

「歹勢」音：pai xie（不好意思！）

「多謝」音：duo xia（謝謝！）

「免客氣」音：bian ke ki（別客氣！）

「再會」音：zai hue（再見！）

「贊」音：zan（非常好！）

「好康」音：ho kang（好東西。）
「瓦愛利」音：wa ai li （我愛你！）
「麥安內」音：mai ang he （不要這樣。）
「無代系」音：mao dai ji （沒事兒。）
「哇栽」音：wa zai （我知道。）
「清蔡」音：qing tzai （隨便啦。）
「好呷」音：ho jia （好吃。）
「爲蝦米」音：wi xia mi （爲什麼？）

愛恨臺灣的
一〇一個理由

統籌/陳非
採訪/陳非、陳漠、丁曉潔、何雄飛、黃俊傑、金雯、
鄺新華、孫琳琳、譚山山、王愷、文莉莎、于青、
張丁歌、張堅、章潤娟、朱慧、林韶斌、沈煜

愛恨臺灣的一〇一個理由

愛其愜意或努力，恨其不堪或不爭。天下沒有完美之地，愛與恨都可以化爲進步的動力。《新周刊》臺灣行，拍下了一張張豐富生動的臺灣臉，採擷了一〇一位臺灣人心中的愛與恨。

愛·我們臺灣人很熱血啊！臺中那個援救摩托車的新聞你有沒有看到？這種事情很多啦，我在路上看到有摩托車拋錨，我都會幫的啊。大家幫大家，這才是臺灣人的熱血啊。

恨·臺灣貪官很多啊，一個家族就掌握一個地方。官員都說不貪腐啊，不貪腐選票哪裏來啊，選票要錢的哎，很多金主你想不到的。

（謝先生，動漫店老闆；受訪於臺北車站）

愛·臺灣很自由啊，想幹什麼都可以。你們上臉書是要翻牆的哦，那你有沒有用What's App？

恨·臺灣是寶島哎！政府瘋掉了，花大錢蓋核電廠。我們都叫「核四」是「核死」啦，頭殼恐固力才去蓋核電！

（陳先生，餐館服務生；受訪於臺北西門町）

愛．我們臺灣很強哎，王建民有沒有聽過？華盛頓國民隊啊，首席投手哎。陳偉殷有沒有聽過？很帥哎好不好。足球在臺灣沒有人要看啦。

恨．臺灣職棒很多黑幕啊，搞到好多選手都跑去外國了。

（Tammy，女，酒吧招待；受訪於臺北敦化南路）

愛．臺灣人愛打麻將，還以網路聯線參加「愛臺灣打麻將」，我超愛這個。

恨．颱風天多，地震多，一天到晚都在下雨。

（李義豪，男，四十三歲，摩托車店老闆；受訪於臺北大安路）

愛．我從胡志明市嫁來臺灣，跟越南相比，這裏賺錢多，生活方便，一個月的薪水在越南要賺一年。

恨．現在的店面已經是我來臺灣後換的第六個地方，房東經常要漲價，有時裝潢的錢還沒賺回來，就要換地方。

（何明莊，女，四十歲，料理店老闆娘；受訪於臺北信義路）

愛．安全啊——你看臺北多少攝影機，以前說人在做、天在看，現在是人在做、人也在看啊。不像大陸，人太雜了，犯點事，往外地一跑就完了。臺灣你往哪裏跑啊？！

恨．路超爛的，繞來繞去，都是地主啊，修過去都不讓啊。

（劉志明，男，計程車司機；受訪於臺北忠孝東路）

愛．臺灣的小吃，喜歡吃蚵仔煎、鹽酥雞、雞蛋糕、菜脯蛋、麻辣火鍋；愛臺灣的人情味，最近看到新聞，一位大陸遊客，錢包掉了半年後，由警察找到送回大陸。

恨．跟大陸相比經濟增長沒那麼快，六〇年代創業機會多，現在機會特別少；八〇後、九〇後念大學很容易，出來後同樣的起跑線，工資比較少；臺灣市場比較飽和，創業門檻高，年輕人沒有什麼機會。

（陳瑞，男，三十歲，電子商務；受訪於臺北松壽路）

愛．臺北是一個有各種文化衝擊的地方，各種文化在臺灣都有可能性。臺灣人的個性是很特別的，各種文化它都沒有太強烈的排斥，只有一小撮的人在搞運動，大部分的人都在拼命地吸收再吸收。這就是我最喜歡臺灣的原因，各種可能性都有。

恨．沒有哎。

（張國立，男，作家；受訪於臺北光復路）

愛・臺灣最大的價值是人與人之間的關係，與大陸非常不同，這裏的人際關係很鬆，不緊繃，你可以選擇很親近，也可以選擇疏遠。

恨・臺北的民主化進程發展很快，但所需的民主素質卻不夠，人的自我節制、視野、看事的態度都不夠好。

（戎撫天，男，六十二歲，《旺報》總主筆、元智大學兼任助理教授；受訪於臺北艋舺大道）

愛・臺灣人很善良，隨時願意幫助他人。

恨・臺灣電視新聞很弱智，只是報導一些打架的雞毛蒜皮事情。

（Candy，女，二十八歲，銀行志願者；受訪於臺北敦化南路）

愛・臺灣是一個有溫度的地方，總會給人留後路。

恨・我會把自己定位為來自臺灣、長於臺灣；而臺灣社會近年的心態是來自臺灣、等於臺灣；它像一種裹腳布，令我有一種恨鐵不成鋼的感覺。我恨的是「僅止於臺灣」的社會心態。臺灣這幾年有更多的可能性，但本土喪失了這些可能性。

（張釗維，男，四十六歲，陽光衛視紀錄片中心製作總監；受訪於臺北新生南路）

愛・我只能說，恨比較多，感覺不到愛了，把愛都淹沒了。

恨．到現在爲止，臺灣的漢人都不肯承認原住民是臺灣人的祖先。

（楊寶全，男，五十一歲，高金素梅辦公室駐屏東主任；受訪於屏東三地門鄉）

愛．臺灣人雖然引進別人的東西，但總是可以做得比別人好。好像這種黃金香水百合，只有臺灣才種得出來。

恨．想不起來耶。

（朱進龍，男，在車上養著黃金香水百合的計程車司機；受訪於基隆廟口）

愛．我越愛我這個生長的地方，越來自它遇到的壓力。小學的時候，臺灣被迫退出聯合國，有強大的愛臺灣的情緒；再來是「九．二一」大地震，是我最愛臺灣的時候。

恨．嚴格來說，是我在大學的時候搞反對運動，被政府抓過，那一刻是我最恨政府的時候，但不能說我恨臺灣。

（詹偉雄，男，神原意念股份有限公司董事長；受訪於臺北光復路）

愛．小吃很好吃，魯肉飯、肉圓、雞排、肉粽、四神湯、綜合湯都很好吃；風景很漂亮，臺灣這麼小，風景這麼豐富，有沙灘、海邊，也有比較崎嶇的地方，太魯閣、花蓮那邊，也有日月潭這樣的潭──臺灣有日月潭就很了不起了。

恨：交通滿亂，車太多；福利沒有那麼好，健保制度沒那麼完整，現在又在改革，沒有想像中那麼高，薪水普遍都不高，物價又很高，都很辛苦，政府方面輔導就業還是應該加強。

（阿翔，男，二十九歲，保險公司業務員；受訪於臺北威秀影城）

愛：不管幾點都買得到東西吃，我們的小吃可以打敗世界各地。

恨：人潮洶湧到癱瘓的捷運。臺北人口密度太高，不適合平民居住。

（Larry，男，二十五歲，無業；受訪於臺北牯嶺街）

愛：臺灣是一個很公平的社會，通過自己的努力，可以改變自己的命運。以我爲例，我小時候很窮，通過比賽獲得了成績，用這個成績上了大學，然後當教授、當主任、當副校長。

恨：太民主了，政黨爭得太厲害，我看著難過。臺灣還可以更好，現在政黨停留在惡鬥的階段，老百姓滿可憐的。

（張明峰，男，臺北體育大學前副校長；受訪於臺北市立體育大學）

愛：溫情。對待陌生人，臺灣人的心態基本上不是防備，如果我可以幫你，我會去幫你；臺北的捷運站非常乾淨，這不是被要求的，而是大家共同維護的。

恨：臺灣人溫情有餘，現實不夠，應該更現實一點，對壞人的防備不夠，如果有人破壞捷運，沒有任何安檢措施，這是我們的警戒心不夠。

（呂栗，男，四十歲，汽車銷售員；受訪於臺北松江路）

愛．我出生在鄉下，爸爸苦讀臺大醫學系，賺了很多錢，帶我們去臺北，改變我們的生活。臺灣有這種能通過努力改變自己生活的機會。後來我受了爸爸常常幫窮人看病的影響，喜歡打抱不平，所以才做了體育老師。

恨．我在學校時常常有社會上的人包括一些學生太保要來殺我們的學生，而我要當訓導主任保護他們——上面規定必須要加入國民黨。臺灣很好，但領導人很不好。

（蔡文錬，男，退休體育老師；受訪於宜蘭羅東運動公園）

愛．我可以罵馬英九啊！

恨．馬英九。

（陳建瑜，男，三十八歲，計程車司機；受訪於臺北街頭）

愛．愛臺灣有這些可愛的人——在現實環境裏從來不放棄，反而覺得是機會，很認眞地做細微的努力來改變環境，不太受表面經濟狀況的干擾，不投機——在臺灣的不同領域裏，在這樣努力著。

恨‧覺得民進黨很不長進。他們始終跨不出那一步，即正確認識「中國」。我們要把民進黨的決策者跟它的支持者分開看，支持者已認識到民進黨跟中國共產黨對話的迫切性和重要性。

（洪慧眞，女，四十二歲，紀錄片《驚濤太平輪》製作人；受訪於臺北新生南路）

愛‧臺灣小，卻五臟俱全，有山有海有平原，別人那兒是民不聊生，我們這是官不聊生，哈哈哈！上次我父親要切個瘤，叫救護車加上住院一個星期，你猜花多少錢？四千多元新臺幣（約合人民幣八百七十元）！臺灣全民健保，看病一點都不用擔心。

恨‧沒有哎。

（金先生，男，導遊；受訪於高雄康橋大飯店）

愛‧大家都很和氣啊！還有好山好水啦，像這裏的溫泉，比不上那些大地方，但是很美。

恨‧天氣吧，昨天一下雨，我們這裏就淹了。

（Sunny，女，五十歲，服務業；受訪於北投中山路）

愛‧臺灣是我們的故鄉，對故鄉的愛，就像兒女對父母，是天經地義的。

恨‧就算是恨，也是恨鐵不成鋼，對有些事情會看不慣，比如現在的年輕人怎麼這麼不講禮貌之類。

（陳春雄，男，六十歲，茶行老闆；受訪於臺北伊通街）

愛・臺北妹都很正啊！

恨・打工攢不夠錢去其他地方看看。

（歐志安，男，二十二歲，學生；受訪於臺灣大學）

愛・臺北士林夜市的豪大大雞排。

恨・最不喜歡的大概就是政治，現在臺灣很多的政策沒有很好，如為了「邦交」妥協，引進美牛，這是犧牲民眾的利益。

（劉威傑，男，二十五歲，臺北市立美術館館員；受訪於臺北圓山中山美術公園）

愛・臺灣人有人情味又超友善，而且很認眞。

恨・臺北人、臺中人和臺南人，一天到晚就在網路上吵架。

（Rene，女，二十五歲，學生；受訪於臺北二手書店）

愛・言論自由。

恨・什麼都漲價，百姓沒錢吃飯，哪有錢坐計程車？

（顏克全，男，計程車司機；受訪於高雄火車站）

愛．臺灣的年輕人很讚啊！前幾天新聞就有播，盲人搭公車被罵，警察不管哦，有高中生就號召乘客投票決議。現在的高中生是有在做事情哦。

恨．臺灣警察眞是沒承擔，阿叔阿伯都是這樣啦，領大家的納稅金還擺爛。

（Brawny，男，臺大學生；受訪於臺北溫州街）

愛．我喜歡臺灣的文化氛圍，大家或多或少都喜歡搞些創作的感覺，喜歡出版和閱讀的大有人在。

恨．臺灣過度開發而不太重視環境保育。臺灣可以學習泰國和日本，多發展觀光產業，不要過多倚賴重污染製造業，這一點相對而言做得比較差。

（莊仔，男，四十三歲，雕刻時光咖啡館創始人；受訪於臺北師大路）

愛．生活方式、生活配套非常方便，往書店一站就可以開始找書；有口福，要吃小吃很方便；喜歡看電影，臺北有很多電影院。這三件都能滿足。

恨．偶爾民族情結對立讓我不舒服，不喜歡跟人談意識形態，這是我唯一比較忌諱的事。

（張棣，男，六十二歲，旅遊休閒產業；受訪於陽明山）

愛・從小生活在這裏，親人朋友都在這裏，感覺很熟悉很親切很有愛，不必特別去想將來會怎樣。

恨・太小了，好玩的地方都玩遍了。

（小粉，女，二十六歲，店員；受訪於臺北永康街）

愛・自由。

恨・臺灣的政治制度讓我們感到自由，但臺灣的政治人物讓我感到討厭。

（Fleming Chuang，男，科技業；受訪於桃園）

愛・人情味濃，文化、宗教精神資產保留完善，思想自由，可以隨便批評政府和領導人。

恨・政黨紛亂，什麼事情都要泛政治化，從一碗牛肉麵、青菜、水果、油價到教育全不放過，如果沒有這麼多泛政治化，臺灣進步會更快，就能追得上新加坡。

（陳志方，男，海峽兩岸事務工作交流協會理事長；受訪於臺北香城飯店）

愛・臺灣的自由，在這裏你可以不受任何限制透過電視、報紙、廣播、網路等傳播媒介自由發表自己的意見，只要你想說，只要你敢說，沒有什麼是不能說、不能寫的。

恨・臺灣的「自由」，因爲太過於自由，在「國會」殿堂可以看到言語、肢體的激烈對峙；在生活、街頭可以看到許多捍衛自己意見、利益的爭執場面，在媒體節目中可以看到說得口沫橫飛的各式名嘴，自由自在想說什麼就說什麼，百分百不受限制的言論有時讓臺灣變得有些混亂，價值觀錯亂。

（「快樂雲」，女，名媛，快樂生活達人；受訪於臺北華山一九一四創意園區）

愛．宜蘭、花蓮、臺東一帶的公路很美。

恨．現在的小孩都被寵壞了，態度很不好，喜歡鬧事。對學長不尊重，還亂改編三字經。

（「要堅持」與「貝爾」，男，中學二年級學生；受訪於彰化老街）

愛．我在歐洲讀書的時候玩過很多地方，它們的歷史、建築什麼的都比較久，有很特殊的人文。但我還是土生土長的臺灣人，對這裏有不一樣的情感。這裏生活比其他地方都方便得多，比如看醫生，還有二十四小時都能吃到東西。

恨．還好啦。就是政治人物內耗太大，作秀成分太大，如果他們把這些精力用來做事，臺灣變化可以更大。

（Chris，男，民宿主人；受訪於宜蘭冬山）

愛．人情味，到中南部、離島、澎湖，路不熟會有人帶我去，會講附近有什麼好吃的，甚至翻開筆記說這家很好吃；小吃也很喜歡，交通、商店、網路都很便利；文藝發展很快，喜歡演唱會，也經常去看畫展，展覽越來越多，選擇性越來越大，資訊越來越發達。

恨．新聞太多政治部分，很少播體育、文藝；臺北空氣很差，眞的很差，出去走一趟，回來後臉都是黑的；地震太多，滿恐怖的，因爲我很怕地震。

（曾匹醬，女，二十九歲，電信行業；受訪於臺北信義新光三越）

愛．有人說，香港、新加坡的華人，他們的廣告是非常優秀的，但他們拍不出臺灣可以拍到的東西。臺灣不管是文學、電影、廣告、流行音樂，都可以看到淡淡的人的溫暖。這是我們過去培養出來的，現在不知不覺地表現出來。未來會不會變？我相信它是不會變的。

恨．沒有。

（段鐘沂，男，滾石音樂董事長；受訪於臺北光復路）

愛．國際化。臺灣的國際化環境，來自與世界歐亞美文化糾纏或稱之爲「交流」的歷史背景。最日常感受的便是飲食的國際化。臺北街頭，日本料理旁邊是韓國、香港、法國甜點，西班牙Tapas、美式Brunch、歐風西餐、川菜、北京菜、上海菜、臺菜……核心就是將之mild化，口味國際化。時尚潮流亦是，有哈日風、哈韓風、紐約風、北歐風……各品牌各有不同擁護者也相安無事。

恨．不夠「哈臺灣」。哈日、哈韓，哈什麼都有，就是少了眞正哈臺灣自己的民族化。臺灣人在購買品牌時，會選擇Made in日本、法國、義大利和美國，就是不會首選Made in Taiwan。貿易進口多國品牌很在行，卻無法向國際宣揚臺灣品牌。

（陳玉婷，女，品牌顧問公司總經理；受訪於陽明山）

愛．小——小而美，小而便利，正如麻雀雖小五臟俱全。計程車十分鐘就見到重要客戶及友人，而在北京從二環到四環，動不動塞車都要兩個鐘頭，上下班來回動輒三四個鐘頭，繞臺北市東區到西區都跑了十圈了。人生就浪費在車陣中！

恨．小——小的另一面，圈子小，資訊流通沒有創意，每一臺新聞可以一天重播八次隔壁老王車禍的事情，或美國牛議題，同樣生活模式一成不變，相對地也把自己做小了。

（白亨利，男，三十六歲，全球亞洲星媒體有限公司董事長；受訪於陽明山）

愛．臺灣的人都很有禮貌。

恨．臺灣女人都很挑剔，要三高的男性才嫁，我都快要去越南娶老婆了。

（光華，男，三十九歲，工廠老闆；受訪於高雄楠梓工業區）

愛．我離開臺灣去德克薩斯州二十多年，回來仍然覺得臺灣最好，生活習慣一致，衣食住行都很熟悉，只是不會坐捷運。

恨‧嘴巴光會罵有什麼用？要給臺灣時間，沒什麼好恨的。

（Debbie，女，五十五歲，美籍臺灣人；受訪於臺北八一五路公車）

愛‧家裏和工作環境裏的人情味，壓力比大陸輕，臺灣會限時，工廠裏作業員，一天工作不超過八小時，一個星期加班時數不超過總上班時間的三分之一；民主，汽油、電漲價，民意一旦抗議，馬上就說不漲，民意優先，尤其是臺灣民意代表都特別厲害、power。

恨‧公共福利不夠完善，臺灣的社會全民健康保險，沒有落實到全民；社會教育部分，青少年犯罪現象不少，教育泛商業化，只要有錢，有考試，就能讓你上大學，只要付得起錢，就能讓你畢業，甚至老師會洩題，因爲學分制，學分給不給，看老師。

（林義，男，三十八歲，金融業；受訪於臺北一〇一）

愛‧臺灣的人情味非常濃，滲透在各個領域和細節。比如做我們這行，臺灣人很看重風水命理，政府對我們也有相應的理念支援，專門開闢五處集中的命理區，而不是隨便街道、狹路便相逢。有求的人也會更有心理安全感。

恨‧應該還是喧鬧的政治氛圍，兩個顏色爭來爭去，弄得人心常常不安。但另一個方面，他們人心不安，往往又會更多人跑來算命理。不只是生意人，政界人士也是。這樣看來，倒像是愛恨難分了。

（葉奇翰，男，五十八歲，命理師；受訪於臺北龍山寺）

愛‧在這邊會讓我覺得安心。走到街上，如果有人靠近你，你不會覺得他對你有惡意。你可以安心過你的生活，選擇你要的東西。這裏的人民也比較願意給予，喜歡給別人關心。可能因爲在臺灣，宗教的力量比較大，會給人向善的方向。

恨‧沒有。

（傅修平，男，輕鬆讀文化有限公司總編輯；受訪於臺北光復路）

愛‧喜歡臺灣的人文，我去過法國、德國，也到過深圳、廈門，還是覺得臺灣人情味很濃。在這邊只要是我們能做到的，我們都會幫助你。

恨‧我住臺南，太熱，受不了。

（余崇傑，男，三十二歲，豬十二肉片酥店小師傅；受訪於鹿港）

愛‧臺灣交通便利，吃的方便，一天二十四小時到處都有。

恨‧民主走得太快，人民太自由，可以一天到晚罵政府，不管政府推出的政策是好的還是壞的，全都唱反調。我還恨臺灣人民沒有共識，臺灣經濟空轉二十多年沒進步，一九八九年，我開一年計程車能賺三十五萬元新臺幣（折合人民幣八萬元），現在油價上漲，我薪水反而比以前更低了。

（方傑明，男，計程車司機；受訪於新北）

愛．環境警察少，扔煙頭不用擔心被罰錢。

恨．從松山機場進出，可以看到周圍的山被剃成了光頭。

（陳柏青，男，程式師；受訪於臺北西門町）

愛．東西好吃，想吃什麼都有。

恨．臺灣還是地方小，小的地方人的心胸會有點窄。

（陳先生，男，三十一歲，首飾店老闆；受訪於臺北永康街）

愛．好山好水！年輕時我到過很多國家，有人說家鄉無風景，但我覺得宜蘭比哪裏都好。宜蘭的人好簡單，人最後最主要的就是簡單。

恨．沒什麼可恨的。

（藍玉惠，女，髮型設計師；受訪於宜蘭壯園）

愛·臺灣其實有滿多機會的，地方雖然小，但還是能見到很多地方的人，接觸不同的想法，其實滿有意思的，就看你怎麼把握啦。

恨·天氣啦，就這幾天一直下豪雨。

（Jacky，男，二十五歲，酒保；採訪於臺北信義商圈）

愛·我覺得臺灣人都很好懂，都很簡單，也許是我生活在這裏的關係。還有東西也好吃，生活超方便。

恨·年輕人都比較「隨意」，沒有那麼拼，我自己也是隨意中的隨意，想過要出去讀書，但到現在都沒有去。

（Clyde，男，精品店店員；受訪於臺北中山北路）

愛·臺灣的純樸與友善。

恨·臺灣在向下沉淪。

（黃東陽，男，退休藥廠經理；受訪於臺南）

愛·人的互動，大家都很親切。

恨·政治上互相攻擊，沒有眞正爲人民的福利著想。街上也都是老柏油路，很不平整。

（戴先生，三十五歲，金融業；受訪於桃園機場）

愛．大家都很親切。

恨．人們沒有公德心，隨便丟垃圾。

（阿德，男，二十三歲，軍人；受訪於臺北羅斯福路）

愛．夠小又夠豐富，在一個很小的空間裏可以同時存在很多的可能性。你沒辦法在別的城市發現的最新也最local的東西，可能在拐角就能看到。你也不會因爲選擇這個而不是那個就有危機感。

恨．又小又豐富的另外一面就是過度的焦慮，過度的內耗。世界以大爲美，在小空間，會擔心自己在內耗中消失了。你沒有辦法排斥，你沒有辦法拉開這個距離，總會被牽連進去。以爲自己會什麼都有，結果什麼都沒有。

（許麗玉，女，博士生；受訪於臺灣大學）

愛．臺灣保留了中華文化的忠恕之道。

恨．年輕人的競爭力不如大陸。

（游先生，四十歲，小學老師；受訪於新北三峽小學）

愛・有人情味。言論自由，不會受到限制。社會還算公平，不會出現窮者益窮，富者益富的現象，努力了就有收穫，不努力就沒有，都在自己一個念頭而已。

恨・言論過度自由了，需要有底限。

（陳宜盈，女，研究生；受訪於臺北棒球場）

愛・我年輕時到處流浪，生活和外省人交織在一起，在眷村住過很長時間，還滿喜歡那裏的。

恨・人文素質被政治色彩操弄得變味了，百姓的民主素質還有提升的空間。

（鄭旻妮，女，五十歲，賣茶；受訪於鹿港）

愛・臺灣到處都可以運動騎單車。

恨・政府公權力很弱。

（王先生，四十六歲，原住民，警察；受訪於新竹山區）

愛・臺灣人很老實，不會算計別人，讓人有安全感。「見面三分親」，一般的矛盾都不會吵架，不會太計較。

恨・人們越來越現實。原來鄰里之間經常走動，現在都不認識了。

（高晉暘，男，四十四歲，計程車司機；受訪於臺北仁愛路）

愛．臺灣的民主和自由。
恨．沒啥不喜歡，就是薪水很久沒漲了。
（小艾，女，三十歲，服務業；受訪於臺北南京東路）

愛．自在，自由自在，只要安排好了，做什麼都可以，生活不受拘束。
恨．我接觸到的人，奔生活的還比較多，靜下來談一點理念性的東西不容易。
（張世博，男，武術教練；受訪於臺北星雲街）

愛．我愛我的工作（水電工程設計），因爲我從小就喜歡鼓搗電器，雖然讀書不多，但我的工作是我所喜歡的事。
恨．經濟不景氣。機會不好找。
（魏憲民，男，三十七歲，水電工程設計師；受訪於高雄西子灣）

愛．街上幾乎聽不到喇叭聲，我們臺灣人都很快樂，比較心平氣和。
恨．抽煙不自由。
（張文森，男，五十一歲，退休；受訪於臺北忠孝東路）

愛．巷子口的媽祖廟。

恨．很多人分幫派，不團結。

（楊先生，男，八十歲，退休木工；受訪於鹿港後車巷）

愛．常能感受到路人的溫暖。

恨．我能想到的大多數都是正面的，不過還是存在貪污、不正義的問題，臺灣還可以更好，可是沒有。

（林明仁，男，街頭長笛藝人；受訪於淡水金色水岸）

愛．臺灣親切的街巷空間尺度。

恨．好像沒有哎。

（黃世銘，男，四十二歲，建築師；受訪於臺北永康街）

愛．喜歡臺灣鄉下的民宿，很棒很漂亮。

恨．沒有。

（桂華，女，六十四歲，退休公務員；受訪於臺北公園）

愛．臺灣人超可愛，心美，愛心很大，除了愛自己，也愛別人。臺灣自由，有人情味，服務業服務貼心，公僕是眞公僕，眞的像奴隸。

恨．臺灣選舉的狂熱，很容易形成「朝野」對立，深入其中讓人倍感悲涼。

（張平宜，女，中華希望之翼服務協會執行長；受訪於臺北光復路）

愛．喜歡臺灣的音樂與流行文化，尤其是西門町。

恨．升學壓力很大，教改讓我念更多的書。

（Allen，男，十八歲，高中生；受訪於臺北松山高中）

愛．臺灣就像是一個外形亮麗內心樸實的女友，她忠實做自己不在乎別人異樣眼光，有善良的心腸，和她在一起處處充滿著人情味及感動；有活力，個性樂天，雖然喜歡抱怨，卻不會被現實生活打倒；更有一手的好廚藝，會做出各式美味又獨特的料理；總是細心呵護著我的健康，陪伴我一起學習成長；遇到了天災或難過的事，總是團結不會棄我而去。我愛這樣的女友，我愛臺灣。

恨．這個很難形容，像是一個有實力卻沒有動力的人，贏了起跑點卻被對手遠遠抛在後面，就像「機場」簡單的事卻永遠做不好，不喜歡這樣的「不爭氣」。

（Howard Kuo，男，三十四歲，公關經理；受訪於臺北伊通街）

愛．臺灣的人情味，我去蘭嶼，那裏大多是原住民，民風淳樸，路邊老人、小孩都很樂觀，簡單、單純的人們很歡迎我們這些外地人，願意分享。

恨．到選舉時會感受到大部分人對政治很過分的狂熱，對黨派的支持很熱忱，每天新聞全部都是這些，生活沒有平靜，全部人都在討論這個事。

（Lydia Cheng，女，三十三歲，教育業；受訪於臺北中山(國父)紀念館）

愛．臺灣有烏來，我很喜歡原住民的東西。

恨．臺灣我們怎麼能不喜歡？！

（謝修成，男，七十三歲，餐廳老闆；受訪於臺北臨江街）

愛．最愛臺灣的自由，無論做什麼事情都能很自由地發揮個人思想，自己才能得到更好地發揮。

恨．不恨臺灣，因爲臺灣一直在進步中，從小到現在越來越好。

（林育茹，女，美容業；受訪於臺北「故宮博物院」）

愛．我媽媽是大陸來的，她說那裏的糖炒栗子很好吃，但我去了北京反而不習慣。我們從小在臺灣，這裏吃的東西很多，便宜又好吃；交通很方便，北京就不行。這邊坐車，都會給年紀大的人讓位子，可是你們那邊，年輕人大多當沒看到，不會讓座。

恨．電視上這個黨那個黨吵來吵去的，我們就不喜歡。即使三個人也不可能意見統一，有意見就提出來，不要一天到晚吵來吵去的。我媽媽以前會說，老了以後這個小孩不養我還有那個小孩，現在的年輕人跟以前的不一樣了，我老了以後，都不知道我的兒女會不會養我，我不知道我的希望在哪裏，只能靠自己身體好。

（辛長屏，女，家庭保姆；受訪於臺北內湖路）

愛．在過去的時代，臺灣有很多舞廳，我們在裏面跳舞。比起現在的臺灣，我更喜歡過去的臺灣。

恨．現在臺灣早就沒有這些地方了，都是年輕人的酒吧，晚上我也不知道要去哪裏。

（蔡進財，男，計程車司機；受訪於臺北士林）

愛．吃東西很方便啊，年輕人都是外食，這樣可以省下很多麻煩啊。

恨．臺灣的水質不好，環境也有些嘈雜，馬路上都是摩托車。

（詹小姐，三十歲，公平貿易店店員；受訪於臺北永康街）

愛．便利超商很發達。

恨．機車太多，單行道太多。

（鄭嘉宏，三十四歲，上班族；受訪於臺北車站）

愛．臺北的一切吧。

恨．作爲職場新鮮人，好像收入不是很高啊，開支還滿大的。

（張同學，男，二十二歲，學生；受訪於臺灣大學）

愛．生活有二十四小時的便利，人也很熱情。

恨．工作上的問題，比如政府的就業政策。

（曾國豪，男，店員；受訪於臺北誠品敦南店）

愛．有小部分的自由。

恨．整個上一輩人的古板眼光。比如說身爲一個有刺青的良民在街頭坐著，依舊不時會遭遇歧視的目光。

（謝先生，男，二十四歲，二手店店主；受訪於臺北忠孝東路）

愛．臺灣的小吃。

恨．臺灣的天氣，臺灣的天氣跟一九六九年前已經大爲不同，忽冷忽熱，完全不按常理出牌，好讓人討厭。

（盧小姐，女，市場調研員；受訪於桃園機場）

愛．臺灣的小吃文化，我偏向於路邊攤和夜市，特別喜歡臭豆腐，士林夜市有一攤炸臭豆腐，一定要去試試。

恨．臺灣有點言論太自由了，會傷害到別人。

（古明樺，男，十八歲，學生；受訪於臺北忠誠路）

愛．治安不錯，不用擔心被偷東西。

恨．太容易下雨。

（陳啓紋，男，職業滑板選手；受訪於臺北西門町）

愛．臺灣在動盪下還是有一股安定感。

恨．有愈來愈多人變得現實。

（林靜儀，女，三十七歲，醫師；受訪於臺北誠品信義店）

愛·臺灣的自由，吃、住、娛樂，都很自由。

恨·目前沒有不喜歡臺灣的地方，滿慶幸我在臺灣。

（葉成鳳，女，三十二歲，自由業；受訪於臺北長安東路）

愛·臺灣很自由，在立法部門可以看到有人在打架。

恨·臺北人沒有選市長的眼光。

（徐子鈞，男，三十歲，上班族；受訪於臺北大安路）

愛·「不管你在任何地方，一個小時就可以到海邊；換一個方向，一個小時就可以到山上。」——非常認同劉克襄這樣形容臺灣。

恨·沒有電視節目可看。基本上臺灣的電視節目是不能看的。

（楊照，男，四十九歲，新匯流基金會董事長；受訪於臺北書院）

愛·臺灣人的高素質又客氣。

恨·臺灣的國際競爭力不斷下滑，政府又無能。

（吳小姐，女，五十歲，銀行主管；受訪於臺北忠孝東路）

愛・臺灣小吃——蚵仔煎、臭豆腐、珍珠奶茶，在世界上都出名，臺灣吃和出門都很方便，在美國要去超市，開車半小時、一小時；在臺灣要計程車和吃的，二十四小時都可以，去鄉下，也可以電話叫車。

恨・壓力很大，中老年人群除非是大公司、金融業員工，基本產業移到大陸後一般的產業工廠工人都是失業、待業狀態，只能做一些夜市的生意，或像我們開開汽車；生育率是最低的，所以老人越來越多；離婚率非常高，排名第二，包括年輕人在內，每五對就有一對離婚的。

（沈寶煌，男，五十一歲，計程車司機；受訪於臺北信義商圈）

愛・我在臺灣可以享受我的生活，在臺北可以找到自己的嗜好，找到與自己有同好的人。臺北的生活，尤其假日，不太有壓力，而且它什麼東西都有，價格也比較合理。我去過很多城市，從長期來看，臺灣的生活沒有那麼緊張。

恨・好像沒有哎。

（梁永煌，男，《今周刊》社長；受訪於臺北光復路）

愛・臺北交通便利，比臺南好很多喲！

恨・臺北高峰時段堵車太厲害。

（鐘先生，男，便利店店員；受訪於臺北金門街）

愛：我去過大陸，待過好幾年，親戚在那邊開廠。相比之下，最愛臺灣的就是它生活的便利，還有朋友都在這裏。大陸就感覺比較不方便。

恨：沒有。

（Sandy，女，二十六歲，服務業；受訪於臺北復興路）

愛：臺灣是個好寶島，四季如春，人民自由快樂。

恨：沒有。

（長俊良，男，保安；受訪於高雄市康橋大飯店）

愛：臺灣言論自由，可以罵政府。大部分人都滿有人情味的，很溫暖。

恨：臺北市生活節奏很快，到處都是人擠人，我們常常也很煩。比起以前住鄉下的經歷，臺北很冷漠。

（黎秀香，女，三十三歲，計程車司機；受訪於臺北松江路）

愛：臺灣很安全，人身安全度高，醫療水準也很高。

恨：車子太多，經常堵車。警察開罰單開得很凶，沒法停車，送貨的車停一會就要被抄牌。

（劉秀美，女，醫藥師助理；受訪於臺北信義路）

愛．我男朋友在這裏。

恨．不太好說哦，好像每個地方都有好跟不好。一般城市都會有一些疏離吧。

（張小姐，二十三歲，自由職業；受訪於臺北茉莉書店）

愛．臺灣有人情味，不管到哪個地方都很舒服。

恨．天天下雨，我是宜蘭人，家鄉幾乎每天都在下雨。

（林怡婷，女，珍珠奶茶店店員；受訪於臺北通化街）

愛．臺北的治安，隨時都很放心。

恨．生活壓力很大，物價太高。

（Judy，女，四十二歲，秘書；受訪於臺北小巨蛋）

兩岸三地說臺灣

想像的彼岸與眞實的對岸

臺灣人說臺灣
香港人說臺灣
大陸人說臺灣

想像的彼岸與眞實的對岸

星雲大師、夏鑄九、高金素梅、蔣友柏、陳文茜、顏清標、何飛鵬、黃威融、張平宜、白先勇、原住民、朱學恒、黃清龍、蔡康永、王偉忠、九把刀、宮鈴、初安民、張鐵志、中年格瓦拉、梁文道、竇文濤、笑蜀、蔣方舟、陳斌華、馮侖、雷頤、歐寧……兩岸三地知識分子暢談那個想像的彼岸，還原那個眞實的對岸。

星雲大師　臺灣有座佛光山

關於兩岸問題，星雲直言這不是政治問題，也不是經濟問題——其實就一個字：愛。

臺灣有座山，山上有座廟，廟裏有個老和尚講故事。

這座山叫佛光山，這個老和尚就是星雲大法師，這個故事就是人間佛教。

人間佛教是臺灣島的「定海神針」。媒體八卦非常，政壇人事紛紜，但臺灣人的心是定的。這個定，就緣自星雲等諸大師的人間宗教。唯宗教人物能跨越黨派紛爭，彌合族群溝壑。且聽星雲的「三好四給五和」：「三好」是說好話、做好事、存好心；「四給」是給人信心、給人歡喜、給人希望、給人方便；「五和」是自心和樂、人我和敬、家庭和順、社會和諧、世界和平。

臺灣八成人信教，佛教占其半，道教次之，基督隨後。全島廟堂多達萬餘座。著名的佛教「四大」是：佛光山（星雲創建）、法鼓山（聖嚴創建）、中台禪寺（惟覺創建）和慈濟會（證嚴創建）。臺灣隨處可見教人向善的提示。什麼是主流價值觀？這便是了。

佛光山上專設有對普通人開放的佛化婚禮。人間宗教深入到生活細節之中。

「對感情不執不捨，對五欲不貪不拒。對世間不厭不求，對生死不懼不離。」這是佛光山路牌。還有「三好四給五和」。最多的一則路牌是「向前有路」。

佛光山本是一座荒山，原本臨近一個炸藥廠，由星雲逐漸經營成佛家聖地。佛光山成佛大道及大雄寶殿由形如蓮花瓣的小山組成。佛陀紀念館由法師親自設計。建築上星雲無師自通，這一點可與聖嚴設計法鼓山媲美。

星雲一九六七年創建佛光山，以弘揚「人間佛教」爲宗風，以文化弘揚佛法。先後在世界各地創建二百餘所道場，並創辦九所美術館、二十六所圖書館、出版社、十二所書局、五十餘所中華學校、十六所佛教叢林學院。一九七〇年起，相繼成立育幼院、佛光精舍、慈悲基金會，設立雲水醫院、佛光診所，協助高雄縣政府開辦老人公寓，並與福慧基金會於大陸設立佛光中、小學和佛光醫院數十所，育幼養老，扶弱濟貧……這是法師的人生成績單。

星雲一生弘揚人間佛教，宣導「地球人」思想，對尊重與包容、平等與和平等理念多有發揚。他曾在巴黎國際會議中心等地召開世界會員大會，與會代表每次都在五千人以上。人間佛教方成動盪世界的一方佛光淨土。

星雲一見我們就操著一口濃重的江蘇鄉音說，他最樂於與媒體打交道了。星雲本身也是個「媒體人」，創辦了如是我聞文化公司、人間福報、人間衛視等傳播機構。

臺灣文化人說得最多的兩個詞，一個是願景，凡是秉持心願定能有個好結果；二個就是同理心，感同身受的能力、理解對方的能力。我以爲，這都緣於人間宗教，使臺島有了正向能量。

關於兩岸問題，星雲直言這不是政治問題，也不是經濟問題——其實就一個字：愛。自由、民主就是最終價值嗎？人心安樂、歡喜才是最終價值。中國傳統文化有沒有普世價值？「仁」就是我心中有你。這些定見你可能不認同。但，臺灣確實找到了當今普世價值與傳統文化的對接方式。

星雲說自己是「心繫大陸」，「多情總有多情的苦」，但一肚苦水總能爲願力化解。大師提出的「三好四給五和」很像我們的主旋律。

人應該是喜樂的、開放的。接待我們的妙開法師總能爲大家營造一種喜樂氛圍，我注意到她的手機上也有卡通小飾物。星雲弟子示法時也會講林書豪，講一個團隊需要靈魂人物。

那一天，佛光山的小導遊比畫個蘭花指說了一件事：有信徒進臺灣忘記辦簽證，於是比畫一下這個（蘭花指），稍加解釋，人家就放他過關了。信仰有時也是某種簽證。不是嗎？

（文／肖鋒　圖／黃子明）

夏鑄九　臺灣「市民社會」養成史

市民運動使臺北的民間組織成爲華人世界的典範。夏鑄九很相信市民的能力：「我親身看到的，政府官員辯不過民間組織，雖然那只是一群家庭主婦。」

「反對」兩個大字就寫在樓梯口拐角處，這是走到夏鑄九辦公室的必經之路。臺灣大學建築與城鄉研究所就在這個破舊的三層磚樓裏辦公，所長夏鑄九的辦公室堆滿了書，與其愛因斯坦式的灰白頭髮相映成趣。這裏是建築設計研究所，作爲國民黨「官二代」的夏鑄九，幾十年來以投身社區運動而聞名臺灣，促進了臺灣「市民社會」的形成。

一九八九年，臺北經歷了連續兩年的房價高漲，原來能買一套房的錢後來只能買個廁所。於是幾個國小教師發起無住屋救援會，很快夏鑄九帶著城鄉所的研究生加入。最終變成無殼蝸牛運動，上萬人夜宿臺北市的黃金地段忠孝東路。

經歷者回憶說：「那一夜……密密麻麻的人或躺或坐，佔據了整條路面，前面的舞臺上唱著歌，演著舞臺劇，放著煙火。整個現場不像是在抗議，反倒彌漫著一種嘉年華的氣氛。」

夏鑄九把市民運動的起因歸納爲「集體消費不足」，也就是說政府提供的公共服務不夠。居民以集會的形式爭取公共產品。「臺灣的市民社會，就是在經濟發展以及臺灣市民的抗爭中慢慢產生的。他們這一次爭取到這個權益，學會了，下一次他們會用同樣的方式爭取更多的權益。」夏鑄九把無殼蝸牛運動標誌爲「臺灣市民運動的開始」，他說，「在此以前，臺灣的市民運動都是充滿悲情的。」

夏鑄九說：「市民抗爭的最大特點是，他們的訴求很具體，只是日常生活所必須的集體消費。解決了這些集體消費，他們就回家了。」

這種抗爭，正是一個城市生活變得更美好的必要條件。「像上海世博的口號『城市，讓生活更美好』，怎麼會變得更美好？絕對不是靠政府官員蓋幾棟房子就會變美好，更何況蓋完了還要拆呢？」夏鑄九說，臺北也曾經「目之所及總能看到非法的東西——用大陸的話，什麼地方都有山寨的」，但現在臺北街頭連小攤販和垃圾都很難找到，更何需警察？

市民運動使臺北的民間組織成爲華人世界的典範，大陸社會學者驚歎於臺北民間組織對社會生活影響之大，取代了政府諸多的職能。這些組織，正是幾十年市民運動結出的果實。夏鑄九很相信市民的能力，「我親身看到的，政府官員辯不過民間組織，雖然那只是一群家庭主婦」。

事情發生在一個住宅區後面的山坡上。居民都知道山坡不是很穩定，平常就有小東西滾下來。山坡上正好有一塊地屬於市政府，市政府要在上面蓋房子。居民獲知這個消息，鬧開了鍋，要跟政府抗爭。

市政府拿出某工程顧問公司專家做的報告，證明專案是安全的。市民拿到報告後，找到了臺灣大學一位地質學教授。「那教授一看，作者竟然就是他學生。那教授給市民指出報告的要害：哪裏是亂講的，哪裏是市政府先下好結論讓他找資料湊的。」夏鑄九邊說邊笑，「家庭主婦也不是傻瓜，辯論時牢牢抓住要害，市政府的官員們被駁得滿臉通紅。私下還問我說：『這些人怎麼這麼厲害？』我當然知道原因，但這有什麼奇怪的？因爲她們用功了，因爲這件事關係到她們的切身利益。而且，她們不是傻瓜。」

市民組織就是一種利益共同體。現代人都懷念過去，認爲農村的社區有著和諧的人際關係，是我們千百年的傳統，而都市裏都是陌生人。夏鑄九不同意：「現實不是這樣的。國外的研究早就把這個觀點推翻了。回到農業社會的願望，只是美好的鄉愁，是不可能的。」

「共同體不分城市、鄉村，都會產生。只要大家團結在一起維權，維權了一次以後，就是共同體了。」夏鑄九分析道，「臺灣的市民社會就是誕生在共同面對衝突的過程中，是拉白布條拉出來的。拉完白布條以後，大家都是兄弟了。沒有經歷過這個過程的，大家都還是陌生人，都還各掃門前雪，我們的農村不也是自掃門前雪嗎？」

夏鑄九講了一個故事：某民進黨官員當上市長以後，修一條馬路，要把某大學教職工宿舍的外牆拆掉。教授們憤怒之下出來抗爭，說：你不能拆我們的圍牆，我們都是投你票的。當選者反問：你們怎麼才來三五個人？我們就是搞抗爭起家的，回去，回去，多帶些人來！

「這話把教授們氣得頭都冒煙了。但只有經過這些，臺灣的市民社會才有機會誕生。」夏鑄九說，「有了社區運動，經歷過共同抗爭，才有眞正的社區——不管是成功還是失敗了。這是御用學者跟政府官員永遠搞不懂的地方，以爲用紅筆畫一圈，給個名字，這個就叫做某某社區。我在美國就遇到過一個被聯邦推土機推掉的社區，三十年以後，我們到美國開國際會議時，那個社區還在拉白布條，我們都爲之動容。」

一個市民組織總是弱小的。「任何政黨，它的市『議員』所動員的力量都超過社區，市政府更不用說，權力更大。」所以夏鑄九認爲，「面對社區問題，社區要摒除分歧，不能有政黨之見，否則社區力量馬上會分裂，抗爭也不會成功。也絕對不能把寶押在一個政黨身上。國民黨和民進黨『議員』都要找，希望他們在『議會』幫我們社區說話。」

夏鑄九講了一個失敗案例：臺北市士林某社區，市政府做了件合法但不合理的事情——在社區和小學的中間，蓋一個貨櫃車用的柴油加油站。「貨車開起來很多死角，小學生上學都心驚肉跳。居民起來抗爭，誰知有一部分人支持國民黨，一部分人支持民進黨，內部一分裂，抗爭失敗了，加油站也就蓋出來了。」後來，夏鑄九在其他社區講課時，經常引用這個案例。

市民組織要學會利用社會資源。夏鑄九說：「在臺灣民主化過程中，媒體的作用非常重要，『議員』怎麼才能有能見度，拿到選票？主要是靠上媒體。媒體一來，議員態度就會不一樣。所以首先要把媒體找來。媒體願意報導你們，你們就會被看到。你們被看到了，官員就會有點怕，『議員』會更怕。」

「當官員看到『議員』的時候，有理也變成沒理。『議員』最喜歡罵人。『議員』在臺灣民主化的過程中，扮演了很正面的作用——雖然也有很多流弊。『議員』碰到社區居民的時候，都跟綿羊一樣，碰到官員就跟老虎一樣。非常有意思。」

公共知識份子在市民運動中扮演著很重要的角色，但夏鑄九認爲公知們有時太過投入了，「在拉白布條抗爭的時候，輪不到我們這些知識份子來指點江山了。這是政治選擇，你不能幫他們做」。

夏鑄九又講述了另一個故事：臺北的原住民阿美族也在爲被拆遷的房子抗爭，甚至到臺灣最高行政機關抗議。馬英九打電話給當時的臺北縣長周錫瑋，希望不要搞得太難堪，要儘快解決。那時周錫瑋準備釋放資源，把這件事情擺平。

「可是我們沒有資格，去幫阿美族居民做這個決定：你看，縣長很好，我們就妥協吧。政治人物變幻莫測，萬一翻臉了怎麼辦？要不要相信，這是他們的權利，我們沒有。」夏鑄九痛斥很多搞社區運動的知識份子，「以爲自己是領袖，覺得市民運動需要一個領導者指導方向。開什麼玩笑？憑什麼你是領袖。」

爲了這樣的事情，夏鑄九跟朋友吵了很多次，「他們經常不自覺地就認爲自己是領袖，認爲原住民不夠勇敢，以爲這時最左的才是抗爭。問題是，他們這樣抗爭下去，沒有把握到機會，房子就沒有了。你是有房子住的，不行就跑回家裏去，還繼續拿著政府的薪水」。

夏鑄九總結出市民運動的目標：「先是抗爭，當政府願意釋出資源，改革才有可能。所有改革都要花錢，我們哪裏有錢？資源都在政府手上。抗爭就是要在政府手上拿資源。我們要看到這一點，不要以爲抗爭到底很有英雄氣概。十個知識份子裏有八個都是激進的，不會去思考這個問題。」

「要不要改革，完全看政府的態度。政府不願意釋出資源，而是端出機關槍來，你還要改什麼？但是，政府在很多條件下都是願意改革的，因爲實在花的錢也不多。而且，現在政府錢多得不得了，根本就不知道怎麼花。」

（文／鄺新華　圖／沈煜）

高金素梅　爲原住民發聲的民意代表

「每一個臺灣民意代表都比演員會演戲」，情緒落差之大，轉變之快令人錯愕。在鏡頭前哭著講完，鏡頭移開，馬上可以笑著跟記者握手，「歹勢歹勢（不好意思，不好意思）」。臺灣立法部門的很多打架也都是演給媒體看的。

臺灣民意代表高金素梅的辦公室位於青島第二會館。前臺負責接待的女士一見我便問：「請問要找哪位民意代表？」我遲疑了一下：不是應該我先自報家門，說明來意再由他們核准嗎？

高金素梅在約定的時間到達，白衣黑褲，從政十一年，她已不再需要通過原住民服飾來強調自己的身份，在公眾面前，她就是臺灣民意代表高金素梅，而不是演員金素梅。拍照時，她說相機的咔嚓聲令她有陌生的熟悉感，已經好多年沒有擺姿勢讓攝影師拍照了，「現在我的照片都是報紙上的新聞照片」。

在臺中縣和平鄉長大的高金素梅人生有很多起伏。「在西餐廳打工到進入演藝圈這段時間，給了我很多人生的歷練，山裏出來的小孩一下子到了大都市，必須依靠自己單打獨鬥。」從臺中西餐廳唱到臺北西餐廳，接觸的都是社會上的人。「你發現必須學會察言觀色，多跟人交朋友，你必須體諒人家，爲人家著想，做一個令人舒服的人。」

一般「立委」都是從民意代表做起，或者家裏有一些政治背景，他們本人都是學政治或者法律出身。二〇〇一年，從演藝圈出來的高金素梅只有高中學歷。「在我選上『立委』時，我的腦袋是空白的。」「我唯一告訴自己的就是：不要忘記你進來的承諾；虛心地學習；趕快組建團隊，找好一點的助理來協助我。」前三年高金素梅走遍了所有的原住民部落，以前都是別人找她簽名握手，當了「立委」之後要主動跟人握手擁抱。「前面三年大家都是看明星的態度。現在他們不再把我當明星，而是把我當做一個民意代表，幫他們發聲的。我自己也很深地感受到，八年前和八年後，他們看我是不同的。」

慢慢地從學習中瞭解立法部門怎麼運作，學會用最簡短的方式把問題點出來，「每一個民意代表都比演員會演戲」，情緒落差之大，轉變之快令人錯愕。在鏡頭前哭著講完，鏡頭移開，馬上可以笑著跟記者握手，「歹勢歹勢（不好意思，不好意思）」。立法部門的很多打架也都是演給媒體看的。

最初在質詢官員時，高金素梅會氣到發抖，其他人會勸她：「不要那麼認眞嘛，那麼認眞幹嘛，講完就好了。」她現在比較懂得技巧了，知道選擇什麼時機發脾氣，脾氣發到什麼程度，既不能讓受質詢的官員太沒有面子，也不能讓他們覺得無理取鬧，還得懂得事後跟這個官員溝通。「有些官員就是領薪水，多一事不如少一事。只有我們自己主動尋找到解決方案之後，與他們溝通才能有成效。如果一件事情沒有解決辦法，我們寧可不提出來。一旦提出而沒有辦法解決，部落鄉親的情緒會有落差，因爲他們會有所期待。」

（文／貝山 圖／張海兒）

蔣友柏

「我要讓他們把兩蔣穿在身上」

「請不要把臺灣當『寶島』，你得學會把它當成一個未知的地方去體驗，對於大陸人來說，臺灣就像一個追了很久的女人，有一天突然追到了，結果發現『又貴又難吃』。」

橙果在臺北市中山區伊通公園旁的一個地下室辦公。

透明玻璃會議室裏，剃著光頭的蔣友柏一個人站著，一邊開著會一邊抽著沙龍牌薄荷香煙，一談不爽之事，言必稱「他媽的」。

蔣友柏認爲，臺灣人大部分是被寵壞的小孩，他們經歷過經濟起飛，也經歷過日本、美國、中國大陸的關注，他們處於一種受寵狀，生長在這種環境下，絕大部分人缺乏志向，追求享受。

在蔣友柏看來，臺灣青年經歷了三波浪潮，第一波是留學，爲的是學好英文，好給在臺灣的外商企業打工；第二波是去大陸開代工廠賺錢；第三波是進公家機關，尋求保障。

「臺灣人美不美？」

「人美不美，精神層面很穩定的人才會美。」蔣友柏認爲，兩岸四十歲以上的人，尤其是企業家，精神層面越來越穩，但二十至三十歲的人同處於一片混亂，而二十歲以下的人反倒人生目標明確，很清楚自己以後要幹嘛。

作爲蔣家第四代，蔣友柏十九歲失去父親蔣孝勇，父親留給他的遺訓是：不碰政治。他在美國紐約大學讀的是資訊管理專業，爾後進軍商界，在馬來西亞做房地產生意，賺進首金一百六十萬美元的傭金。他經歷過放縱與瘋狂，也經歷過西門町擺地攤賣二手衣服月入二萬元新臺幣的打工煎熬。二〇〇三年，他與親弟蔣友常創立了橙果設計公司，二〇〇五年，他手中一位王牌設計師Michael Young因設計理念衝突而出走，半數公司員工離職，橙果幾近倒閉。好在最終絕處逢生，二〇〇八年，橙果跑到上海開了一間名叫「常橙」的品牌策畫公司，爭搶大陸蛋糕，先後推出上海雙妹、浙江奇迪、聯想酷酷熊等設計。

一個身上帶著家族榮光和偶像氣質的CEO煥發出一種誘人的光彩。最近，蔣友柏遇到一位有趣的大陸客戶，是個做鋼材生意的老闆，他說他要做另一個茅臺，我說爲什麼呢？他說，因爲他有錢。

蔣友柏的客源一半在大陸，一半在臺灣。他在大陸時常遇到的困惑是，一個賣豐田車的人總想用法拉利來包裝自己。「他們總是在拿錢和關係做事，根本不瞭解設計是要用來解決問題的。我靠！」

「我有能力買名牌，開得起跑車，他媽的，但我有必要一天到晚全身上下幾十萬元穿著Gucci、香奈兒、LV混搭得不倫不類嗎？！」

蔣友柏混大陸的一個難處是，找不到可用之人，一是大陸青年忠誠度不夠，幹幾天就想著搶客戶。「在上海，有人應聘，開口就要一萬七千元的月薪，這樣的薪水在臺灣可以請到有七八年經驗的熟手，我爲什麼要用你？！」蔣友柏說，臺灣橙果的四十來號人是一群性格可能很差但很珍惜機會的人，一旦上海有項目，他反而寧願從臺灣帶團隊殺過去。

他從臺北去上海，喜歡當天來回，他不喜歡那種一天到晚開會、受訪、喝酒的疲憊生活。如今，他是一個居家型男，兩個孩子的父親，通常上午八點上班，下午二點下班，接孩子放學，回家在狗叫、鳥鳴、小孩子玩樂哭鬧中給客戶回信，做家事，寫報告，打電話……然後在時間的縫隙裏寫作自己的新書《第十九層地獄》，「讓你看看我的地獄，請你試試我的天堂……也許，人生就是如此的無奈又簡單！」

作為蔣家第四代，他認為「蔣品牌」既是資產亦是包袱，他時常自稱為「蔣一代」，試圖令自己獨立。

人們時常拿他和大陸的另一位作對比，他哈哈大笑：「我無話可說。」思忖一陣，再補一句，「我只能說，我比他瘦弱。」

他說，請不要把臺灣當「寶島」，你得學會把它當成一個未知的地方去體驗，對於大陸人來說，臺灣就像一個追了很久的女人，有一天突然追到了，結果發現「又貴又難吃」。

蔣友柏寫書、自編自導自演拍電影，亦準備推出自己品牌的服飾，甚至準備自己蓋房子，他樂於坐在此前為捷安特、雷諾、摩托羅拉等品牌的設計作品前，向所有拜訪他的人展示自己的最新成果。

他說他不喜歡人叫他總裁，而喜歡下屬叫他老闆，他說橙果的年純收入有三千萬元人民幣，他對此感到滿意。

他打開投影機展示，那是一款名為「看東西」的眼鏡鏡框品牌。「在設計中，我特別喜歡以國際視野玩中國元素」，為此，他拉上中國各種名人為「看東西」做代言：李白一會兒躺在鏡架上喝著酒，一會兒牽著驢吟詩；孔子和李小龍對峙，喻意「文武雙全」；紅樓夢裏蝴蝶飛，剪紙亭臺樓閣軒榭；一位西裝男和一位旗袍女大玩舊上海，皮影、老爺車齊上陣，女子在夜總會唱著歌，一會兒，又放CD唱起了Rap；唱京劇的男子與玩Cosplay的女子大玩「楚河漢界」，穿白衣的蔣友柏突然出現在畫面裏下著棋……

這個身上紋著豹、龍、羊、玫瑰、猴子的生意人，一直強調自己開門只爲做生意賺錢，也一直試圖去「蔣」化。但他在爲桃園縣政府、板橋林家設計「兩蔣文化紀念商品」時，玩起「蔣」家文化依然得心應手，「蔣生活運動」有四樣商品：T恤、筆記本、明信片以及毛筆造型的鋼筆。蔣友柏用年輕人熟悉的普普風，將兩蔣的歷史照片、名言語錄轉爲鮮豔、前衛的圖案。在強調「兩蔣」的愛情故事時，則將「兩蔣」與另一半濃情蜜意的結婚照、甜蜜照等歷史圖片印在T恤和筆記本上。

他說他試圖要把「蔣」人化：「我是用一個非常自然的方式，來呈現我的一部分，而這個部分，剛好是臺灣歷史的一部分。蔣這個東西，大家把它當成一個神話，一個神，其實不是，他們是人。翻閱歷史，翻閱他們所做的事，反思他們所做的事，你發現他們也只不過是人。他們做了一些好事，他們做了一些壞事，他們做了一些對的事，他們做了一些不對的事。我要把他們人化。我要讓每一個人覺得，兩蔣也可以是時尚的，讓他們想把兩蔣穿在身上。」

（文／何雄飛　圖／阿燦）

陳文茜 不搞政治的女人，想把臺灣變得更好

「兩岸之於彼此，都是最熟悉的異鄉。我只擔心，臺灣本地人總是聽到溢美，還會不會清醒於自己的軟肋。」

在臺北，按照陳文茜所給的名片乘計程車去看她錄節目，到站付帳時名片不慎飄落。司機眼尖，邊接錢邊說：「陳文茜辦公室」掉了。隨即邊找錢邊嘟囔：這個女人，一輩子不結婚，就知道搞政治。

不知道司機先生看不看臺灣收視率最高的財經新聞，知不知道這個從政二十多年的女人早已宣佈「不搞政治」。遠離政壇的陳文茜，借財經平臺(主打兩檔節目《文茜的財經故事》、《文茜財經周報》），定位了客觀窺視兩岸的座標。「兩岸之於彼此，都是最熟悉的異鄉。我只擔心，臺灣本地人總是聽到溢美，還會不會清醒於自己的軟肋。」

每天要上電視臺直播節目的陳文茜，裙子越穿越短。身邊朋友跟她說：老太太穿點正常的行嗎？她剛減肥成功，一年瘦下四十斤，可她已經五十四歲。面對朋友的調侃，陳文茜說，我

會一天比一天年輕，如果六十歲還可以有夢想，便想退休再去念一個學位。

東森電視臺的直播間中，陳文茜侃侃而談日益緊張的西班牙歐債危機，據說這檔《文茜的財經故事》和中天電視的《文茜財經周報》，始終位於臺灣收視前茅。另一間直播室，新聞節目在快速播放著豪雨襲城停班停課，摩托車超速撞倒商販，街邊刨冰出現了新口味，娛樂女主播隔牆聽聞藝人對其出言不遜……

「這就是臺灣可悲的媒體現狀──淺俗化。甚至現在全世界的媒體都在向臺灣看齊，越來越爛。」陳文茜認爲，假使臺灣在大陸的想像中有百種好，媒體的墮落絕對是需要自省的。早年念臺大法律，後惡補經濟史、律師史、政治史，美國留學八年又讀了歷史社會學的博士，陳文茜所選專業全都爲學以致用，生怕不能靠手中知識影響世界。哪怕穿著另類短裙，哪怕被人稱作臺灣政壇Lady GaGa。她相信學識和經驗別人拿不走，推不倒。

偏偏回來遇上臺灣媒體的生存怪圈。一九九五年一身野心從美國回臺，新聞報導終日圍繞她的是衣著、愛情、緋聞。她並非不願過度曝光，而更希望被聚焦政治訓練、學識素養。她懂得人生半斤八兩。可長達五年，臺媒環境令她失望。

「我們這一代當年爲臺灣媒體爭取言論自由多辛苦啊！」陳文茜二十二歲參加黨外運動，出盡風頭也吃盡苦頭，那時辦雜誌，屢被警總查禁沒收，自稱一輩子沒跟人打過架唯與警總幹架。「那時爭來的言論自由，今天卻被媒體拿來濫用。」陳文茜眼裏，臺灣媒體的膚淺化墮落，比有些國家和地區媒體被牽制導致人民的無知，有過之而無不及。

至今，臺灣收視率最高的節目仍是做殺人案，次高節目是年復一年日復一日地介紹美食，其他不外乎各種吸引眼球的怪力亂神和惡俗八卦。「這一點，蘋果日報對臺灣的媒體和公衆整體水準低落『貢獻』很大。它的成功又使臺灣的媒體，都變成Apple 1, Apple 2, Apple 3, Apple 4…結果就是，臺灣媒體整個文字記者的水準下降，所有電視媒體的新聞水準也下降，受衆中年輕人知識非常窄化，極易淪成淺薄而無知的一代。」

不只是北京烤鴨到了臺灣仍被叫做「眞北平」，早年上海的白富美女性遷移臺灣的後代，仍被稱作「眞女人」，早年的大陸菁英知識份子在臺灣塑造的文化，被叫做未斷裂的「眞文化」……前一段，仍有公知媒體人在微博上感慨：西安事變中，宋美齡說過一句，人才（指周恩來）怎麼都跑中共那去了。現在說一句，優良品種怎麼都跑臺灣去了？——陳文茜聽了，大歎：這眞是大陸對臺灣過於寬容的安慰。

最近的一次，韓寒來臺，失物復得，洋洋灑灑撰文，刻畫寶島人情，又爲太平洋的風迎來太多對岸關懷。「你以爲他們只是爲說臺灣好？其實是指桑罵槐了。他們關心的其實不是臺灣，而是故鄉。」陳文茜依然牙尖嘴利，「我比較擔心臺灣本地人的反應，不管別人說你好，說你壞，他們在說的，折射的，都是自己來的地方。」

留學美國時，美國有兩種臺灣人：一種是眼裏的美國什麼都好，一味仰視擁抱；一種是盡可能眞實地瞭解它的好與壞，黑與白，優渥的機會與殘忍的現實。陳文茜在後者裏訓練了世界觀。

一九九五年回到臺灣後，陳文茜未再長期離開。她眼裏的臺灣是眞實的故鄉：臺灣的人還是不夠禮貌，開車還是不夠守秩序，臺灣的街道比起歐洲眞正乾淨文明的城市，還是髒亂的。臺灣的人情眞的很好，但是臺灣也一直活在族群的仇恨當中。臺灣一直都有很多進步的空間，可是突然被對岸送來的鏡子照著，越看自己覺得越好——魔鏡魔鏡我是世界上最美麗的女人——忘記了「韓寒們」那面鏡子照的不是臺灣，而是大陸。

「韓寒們來臺，隨便就被捷運站的自覺排隊感動，但可能並不知道這些都是點滴積累。」二〇〇九年，臺灣舉辦聽障奧運會，那一次臺北市政府做的最重要的事，就是要讓行人過馬路時車都停下來，它留給臺北的，是讓大部分司機終於懂得駕駛文明。而一九九五年，陳文茜剛回臺時，看到的全是不可思議，臺灣人開車像瘋子一樣，好像個個覺得自己開著殺人武器。「我有著二十多年政治生涯的訓練，我現在更願意說，年輕時我相信革命，年老時更相信一點一滴的改革。我寧可讓很多力氣從培養公民意識做起，才敢於賦予他們權利。這一點上，臺灣的一些變化是看得見的。」

臺灣畢竟有大陸不可比擬的先天背景。「如果說臺灣被馬英九治理得好，不是因爲他很帥，而是因爲臺灣很小。大陸更像一艘大船，走到今天太不容易。」

（文／丁歌　圖／阿燦）

顏清標 鎮瀾宮「宮主」如何推廣媽祖文化？

「媽祖會」不是一個互助會，信眾的捐助行爲是不求回報的。你拿是我的福氣。施比受更有福氣。

你不瞭解媽祖就不瞭解臺灣，因爲信媽祖的人佔臺灣的七成。瞭解臺灣媽祖文化，不能不提一個人，鎮瀾宮「宮主」顏清標。

顏清標，台中大甲鎮瀾宮董事長，人稱「標太郎」，一九六〇年生，臺灣民意代表，二〇〇四年八月發起成立「無黨團結聯盟」，提出要制定《兩岸和平促進法》，兩岸應用握手代替拳頭，用誠意代替敵意。

大甲鎮瀾宮創建於清乾隆三十五年(西元一七七〇年)，由福建來此地的林姓氏族籌建。現在是全臺灣香火最盛的媽祖廟。

臺灣的宮廟基本都是財團法人，擁有獨立的財務運作權，公平公開分配信眾的善款。鎮瀾宮董事長的選舉頗爲有趣，先是由公衆推選，最後還要交由媽祖「定奪」。由媽祖「定奪」是通過傳統「博杯」的方式，一種民間問卜儀式，又稱擲筶、擲杯，普遍流傳於華人民間傳統社會。「博杯」會有四個結果：兩陰或兩陽表示否定，一陰一陽或一陽一陰表示贊同。

寺廟作爲財團法人，按現代公司制建制。鎮瀾宮設有十五人董事會，六人監事會，定期公開財務收支。

聊起顏本人的「媽祖緣」，他回憶說很小（大概六歲）就與祖母拜會媽祖，當時沒有香就以手合十代替。顏曾於西元二〇〇〇年率衆四千餘人，搭乘飛機到福建湄洲謁祖，繞道澳門、香港，舟車勞頓之苦可想而知，還受到扁「政府」當局的警告和阻撓。他表示，今後有機會還會繼續推動「宗教直航」。畢竟文化是割不斷的血脈，媽祖文化更是兩岸共同的經歷和記憶。

提到鎮瀾宮就不能不提每年一度的「媽祖趴趴走（自由行）」活動，亦稱「大甲媽祖繞境進香」，歷時八天七夜的信衆徒步參拜。每年農曆三月，由鎮瀾宮本宮出發，繞境二十一個鄉鎮，一百一十餘座廟宇，行程三百三十公里，隨行信衆最多時達數十萬。沿途由各地信衆免費接待，家家戶戶都會宴客慶祝。如果你有幸農曆三月到臺灣，不妨打聽「媽祖趴趴走繞境活動」具體日程，體驗一下那種虔誠與熱鬧的場面，也印證一下信仰在民間的魅力。

民間信仰如何與時俱進？鎮瀾宮與北京一家動畫公司合作，投資一點二億元新臺幣拍攝了六十集的媽祖故事卡通片。在這部名爲《媽祖》的卡通片中，顏清標還爲其中的道長配音。卡通化的媽祖能拉回年輕世代對傳統宗教的興趣嗎？答案是肯定的。在臺灣，你隨處能見到卡通化的通常稱「Q版」的媽祖、關公、土地公甚至釋迦牟尼。

臺灣的寺廟作爲財團法人可下設慈善機構。據顏清標介紹，鎮瀾宮就設立了兒童教養院，現在教養了九十多個孩子，雖是孤兒，大家都視如己出。顏表示，鎮瀾宮會一直負責這些孩子到高中，假如有考到海外的，經大家同意，還可資助留洋。

在臺灣這樣一個現代型社會，宗教的社會功能是什麼？給臺灣帶來什麼？從媽祖崇拜來看，至少可歸結有這樣幾大功能：媽祖已不只是出海保平安了，她還能彌合兩岸和島內族群的隔閡，能扶危濟困，能治病救人。媽祖信仰者有很強的心理暗示功能，患病者至少能得到些許心理安慰，以利病症的痊癒，又比如當你到哪裏工作舉棋不定時，「博杯」一下問媽祖好了。其實這都是在向媽祖借信心，有時候，人的行動就缺一顆信心。

大陸號稱也有一億多佛教信衆，不過是燒個香、拜個佛、祈個願，並沒有發展出一套組織化的、按現代企業建制的宗教慈善制度。縱觀臺灣社會，凡政府不管的，社會組織都能管。宗教力量就是社會有機的組成部分。據介紹，鎮瀾宮的兒童教養院沒有收過政府福利機構的一分錢。

顏清標是個極其傳統的男人。他對大陸一胎化政策頗爲擔憂，中國傳統畢竟是多子多福，「小孩子應該十七歲結婚，然後再去讀書」。他的兒子就是十七歲結婚，「當然，要有個負責的態度」。

經過現代化洗禮，其實臺灣還是個鄉土性很濃的社會，無論鄉村治理還是宗教管理，白道黑道，本質上都是鄉土的。現代社會制度與鄉規民約共同維護一方和諧，形成一個完滿的圓。

每年農曆三月幾乎臺灣各界政要都會來鎮瀾宮拜祭。年輕人也把媽祖文化當成課程。大學教授都會帶領學生參與繞境活動，他們一路走下來，不花錢，還學習了傳統文化。顏清標介紹說中間還夾雜著老外，可見媽祖文化已經遍及全球了。

（文／肖鋒　圖／沈煜）

何飛鵬　臺灣的「好時代」和「壞時代」

「臺灣最近這三十年的進步都在內心，臺灣開始有更多人作社會貢獻，有更多的文化底蘊的生活跟活動」，而這一切，外界是不容易瞧見的。

有人說，臺灣人每年購買的雜誌或者圖書，至少有一本來自城邦，不知道是不是眞的。不過，在臺北街頭看到的雜誌名稱，大多數的確都能在城邦大樓的電梯樓層牌裏看得到，其中最著名的是《商業周刊》——何飛鵬二十五年前創辦，現在已經是臺灣發行量最大的雜誌。

《商業周刊》創辦的年代，正値臺灣經濟「主戲」登場，半導體、電子等產業的發展讓這個小島有機會成爲新的科技產業中心。再後來，他們慢慢捨棄低端代工的工作，開始打造自己的品牌，宏碁、華碩、HTC……一個個湧現出來，臺灣品牌眞的成爲了世界名牌。在這樣的過程中，臺灣人看到了自己打拼的能力。何飛鵬說：「臺灣的商品現在在全世界並不是低價的商品了，而是可信賴的商品。所有這些事情都讓臺灣人會走到另一個比較有信心的路子。」

相比二十多年前的風雲激蕩，現在的「主戲」漸漸平緩下來——現在的臺灣年輕人已經不像他們父輩那麼拼了，就像郭台銘說的那樣——「臺灣很多年輕人以開咖啡廳爲滿足。」他勸導臺灣的年輕人，「要把世界當作舞臺，用開疆闢土的精神，大步向前去闖出屬於自己的大好江山」。但他不知道的一點是，對岸年輕人的奮鬥，可能就是爲了今後能開一間咖啡館，過現在臺灣年輕人的生活。

在《自慢》中，何飛鵬說：「這二十年來，中國大陸的所有進步都讓我瞠目結舌……除了尊敬、驚訝之外，我什麼話也說不出來。」接受採訪時，他還說，臺灣人不是很有信心，「臺灣最近的挫敗感來自大陸，因爲大陸進步太快」。來自大陸的朋友來到臺灣，問他：「怎麼這麼落後？好像是二十年前。」他回答：「三十年前臺灣就是這樣子。」

這也不完全是假話，何飛鵬說：「城市建設和物質方面，臺灣三十年沒進步了。」其實他更想說的是，有一些比經濟發展更重要的事情發生了——「臺灣最近這三十年的進步都在內心，臺灣開始有更多人作社會貢獻，有更多的文化底蘊的生活跟活動。」而這一切，外界是不容易瞧見的，甚至他們自己本身也開始覺得習以爲常，「這些事情從來我們都不強調的，比如大陸人來了，他們會講；日本人來了，他們會講。我們生活本來就是這樣子，做人本來就是這樣子，我們從來沒強調這個事，是外人講了，我們才知道，原來臺灣還是有點不一樣的。」

問他現在臺灣的整體狀況時，他說不太好啦，「處於谷底」。蔣經國去世之後，臺灣開始民主化，但政治始終是亂糟糟的，「臺灣整個發展也失去目標」——「在經濟發展上，我們是有共同目標的，但我們要往哪裏去，老百姓是沒有共識的，有人要往東走，有人要往西走」，於是族群撕裂的問題也出現。但他始終看得很開，歸根到底他還是相信臺灣人。他認爲臺灣人懂得很多東西，「你看臺灣衝突這麼大，但一直沒有到流血的地步。沒走到那一步，其實在思想上他們就會找到應有的出路」。

他說臺灣人不能分藍綠、不能講「統獨」，只能講是非，因爲是非是有共識的，「只有在得到這個共識之後，臺灣未來的發展才不可限量」。因爲「臺灣的體制是好的，臺灣的經濟基礎的建設是好的，所以只要執政者方向明確，老百姓內部的衝突跟分裂不再有，它很快就回來，非常快」，何況臺灣還有「最成熟的人民，有高知識水準的工作者，有最國際化的、熟悉國際規則的這些人」。

何飛鵬不止一次說起一九八九年第一次返回大陸時的經歷——「在廣州的白雲機場，看著飛機延遲，乘客不斷抱怨，我發覺沒有一個航空公司的服務人員出面說明、解釋、安撫乘客，所有的乘客只能接受折磨。」再次提到這個話題時，他忙著解釋不是感覺痛心，只是覺得「演變過程」就是這樣，「當年臺灣跟大陸一樣，所以我認為那個是發展的進程。你不能用那件事來說未來中國就是這樣。如果這樣看，就會沮喪得不得了」。

他到過大陸做生意，但由於彼岸的「水太深」，自己又不太懂「潛規則」，所以虧了幾千萬。問他如果再有機會到大陸投資，會選擇哪個行業時，他想都不想就回答「媒體之外的任何行業都很好」。他是很羡慕大陸企業的，他說從臺灣出發你要做到世界第一很難，但從大陸出發要做到世界第一很容易，「中國第一你可能就是世界第一，因為那個市場規模，提供了這樣一個環境和背景。中國大陸的企業現在只剩一件事，它有沒有國際的眼光，它懂不懂國際的規則，有沒有現代化經營的理念跟想法，瞭不瞭解世界。如果有這些的話，它馬上就變世界第一」。

（文／張堅　圖／王愷）

黃威融　臺灣社會的「小日子」

「當愈來愈多人熱衷過屬於自己舒服的小日子，我們的社會就眞的變成一個生活有風格的地方。」

儘管和馬世芳、姚瑞中等幾位好友合著《在臺北生存的一百個理由》已經是十四年前的事，但直至今天，人們說起黃威融時，除了「一個無所不編的文青與生活咖」之類頭銜，還免不了提上一句：因《在臺北生存的一百個理由》而聞名的臺北達人。很多人正是通過這本書，才知道黃威融這個人的。

如今，生於一九六八年的他已經過了四十歲關口。二〇一一年，他辭掉Shopping Design總編輯一職，決定做一件自己能做，也喜歡做的事情：創辦一本叫《小日子》的小雜誌。二〇一二年四月，《小日子》推出創刊號，封面專題是「我們喜歡吃早餐」。

黃威融畢業於臺灣大學哲學系。他自嘲說，一進哲學系，就經常被人說「你完了」，因爲讀完哲學出來不知道幹什麼。中文系讀完還可以去做國文教師，讀哲學連老師都做不了。所以一九九三年準備找工作的時候，他選擇去廣告公司謀生。他的第一份工作是意識形態廣告公司的文案，直屬老闆不是別人，正是當時以司迪麥和中興百貨廣告聞名的創意總監許舜英。「要是一直跟著許舜英在廣告界混，現在應該是在大陸的某個城市吧。」

後來他離開廣告公司，成爲自由作家。參與創作《在臺北生存的一百個理由》是他三十歲之前做過的最成功的事。他從許舜英那裏學會一件事，那就是多看雜誌，尤其是外國雜誌，一定要多看，就會有很多厲害的創意。從他今天的角度去看，當時做《在臺北生存的一百個理由》根本就是在做一本雜誌，模仿了很多歐美日雜誌創意的綜合體：十四家怪店、十二項戀物、十五個經典、十六樣偏方……這不就是潮流雜誌慣用的切分板塊方法嗎？而且，他們居然把臺北故宮歸入「怪店」行列！

這麼愛雜誌的一個人，眞正把編雜誌當成正職，則是二〇〇四年秋天加入詹偉雄主編的《數位時代》雜誌之後。不過，就連他老闆詹偉雄也說，黃威融在《數位時代》的時候應該做得很痛苦，因爲跟他想參與的事情有距離。「譬如說要做『旅行』的議題，應該不只是跟讀者說要去哪些地方玩什麼；譬如說身體的議題，去練肚皮舞不只是運動消磨時間，而是現代上班族跟身體之間的互動。」但他的目標讀者群，也就是臺灣社會中最先進、最在意自己生活品質的人，會花很多錢去挑瑜伽老師，但跟他們說瑜伽有任何哲學意義，他們並不想瞭解。

二〇〇六年黃威融創辦Shopping Design雜誌，做到第三年，他已經清楚知道自己想繼續往下做的事情和公司定位有衝突。「如果我還想擁有快樂下半生，我應該忠實地正視我看到的事情。我應該去做些眞正有興趣的東西，而這些事情正是我會做《小日子》的原因。」

一直被稱爲「文青」，對黃威融來說其實是一種困擾。在籌辦《小日子》的時候，前衛藝術家陳界仁的一番話，讓他有一種獲得解藥的感覺：「你這個東西滿文青的。別人一定說不好，但我們這個社會不是文青過多，而是文青根本就不夠，所以你就好好辦下去。」在臺灣社會，承認自己是文青會有社會壓力，黃威融的好友、新經典文化的總編輯葉美瑤也說過，「在我們臺灣社會，文青竟然是一個對行銷無助之詞」。陳界仁卻獨闢蹊徑，認爲「其實文青是會救國的，但是他們都不懂」。這對黃威融來說，是莫大的鼓勵。

黃威融本人看上去倒不是很文青，卻像那種木訥、身體協調性不靈光的理科男。現在《小日子》雜誌除了他這個總編輯，只有兩名員工，而且都沒有雜誌工作經驗。他們的辦公室，設在臺北光復南路一棟大樓裏，和一個電腦公司分享——確切地說，不是辦公室，而是辦公桌，因爲他們只租了一張桌子。這令人不由得爲他們捏一把汗，黃威融倒不以爲意。他的看法是：《小日子》在二〇一二年出現，可以說是合情合理，早十年或五年，這事都不可能發生。「經濟上升的時候，一切的議題都是『大』，人們不會想到要過小日子；經濟低迷的時候，人們會滿足於過過小日子。」當愈來愈多人熱衷過屬於自己舒服的小日子，我們的社會就眞的變成一個生活有風格的地方。」

黃威融想做的是一本不被廣告左右的雜誌。這並不意味著排斥廣告，相反，他希望爭取那些對既有媒體有著失望與不滿的廣告主。「希望藝術文化可以不要被放在《商業周刊》最末幾頁，成爲經濟打拼完、off一下才看的休閒娛樂。而是可以出一本全部都在講藝術、文化與創意的雜誌，然後才在最後幾頁，放上股市趨勢或財經消息。」

他相信喜歡「小」雜誌的讀者是存在的。《小日子》創刊號，封面專題是早餐。「標題是『我們喜歡吃早餐』，你是喜歡吃早餐的人嗎？是的話，那你就是我們，也就是我們雜誌想要的讀者。」「如果是設計類雜誌，會做跟早餐有關的餐具；財經雜誌呢，可能會教你怎麼在早餐時開一個有效率的會。而『我們喜歡吃早餐』才是我們這種生活類雜誌的切入點。」「早餐適合我們雜誌的調子，我要的是比較淡的調子。我們不會做宵夜的，一來季節不太對，宵夜適合在夏天或冬天做，調子比較重；二來早餐給人一種朝氣的感覺，一個人吃早餐是一種自覺的生活選擇，一個人宵夜卻顯得很孤獨。」

至於創刊號從吃入手，跟黃威融愛吃有關。他說吃是一個城市裏很重要的事，三十五歲，他的味覺開竅了，以前愛shopping的他，現在享受的是好好吃一頓飯。他對臺北美食的評價是「很雅致」，吃是他最喜歡待在臺北的理由。

「當我們眞誠地去面對自己的朋友和消費者，應該就可以做出對大家都有贏面的事情，這也就是我在做這本雜誌時想的事情。你如果去看《小日子》，你可以批評我們裏面任何一個人對電影的看法、對戲劇的看法，可是你也必須尊重他講出了眞正的自己。因爲我可以保證，那就是他眞正的看法，我沒有要他去幫任何品牌說話。」

（文／譚山山　圖／王愷）

張平宜　她曾「感動中國」

她是「感動中國」的第一位臺灣人，她是一個有人情味的活生生的臺灣人。

張平宜性情爽朗，快人快語，她自稱是一個另類和麻煩製造者，愛打抱不平，只爲讓少數人被看見，少數人的聲音被聽見。

她讀臺灣師範大學社會教育系，逃了四年學。她進入以政經新聞掛帥的《中國時報》，關注的卻是弱勢群體與邊緣議題，好在她因爲紮得深紮得久，「臺灣愛滋病防治經驗」獲得「吳舜文新聞報導獎」，「終戰五十年——省思日本三大反人道罪行」獲得臺灣新聞局「專題報導金鼎獎」，記述臺灣麻風病療養院百位病人生命故事的《悲歡樂生》入圍了德國「尤利西斯國際報告文學獎」。

有一次，張平宜去青島的華東石油大學演講，一個同學舉手站起來說：「你是我看到的第一個活生生的臺灣人！」

「活生生」的張平宜慶幸自己生逢其時。「二十世紀五〇年代到六〇年代的臺灣，是蔣家執政末期，那是個民主加速的時代。」她說，解除了「黨禁」和「報禁」的臺灣，沒了政治枷鎖，倍感自由與開心，愛看什麼書就看什麼書，想罵誰就罵誰，「這十年，我以自己是臺灣人為榮」。

張平宜熱愛臺灣雖小卻五臟俱全，從南到北只需九十分鐘。「臺灣人超可愛」，臺灣人心美，愛心很大，他們除了愛自己也愛別人，充滿著濃濃的人情味，而大陸人所看到的臺灣人，多是類似於郭台銘一樣的臺商，他們並不能代表最基本的臺灣人，他們是精明的生意人。她恨臺灣，恨臺灣選舉狂熱，極易形成「朝野」對立，許多人為反對而反對，為抗議而抗議，那是臺灣悲情的部分。

早年，大陸在張平宜心中只是個名詞。一九九一年，因為要報導「老兵回家」背後的故事，她揣著臺胞證和外匯券以「旅遊」的名義來到北京，北京的哥說：「歡迎回到祖國。」然後多收了她兩倍的車費。她從飯店出來，走在王府井大街上，因為口音怪異，而常常被公安盯梢。

作為一名記者，她深切感受到兩岸冷暖。「在臺灣，官員是奴隸是公僕，記者眞正是無冕之王，可以很容易接觸官員。而在大陸，體制官僚，官員們很害怕記者，他們不願意多講一句話，因為害怕出錯而時時防備、心懷隔閡。」張平宜發現，在大陸，大城市的官員通常「大鼻子大眼」，待人相對大方，小地方的官員通常「小鼻子小眼」，處處提防。張平宜在涼山痲風村搞教育，涼山官員甚至一度懷疑她是要搞西方的東西，「搞亂涼山」。

張平宜說，在她獲得二〇一一年CCTV「感動中國」十大人物的前五年，涼山官員從來沒有請她吃過飯，後來一當選，她一進涼山就被請吃飯了。

二〇一一年，張平宜突然在臺灣接到大陸學生的電話，學生問：「張阿姨，您在哪裏？上課時，老師說您被抓了，說您的朋友從事特務工作，您幫助痲風病小孩是一種掩飾，以後不要跟您接觸了。」事後證明，那是場誤會，事情得到了澄清。

張平宜有些生氣：「這麼多年，我做痲風村，不爲名，不爲利，是爲人道！」

一個臺灣人，爲何不遠千里跑到四川的一個窮山溝裏來？

張平宜說，最早的一種編造的解釋是，張平宜的祖上是這兒的人，後來跟蔣介石跑到了臺灣，張平宜來這兒是爲回老家報恩來的。另一種合理的解釋就是，張平宜來這兒，是搞特務工作來的。

爲了給痲風村小學建校舍、通水、通電，張平宜習慣了抗爭和爭吵，這個臺灣來的「瘋女子」、「瘋婆娘」，跟四川婆娘吵起架來，依然處在下風，「我永遠吵不過與我爭吵的四川女人，她們嗓子特別大，聲音高八度，蠻橫，也不講理」。

二〇〇五年六月，涼山大營盤小學迎來建校十九年來第一批十四名小學畢業生。CCTV感動中國二〇〇五年度人物瞄上了大營盤村痲風病小學，只不過候選人是王文福，一個十八年前來到這所痲風病村小學的唯一的代課老師，一個蘋果工人。據說，提名之初是張平宜+王文福，後來因爲張平宜是臺灣人，顯得敏感而被拿下。張平宜寫信給專欄組，要求提名人至少應是王文福+痲風村小學學生，同時不要神化王文福，張平宜在心裏甚至暗暗告訴自己，「如果有一天獲獎，我一定不去領獎」。

因爲持續的媒體報導與兩岸關係改善，CCTV感動中國二〇一一年度人物重新瞄上了張平宜，張平宜說自己是爲了給二千三百萬有人情味的臺灣人爭一口氣，才站上了領獎臺。

爲了大營盤痲風村的孩子，她奔波了十一年，時常有人問她：「你怎麼還在？怎麼還沒有戰敗？」她會說，人在江湖身不由己，已經退不下來了。

她的中華希望之翼服務協會，是臺灣無數NGO中的一個，她在臺灣有四名員工，加上大陸的社工有十來人。爲了讓痲風村的孩子能走上社會，她還利用弟弟在青島投資的公司，開辦「希望之翼學苑」，爲初中畢業的孩子提供爲期兩年的職業培訓。孩子們白天在工廠上班，晚上集中上生命教育課，爲進入社會作準備。生命教育課程除了英語、電腦、國際貿易等實用課程，有臺灣去的語文老師還會教他們《詩經》，名畫欣賞，週六晚上集體看電影。

張平宜的丈夫是一名醫生，她有兩個孩子，一個在讀高二，一個在讀初一，辭職前，她年薪百萬臺幣，住的是四層樓的山邊別墅，家中還有一個傭人。

張平宜說自己愛涼山的孩子太深，他們也傷她太深。「我期望他們不要流失太快，急著出打工。作爲母親，我期望他們都能成龍成鳳，不再回到人生的原點。但我最大的憂慮是，孩子和孩子的父母們，你們有抓住這個受教育改變人生命運的機會嗎？」

（文／何雄飛　圖／阿燦）

白先勇
「民國典範」的傳承與創新

「臺灣文化好的地方在於既有傳統的繼承，有做人的道理，又加入了西方的開明思想，有開闊的視野。這是一個很好的對接。」

崑曲《牡丹亭》在杭州公演。演出前半小時，檢票口排起長長隊伍，年輕觀眾陳汎排於隊中，他看到一群工作人員簇擁著一位矍鑠的高個，款款走向劇場。經過長隊時，「高個」停住腳步，排在了隊尾。已經繞開隊伍走入劇場的工作人員，扭頭發覺「高個」在排隊，尷尬地笑著折回陪同一起排。人群中後來認出，「高個」就是白先勇。

一九九二年的夏天，白先勇到北京參觀故宮。那時的展覽設施還很陳舊，青銅器被燈光打上之後像是發霉的，看不到金屬的光澤。他思忖，這與我在臺北故宮裏看到的青銅器感覺非常不同，怎麼同樣的東西在這裏就黯然失色？

二〇〇三年，他在臺北開始著手複排崑曲《牡丹亭》時，腦子裏來回翻滾的，就是當年故宮直面青銅展的瞬間。古典文化要在當代活起來，要接上地氣。他用現代燈光與背投把一個古老的故事表現出來，在二十一世紀的舞臺上給二十一世紀的觀衆看，而不是十九世紀的觀衆。「我能吸引住當代年輕的孩子，我就成功了。」

在臺大第一次開崑曲課，完全出乎白先勇意料。一共不到三萬學生，有二千四百個學生來選公選課，沒有那麼大的教室，只能用電腦去選了四百五十個學生。臺灣一直都有很多曲社團體。據說，臺灣的崑曲是臺灣大學中文系的女孩子傳承下去的，一代又一代，拉拉唱唱，培養出好多人。「臺灣產生最大影響、最受歡迎的是崑曲，看的觀衆大多是二十歲到四十歲之間的年齡，也有很多新新人類。不像看京劇多是老人。」

在白先勇看來，臺灣沒有經過「文革」，社會比較平穩一點，沒有斷續文化上的傳承，但是對於傳統文化的教育延伸還不夠。「現在的教育都是自以爲是的，其實是過時的。」白先勇奇怪：我們爲什麼不能編寫一本《中華文明史》？爲什麼不能把書法、山水畫、京劇、崑曲、笙簫、短笛、雕塑、陶瓷等，引入現有教育體系？我們就是陶瓷的祖宗，還有獨一無二的刺繡，爲什麼現在不做了呢？美術課爲什麼一定要學蠟筆畫？爲什麼要學畫維納斯像而不畫山水？笙簫短笛爲什麼都沒有了？爲什麼一定要學小提琴和鋼琴？就算我們有郎朗和李雲迪，那也是按西方標準培養的，眞正的大師還是在西方。因爲只有他們的文化才能孕育他們的大師，我們只能copy。

「我們的觀念很奇怪，這是一種文化自殘。」白先勇要做的，就是從崑曲切入，從臺灣和大陸播種，向西方世界傳播，找回中華文化的原鄉。「我覺得二十一世紀是臺灣文化復興最好的時機，也是最迫切的，如果再不復興就危險了。太多戰亂對文化是不利的，十九世紀就不用說了，二十世紀也充滿曲折。大陸改革開放以後還有很有絆腳石需要一塊塊去搬，現在兩岸文化仍面臨許多坎坷。」

白先勇出身行伍之家，但最後從事了文化事業，這跟家族的文化傳承密不可分。按古話，他是典型的世家之子；按照大陸新近的說法，是名副其實的「官二代」。只是彼時「二代」同此時「二代」，意味上差了萬里。

「家教問題。」白先勇回憶，從小家訓便是：一不能做紈絝子弟，不能有特權思想；二不能罵下人，不能有階級觀念。這在當時所謂世家極爲正常。「那時講人最難聽的一句話就是：沒家教。家教是做人的基本道理與禮儀，是「五四」要推翻的那些東西。其實我覺得舊道德就是講做人的道理，有所爲有所不爲，這些是要守住的。臺灣文化好的地方在於既有傳統的繼承，有做人的道理，又加入了西方的開明思想，有開闊的視野。這是一個很好的對接。」

觀望臺灣的大陸人都愛說，臺灣現在才是民國典範。可民國風味本來就是從上海開始的。「比如周璇、白光等。她們的歌經過香港，傳到臺灣，在臺灣得以保存與創新，還是那種基調。後來才有了鄧麗君，她的歌確實有種民國風味，帶著溫暖與溫情。大陸之前一直要打倒『小資產階級』，但人們還是關起門來聽小鄧。因爲裏面有種讓人懷念的溫情，這是人情的一部分。而臺灣現在也恰恰是極講究人情的地方。這都會引起內心的一種共鳴或嚮往。」

白先勇認爲，現在很多人都搞錯了，當時如果沒有文化根基是不可能有「民國典範」的。「從五四運動之後開始，各地的新思潮層出不窮，比如女性解放，連我母親在廣西這種地方也會跟著學生一起遊行，這在之前是不可想像的。還有電影、戲劇等。林徽因、陸小曼、張愛玲，還有張充和等張家四姊妹，她們一方面是接受新思想的新女性，一方面又繼承傳統，琴棋書畫都非常了得。她們是眞正的淑女，是民國的ladies。這才是眞正的名媛，又有修養，又有容貌，出身又好。」

可是後來都沒有了。「人們修養差了，斷掉了。比如琴棋書畫。現在最可惜的就是丟了這些文化方面的教育。」

（文／丁歌　圖／阿燦）

排灣族原住民　我們都是經歷過困惑的獵人

三地門鄉是排灣族最集中的聚落，看似安靜的山裏，藏著不少藝術家和手藝人，延續著排灣族的族脈。

在三地門鄉山腰崖壁的「風刮地」餐廳準備下山時，風還很大，豪雨終於弱了一點。撒古流走出餐廳（他和太太秋月開的，整座建築是他的作品，棚頂設計成一隻巨鷹）鑽進車裏。「我今天去山下住。這豪雨不知會下成什麼樣。」

這裏是臺灣屏東縣最北端的排灣族原住民部落，位於海拔一百米至二千多米的半山上，主要是排灣族和部分魯凱族居民。撒古流不只是「風刮地」的老闆，也是部落的藝術家，他的排灣族全名是：撒古流—巴瓦瓦隆。寶哥叫楊寶全，是高金素梅辦公室駐屏東辦主任，生在山裏長在山裏，時常爲臺北訪客客串引路人。

吳阿美今年六十歲，老宅位於棋盤巷弄的中段，門樑刻著百步蛇的圖騰，家屋名是Dakivali，漢語諧音「答給發力」，這也是吳阿美排灣族名字的前綴。

排灣族的每個家屋都有一個名字，出生在這座房屋的子女，都要在名字前或後，冠上自己的家屋名。比如，撒古流的家屋名就是巴瓦瓦隆，吳阿美的就是答給發力……一個完整的排灣族人名，念出來的同時，就知道了他的族群、家世和老宅的位置。

從二〇〇〇年起，吳阿美的答給發力美食坊，和山裏其他的民宿、手工藝坊，呼應成了三地門打通外界的生存鏈。

「原住民的飲食逐漸漢化以後，技術失傳是一方面，關鍵是地道的食材甚至器皿，只有在排灣族部落才能尋到。」奇那富（Cinavu）、初魯克（culuk）、阿歪……吳阿美把老祖宗祭祀時見過的排灣族傳統食物，一一復活重現。想吃「答給發力」，要像民宿一樣提前電話預約。「這幾年臺灣當局也在推廣原住民文化，我們也建起了五百多米的工藝之道，琉璃珠、陶甕、民族服飾，各種手工藝都有。可是食物方面還是沒受到很大重視。我們在臺北美食節獲了獎，還是等著人們遠遠來敲門。趕上雨季、度假淡季，就少有人敲門。」

到達三地門鄉的那天，遇上豪雨。吳阿美和寶哥熟悉這裏的氣候和地形，臉上都掛著緊張。整個部落的排灣族同胞，都忘不了二〇〇九年的「八八風災」（莫拉克颱風）。那一次，三地門鄉同樣受到重創，好幾個村子已被認定爲不安全區域，必須遷村。近兩年，不少原住民搬離自己的村子，入住由官方和民間組織共同建立的「永久屋」。

好不容易建立起的部落經濟雛形，就這樣又一次被擊散。留下的「答給發力」們或「巴瓦瓦隆」們，都想致力於族群文化的延續，卻又面臨更艱難的考驗。

撒古流的髮型，他誇張地說，在全臺灣，都難找到第二個——那是效仿排灣族古老的髮型。撒古流家族從曾祖父開始雕刻，到了他這一代，他喜歡西方當代藝術，但又堅守部落文明帶給他的榮耀和靈感。「我在臺北、臺中都有工作室，也去過北京展出作品，可我到哪都是一個排灣族的山裏人。我所有的藝術創作遵循的都是心裏的土地法。」

「風刮地」擺滿了撒古流的作品。有一幅畫作叫《看電視》，一最具排灣族特色的石板屋，屋內擠擠挨挨一片小腦袋，腦袋們盯著一台電視，門口一個大人守門，一群孩子排隊，人人手中一個地瓜（排灣族主食），一根柴火。畫幅留白處寫著：一地瓜，一柴火，看電視。上世紀六〇年代末，第一台電視機進入山裏，所有的孩子都經歷過「地瓜＋柴火換洋片看」的童年。

另外一件銅雕，叫「山鷹上的獵人」，既寫實又抽象，像是一個瘦弱的小個子，留著跟他相似的髮型，扛著利斧，攀在高樓大廈的施工支架上，姿勢看上去進退維谷。現實中，曾靠山間打獵、栽種爲生的原住民，到臺北成爲務工族，被叫著漢族的名字，在施工支架間和礦坑裏拼掉了青春。九〇年代，隨著都市殘留的勞動密集型產業轉向了外勞，原住民被迫往鄉間回流，回到田間和林中，卻已不知道該如何重振屬於原住民自己的價值。

「我們都是經歷過困惑的獵人。那是當時一個大趨勢。所有原住民都在尋找自己的位置，自問我是誰，我能做什麼，我們部落將會怎樣。」撒古流自稱是自然和土地的孩子，感謝部落族群給他的源源不斷的靈感。

山間隱隱傳來童謠聲，當地小學的合唱團在唱排灣族古調。「最近幾年，排灣族出了很多古調歌手，四處採集記載祖先和歷史的歌謠，挽救失傳的古調。」寶哥介紹，最有名的歌手林廣財，也是鄰近的馬家鄉佳義村的一位世襲頭目。行將失傳的古歌謠，和音符裏部落的歷史，在「發問我是誰」的孩子那裏，寫下了答案。

林廣財唱出的是族人血脈和自信。這位排灣族人甚至還在Facebook上建立起了粉絲專頁，人們循著那些古調，能找到那個頁面，點開出現四個字：百年排灣。

（文／丁歌　圖／阿燦）

朱學恒　當「阿宅」變成意見領袖

被臺灣年輕世代奉爲「宅神」的朱學恒，在替「阿宅」爭奪話語權的過程中，自成一派新意見領袖。他在非主流文化語境進行社會改造工程，方法跟別人不太一樣：「如果不能從上到下改變這個社會，我可以從下到上改變它。」

二〇一〇年三月二十七日晚上六點半，臺北市凱達格蘭大道，超過三千人在靜坐示威。他們都是「阿宅」，是被認爲只會窩在家裏打線上遊戲看漫畫的宅男宅女，他們在反對廢除死刑議題。

這是朱學恒發起的活動。他在自己的個人網站寫下一篇《誰，願意和受害者站在同一邊？》引來十七萬點擊，媒體廣爲報導，最終促成「來吧！來凱道吧！」，「我們一定會設法讓你看到這個社會上還是有很多人站在受害者那一邊」。

朱學恒，「朱大」，「朱恐龍」，《魔戒》三部曲和《龍槍》系列的翻譯者，奇幻文化藝術基金會創辦人兼董事長，臺灣最早一批「開放式課程計畫」的發起人。他到三十七歲還視打電動爲人生要義，長期在網路上推崇「阿宅」文化，並以「阿宅反抗軍」舉辦宅聚活動，他的個人網站「阿宅萬事通事務所」堪稱各路「阿宅」群魔亂舞的聚居地。

隨處對臺灣年輕人問起朱學恒，都會得到這樣的對話：「你認識朱學恒嗎？」「當然，他是宅神啊！」「爲什麼喜歡他？」「因爲他敢講啊！」

朱學恒在Facebook上有十一萬粉絲。「僅次於一些明星，如果我要發動社會議題，我是做得到的。」

朱學恒訓練國民黨的網軍？「那個要怪媒體啦！很多年前，我給他們上過一堂課，講講到底現在的新媒體或是網路是什麼樣子的，上完就沒事了，但是從此以後我就被這個惡名一直跟著。靠！要我去訓練網軍，國民黨才不會輸咧！我有一百萬種方法把綠營打敗。」

朱學恒在成為意見領袖，阿宅們開始漸漸掌握社會話語權？「我希望是這樣子，但不一定是那麼成功。我們只是開始鬆動這個體制，但恐怕還有很長一段距離要走。」

難道阿宅們也要組黨了？「如果我賺了很多錢，又有很多立場支持的話，其實我想要成立盜版黨。我還滿認同盜版黨的理想的，版權本來就該開放。」

「我每天在家打電動，怎麼可能關心『廢死』議題呢？」朱學恒也對我們的採訪名單感到疑惑：「我在這群人中，不會很奇怪嗎？」

但他更對自己感到疑惑：「我變成意見領袖了，你說這是不是一件很奇怪的事情？」他剛去電視臺錄完談酒駕的節目，「二〇〇一年，日本修改『危險運轉罪』，罪行致死一下從五年跳到二十年；二〇〇九年，美國加州一樁酒駕案，三人喪生，肇事者最高囚刑是十五年，相當於二級謀殺罪。如果日本和美國都能做到，為什麼臺灣不可以？」

社會議題聽上去原本與「阿宅」無關，卻因朱學恒二〇〇九年參與了臺灣最高行政機關的「研考會」的一項計畫案而發生了轉變。當時，朱學恒隨機挑選了死刑議題進行網路投票討論，竟擁入七千人參與，網站癱瘓。他開始走訪受害者家屬，捲入了這項社會運動。

朱學恒自有他獨特的「阿宅」式串聯手段，從網路投票到走上街頭，全都基於社交網站發起召集。「以前會參與這個議題的，不是政治相關人物，就是社會運動領袖，他們通過電話、開會等實際串聯方式，基於某個派別聯合，然後一起走上街。網路發達後，一瞬間就搶走了他們的話語權，聯絡社會的能力很多被阿宅所取代。」

「我們是一群善於利用各種資訊和情報的人，但卻不一定會花在所謂的夢想或是志氣上面。有很多人拿同樣的精力去打線上遊戲，有些人去搜集模型，有些人去看漫畫。我選擇拿這個東西傳遞我的理念，當阿宅掌握資訊流的時候，透過我們的方式，是可以溝通跟影響一些事情的。」

朱學恒開始面對自己的領袖地位。「我是一個有點影響力，但又不是有決定性影響力的人，所以必須要花很多功夫。譬如要對死刑有所探討，就要去看判決書，要對酒駕要有所探討，就要去看臺灣跟世界各地的法條差別在哪裏……不做這些功課，連基本的話語權都沒辦法擁有。我們不是某個行業出類拔萃的領袖，也不是某個宗教體系的代言人，我的話語權只是來自我過去做的事情。這些事情隨時可能被打翻，人們隨時會不支持你。」

朱學恒參與社會議題基於一個原則，那正是在少年漫畫裏說得最多的「正義」二字。「大部分其他話題，其實是沒有正義可言的，那就是你們兩黨的事情，你們自己去鬥，跟我沒有關係。沒有明確受害人或是我不認識那些受害人的，我沒有辦法參與，因爲我不是社會運動者。」

「宅神」領導下的臺灣年輕人大多比「宅神」年輕很多，甚至會晚一代。如何將社會議題帶入「阿宅」的世界，朱學恒很有信心：「我本來就是阿宅啊！我要舉例子，我一定只舉得出

《海賊王》、《美食獵人》的例子。」

「阿宅關切的是故事。就像你所講的，世界觀的設定對不對？我們不是不關切這個世界，我們是不知道這個世界上發生了什麼事情。」朱學恒認爲阿宅是「一種寧靜的力量」，「打死他都不會投票，他也不會出門來關心這麼多事情。但如果你把故事帶到他面前，他會思考，他會開始做他能夠響應的事情。」在朱學恒的個人網站上經常可以看到這樣的留言：「小弟若是人不到，錢也會到。」

在朱學恒看來，宅，就是要「做自己喜歡的事情」，就是「專注而熱情」。他曾經召集一群阿宅，在中正紀念堂租最大的戶外LED幕玩《快打旋風》，然後花了一整年才把錢賺回來。他也花了十年時間，從最早翻譯《龍槍》、《魔戒》到成立基金會，聚集起一幫阿宅，舉辦活動、在學校巡迴演講——「我能把我所在的環境，全部變成阿宅的環境。」

聽起來還挺像青年導師的。

他還眞研究過心靈成長團體的手段：「場地要低溫啦，二十二度到二十三度是理想狀態，人比較容易靜下心來；燈光要昏暗，這樣比較容易接受暗示；多媒體的效果要強力。我們在做的事情，就是心靈成長團體在做的事情啦。我的演講比你看到的很多心靈演講團都要厲害啦，如果眞要拿來洗腦賺錢的話，我現在早就變成很有錢的人了。可是，人跟人的差別，就是差在選擇啊，我選擇不要啊。」

朱學恒的選擇是：「我可不提供任何的售後服務與保證，如果相信我，你就做你認爲是正確的事情，但不代表我會幫你。因爲那是你的選擇，而不是我強迫你做的事情。」

「我經常罵他們」，朱學恒回覆讀者來信的風格是這樣的：「朱大，我的女友跑了，是不是我能在一個角落裏靜靜守護她？」「你不要放屁！現在沒有這回事！你靜靜守護個鳥！跑了就跑了啊！」

「我先天就是一個憤世嫉俗的人，我不可能像李開復那麼溫暖地回答，我一定是半羞辱半告訴你眞相。」朱學恒痛恨青年導師，說他們是「滿口仁義道德，一肚子男盜女娼」。朱學恒反對權威和偶像，用自己的書名《新的世界沒有神》證明在網路這麼發達的世界裏，不可能有神的存在。「我寧願是一個阿宅，你可以挑戰我，可以不爽我，可以罵我。如果我講錯了，我要道歉。」

阿宅在臺灣社會中漸漸有了自己的話語權，朱學恒也在反思：阿宅佔有越來越重的影響力跟消費力，其實是社會崩解的結果。

「講得明一點，就是社會背叛了那些遵循主流價值的人。以往大部分人會覺得，大學畢業找一個好工作，考公職或是進大企業，就會有很好的發展。而現在我們（阿宅）出頭，這代表他們沒有好的發展，不然怎麼會輪到我？我一路到現在都在打電動看漫畫，怎麼會成了意見領袖，沒有他們卻輪到我？原因是他們缺席了。他們缺席的原因，是因爲社會承諾他們的沒有兌現。表面上看起來這是阿宅出頭，大家都很高興，但其實它背後的眞正意義是：主流價值不停被背叛。」

朱學恒正在積極推動他在臺灣高校中的巡迴演講，每年計畫做二十至三十場，影響二萬至三萬人。朱學恒常說：「人之所以成爲英雄，是因爲選擇，而不是因爲能力。」不要指望他舉出任何主流例子，他依舊只有「阿宅」體系：「我會在演講一開始告訴他們，今天要講的內容就是《海賊王》，我要告訴你如何成爲海賊王。我不會告訴你怎麼樣成爲一個正確或是偉大的人，但我會告訴你：如果路飛一開始不願意踏上偉大的航道，六十五集的《海賊王》會在第一集就結束了，而且它的名字應該叫做《在風車村默默無聞的村民路飛》。」

他還醞釀出版一本談論夢想的書，再架構一個分享夢想的網站，他認爲當下臺灣年輕人整個世代的挫敗感，全都來自「沒有夢想」的困境。

「我們沒有辦法陪你從頭到尾去對抗這個社會，找到屬於你的正確價值跟信念，但我們可以幫你開始。我很清楚地知道自己的能力的極限，如果我們在做什麼真的有影響力的話，其實就是在鼓勵夢想。你的父母會告訴你不可以做白日夢，你的老師會告訴你考上大學再說，但是我們告訴你：有各種各樣的可能性。我在做社會改造工程，但是做的方法跟人家不一樣。你看我就知道，我絕對不可能變成『教育部』部長，對我來講，如果不能從上到下改變這個社會，我可以從下到上改變它。」

這個世界似乎眞的在慢慢改變。

去參觀上海世博會，朱學恒被武警請進了小黑屋，要求他解釋T恤的字樣「阿宅反抗軍」

是什麼意思——「那裏還滿不錯的，還有冷氣。我說，阿宅就是愛玩「魔獸世界」的人啊。」

武警笑了：「哦，這個我知道。」

（文／丁曉潔　圖／阿燦）

黃清龍　無聊八卦的新聞和善意和諧的社會

今天的臺灣媒體走著雞毛蒜皮、「娛樂化」的道路，但亦積極宣傳著第六倫——群己關係，宣導社會進行心靈改革，重建工業化之後人類精神文明的價值理念，傳播著臺灣特有的「捷運文化」、「環保文化」、「志工文化」。

在臺灣做媒體是一件辛苦的事情，因爲一方面要面對激烈的同行競爭，一方面要面對複雜的政治環境。一九八八年「報禁」解除時，全臺灣只有三十一家報紙。政府部門接受新報申請的第一個工作日，就有七家報社、一家通訊社辦理手續。時至今日，在這個人口只有二千三百萬的市場卻擁有七家新聞臺、超過一百個有線電視頻道、約二千五百家報紙、四千多家雜誌、近二百家廣播電臺和一千多家通訊社。同時，臺灣也是全世界衛星轉播車密度最高的地區，二千三百萬人就擁有八十二輛（日本一點二億人／七十一輛、韓國四千八百萬人／四十輛、印度十億人／三百輛）。

在無國界記者組織發佈的全球新聞自由指數排行中，臺灣被譽為「亞洲最佳新聞自由」，然而過度擁擠的媒體生態導致的最直接的後果即新聞素材不足。有線電視頻道中的五十至五十八頻道，均為二十四小時播出，但其中大部分內容是重複的，很多雞毛蒜皮的小事都搬上了電視節目，並且被展開或者被延伸進行討論，久而久之，觀衆難免感覺「很無聊」。比如，最近有電視臺盯上了麥當勞的薯條，對其大包、中包、小包逐一過秤，得出的結論是有時候中包比小包還少，認為速食店的員工僅靠目測裝袋的方式不合理，還在大街上隨機採訪消費者對此的態度。

這是典型的民生新聞的操作方式。無論是報紙還是電視，臺灣的新聞素材九成以上都是民生和娛樂內容，幾乎看不到國際新聞。由於政治上的特殊性，臺灣一直被國際社會孤立，鮮有參加國際會議，更不能參與國際事務，長期沒有發言權，也就沒有了興趣。微妙的是，臺灣人又非常渴望被世界關注，所以，一旦有臺灣籍的設計師拿了國際上的獎項或者NBA裏冒出了一個臺灣來的林書豪，臺灣的媒體都會大肆報導。

雖然藍綠陣營的對峙仍然存在，可與過去十年相比，臺灣民衆對政治的狂熱程度已經下降。大家更關心的是與更好的生活有關的東西，比如就業、物價、健康的生活方式，因此，媒體所呈現出來的也多數是吃喝玩樂各種消費資訊和相關事件。對體育節目的關注則完全針對本土觀衆的口味，以棒球和籃球比賽爲主，即便是歐洲杯級別的足球賽，上百個電視頻道竟無一轉播。

兩岸關係，一定程度上讓臺灣人很焦慮。基本上，所有的臺灣人都享受並且希望能夠保持臺灣目前的自由和相對獨立的狀態，但都相信如果堅持「臺獨」必然會刺激大陸使用武力，他們也不願意。這種矛盾的心理使得臺灣民衆對於兩岸的政治格局，往往沒有明晰的態度，通常不會主動思考，偶有關心也是出於功利的需要，在意的是臺商在大陸的投資和大陸對臺灣經濟的拉動。

《旺報》就是一個例子。它的老闆蔡衍明即旺旺集團董事長，憑藉在大陸市場持續的成功，在臺灣企業界的影響力日益上升，從單純的賣「米果」輻射到酒店業、金融業和媒體，二〇一二年被富比士評爲臺灣首富。因此，他將辦報宗旨確定爲服務像自己一樣的臺商、臺幹和他們的家屬以及想去大陸求學、工作、旅遊的人。也因此，《旺報》是臺灣第一份以報導大陸消息爲主要內容的報紙，每天四十個版，涵蓋大陸的財經要聞、政策解讀、走勢預測、教育職場、文藝旅遊等。

一九八八年以前，臺灣主要的報紙和電視臺都是爲國民黨政府服務，而今天媒體作爲第四權，成爲各方政治勢力爭奪的對象和利用的工具；反過來，媒體亦有意以特定的政治立場來吸引固定的讀者和收視群，保證生存。《民衆日報》專欄作家陌上桑就曾經批評，「今天臺灣媒體，顯然已深深染上黨派團體色彩，一藍一綠，涇渭分明」。

而另一影響臺灣媒體生態的因素即香港《蘋果日報》。剛在臺灣落地時，因爲其「濕、鹹、辣」的風格，一度爲媒體從業者和臺灣民衆鄙視。而隨著最先接受這一風格的年輕人逐步成長爲社會的主流，臺灣媒體的報導也不知不覺間走上了「八卦化」和「狗仔化」的方向，嚴肅新聞越來越少，任何人和事均可「娛樂化」。部分電視臺的晨間節目竟然一字不改地讀《蘋果日報》和《壹週刊》。比如，「臺開案」爆發後，陳水扁女婿趙建銘的新聞連續兩個月佔據了大幅版面，而且瑣細到趙某每天的胖瘦指數、三餐菜色以及有沒有被陳幸妤白眼等。爲了得到第一手新聞，多家媒體的記者守了趙家居所近兩個月，最後逼得他們搬家；有的記者還別出心裁，連續多天包圍在幼稚園外，希望從趙的小兒子口中套出父母有沒有吵架等新聞。

如果說今天臺灣媒體的生態尚有一二積極之處，便是在演變的過程中推動了民衆環保意識和志工精神的提升。國民黨統治臺灣的第一個時期，也非常強調GDP，以「出口爲導向」，大搞基礎建設，創造了經濟奇蹟，卻也導致當時犯罪率高，民衆紛紛「各人自掃門前雪，不顧他人瓦上霜」。幸運的是，有「臺灣經濟之父」之稱的李國鼎先生於一九八一年及時提出了「第六倫」的概念。他認爲，中國傳統有五倫即天地君親師，而第六倫——群己關係應爲現代社會人倫關係之準則。

圍繞這一概念，由李國鼎先生宣導、衆媒體跟進，臺灣社會在相當長的時間內展開了討論，將「群己關係」進一步闡釋爲人與陌生人的關係，人與自然的關係，人與團體的關係，宣導社會進行心靈改革，重建工業化之後人類精神文明的價值理念。從那時起，臺灣媒體就頻繁地傳遞著環保、慢活、返璞歸眞的價值觀，幾乎每一天都有相關的新聞和評論。

典型的事件有兩個：一是二〇〇〇年，臺北捷運公司發動「捷運文化運動」，推廣搭乘捷運手扶梯靠右站立的習慣，並且嚴禁在捷運上喝水吃東西。除了媒體上「天天講」，捷運公司還利用密集的車站廣播、立牌宣傳，站務人員在電扶梯旁手持擴音器督導，加上偶像明星配合宣傳，輪番轟炸，有獎有罰地逐漸被民衆接受。今天，即便沒有需要照顧的乘客，臺灣的民衆也寧願站著，不會去坐「博愛座」。

第二則是馬英九擔任臺北市長期間推行「垃圾不落地」，即強制實行垃圾處理費隨袋徵收。臺北市街頭不設垃圾桶，垃圾車定時定點回收，民衆須將垃圾按可回收、不可回收和廚餘垃圾進行分類，拿到垃圾車旁邊接受檢查，不可回收垃圾須用專用垃圾袋，垃圾越多，花錢也越多。不分類的，則拒收，甚至可能被處罰一千至六千元新臺幣。

當時，無論是「挺馬」還是「彈馬」的媒體都不時會出現一幅畫面：當唱著《少女的祈禱》的垃圾車駛入垃圾回收點，馬英九提著分類好的垃圾袋從自家公寓奔跑著，和普通民衆一起扔垃圾。儘管對此的解說各有立場，但客觀上都宣傳了垃圾分類。迄今爲止，這一政策早已推廣至全臺灣，臺灣人已習慣了將在公共場合製造的垃圾帶回家處理，臺灣每天生產的垃圾較之十年前減少了三分之一。

臺灣媒體樂於報導的題材還包括以慈濟爲代表的各類民間慈善組織。目前，臺灣慈善機構共有財團法人近四千家，社團法人近二萬家。每每發生災難，反應最快的、籌款能力最強的不是政府，而是NGO。與佛教捆綁在一起的慈濟，習慣於借助媒體，公開每一筆捐款的去向，而媒體則以報導慈濟的各式善舉，幫助其建立社會公信力，培養民眾的慈善意識。二〇一〇年入選《富比士》年度亞洲慈善英雄榜的臺東人陳樹菊，四十八年來一直以賣菜爲生，卻通過慈濟捐出了千萬元省吃儉用的善款。

此外，NGO還鼓勵會員做志工。臺灣最早的志工始於上世紀五六十年代，從社區開始推廣，號召每年每家抽人，自帶伙食，清掃街道水溝；後來陸續向醫院、學校、博物館、縣市政府櫃檯、警察交通消防等部門滲透。如今，在臺灣十五至六十四歲的人群中，接近四分之一的人有志工經歷，並且逐年增多。

民間力量的強大是臺灣社會顯著的特徵之一，它自下而上、無孔不入地影響著社會的結構和發展。始於一九九四年的市長民選制度直接促進了區公所職能的改革。現在，與民眾日常生活相關的基礎性的服務，如戶政、兵役、健康保險、社區環境改造甚至民、刑事糾紛事件的調解都是區公所的職能。進入區公所就像進入銀行大廳，有義工端茶送水，有服務人員幫忙拿號、主動提供諮詢，還開放了夜間受理櫃檯。

從經濟生活角度而言，則是隨處可見的便利店。因爲擁有最多、距離民衆最近的觸角，連鎖超商還承擔著商品買賣之外的衆多職能：最初是代收停車費，隨後代收罰單稅單；最初提供便當、咖啡，隨後提供ATM存取款、飛機票、各類表演票代售，以至於有了一種說法，「就因爲臺灣的超商太便利，年輕人都不願意結婚了」。

（文／文莉莎　圖／張海兒）

蔡康永

臺北是可以隨心所欲行走的城市

如今的臺灣讓人感覺是一個講究生活美學的地方，因爲越來越多的臺灣人體認到「錢不是一切」。幸福，可以有不同的來源。

我曾經在和房地產教父馮侖先生做節目的時候談到，他在臺灣去過的地方都比我多，我其實就是一個臺北人。有的時候我去南部和東部的時候，我感覺比去紐約和東京還要陌生。比如說我去高雄，菜市場裏的老闆都會大叫：「蔡康永，我喜歡你。」我更喜歡臺北的冷漠，走過去沒有人理我。

臺北有一部分都市氣質來自文化上的混血。比如說所謂外省人，在臺灣人數比例大概不到三成，這些人曾經在不同位置散發影響力。外省人的具體影響，最好又細微地區分開不同的階層來看，畢竟由軍隊後代形成的眷村族群，和外省人的富二代，生活情調可能很不同。

如果要我爲大家推薦瞭解臺北的書，我會推薦小說家白先勇的經典短篇集《臺北人》，這本小說集講的是一九四九年以後，從大陸移居臺北，困在舊日繁華中，漸漸衰敗的一群人。我是在那樣的家庭裏長大的，對臺北市來說，我大概可以算一枚這類的活標本，有城市生態演變紀錄上的意義吧。

臺北作爲一個大都會，和香港、上海、北京或者和紐約、東京相比，最大的不同是臺北比較舒緩放鬆，這其中的緣由也許是人們彼此找到了舒服的距離感。至於市民的教養，可能和大多數都市的市民一樣，來自一份認知：你少給別人添麻煩，別人也就少給你添麻煩。

其實，臺灣也曾經有過高度緊繃追求成功的年代，而現在已經不是這樣。當年政府解除軍事戒嚴，使得各方面想像力得以發展，另外，媒體的多元化，使大家練習出不同的角度來看待世界，也學著容忍不同的立場彼此和諧相處。因此，臺灣有著水到渠成的放鬆狀態，大家可以各行其是。如今的臺灣讓人感覺是一個講究生活美學的地方，因爲越來越多的臺灣人體認到「錢不是一切」。幸福，可以有不同的來源。

我感覺現在的臺灣很像一個偏江南的地方，很安逸，大家都很放鬆，過去所累積的財富，足以讓一兩代人生活。它已經失去了奮鬥的動力。比如說朋友打算送自己的小孩去歐洲學服裝設計，他的小孩卻說只想去遊學兩個月，而不是兩年，因爲學義大利文、法文太辛苦。拜託，我們年輕時對這樣的機會是多麼求之不得，就算去端盤子都趕快搭了飛機殺出去。早年我期待去美國讀書，而回頭看臺灣，最大的感受是臺灣對很多事可以容忍，所以在發揮想像力上面空間比較多。而且成長的空間也大，不像紐約或好萊塢已經發展得那麼完備。

我喜歡臺北是一個我可以隨心所欲行走的城市。走路走得到，是臺北市的一個特色。靠兩條腿行動的人，在這都市裏不會感到太渺小。臺北的每個地方都各有「最臺北」的特色，有現代的，也有舊時代的。比如說臺北的西門町，是青少年的街頭文化聚集的地方。對我來講那個是電影人工作的區域，所有的電影公司幾乎都開在西門町，那裏有很多偏街頭風的個性店鋪逛；北投的溫泉旅館區也是我很喜歡去的地方，有些很老的帶有庭院的、可用餐的老式溫泉旅館；萬華夜市很好，是因爲它帶有舊時代的氣氛；雙連捷運站一帶，很多咖啡店，也是我常出沒的地方；信義計畫區的誠品，整棟可以吃、買、逛、看時尚的人；還有很多夜店也是各有趣味……

我的主要活動在臺北東區，這裏比較有生活情趣，是時髦的人聚集的地方，有很多漂亮的人。我熱愛的是忠孝東路、敦化南路一帶的巷子，那裏有一些二手傢俱店、潮店、公仔店可以逛。沒有特定熱愛的，反正多走走逛逛，都能發現好東西。臺北不算漂亮，但人很有趣，因此我推薦大家來這裏玩，可以選些和人比較多交集的玩法。在網路上先找朋友，朋友帶著玩臺北，比較好玩。

（文／朱慧憬　圖／馬嶺）

王偉忠　每個時代都有每個時代的青春期

「我的班子一直在磨礪，都二十五年了，越發老到了。我現在主要是盯每期主題。我定下的規則是，「不打落水狗」，「不介入已上司法程序上的事」，此外「族群和宗教」不碰。」

他是「陸二代」，他對大陸歷史變故的瞭解比我們還詳細。他所經營的經紀公司「金星娛樂」，旗下有多位臺灣藝人——曾經打造徐熙媛（大S）、徐熙娣（小S）、郭子乾等，被業界稱爲「偉忠幫」。

王偉忠團隊創造的「全民系列」電視節目具有「顛覆意義」，改變了業界生態，甚至改變了臺灣政治生態。蔡康永評道：在當年依然封閉的臺灣，王偉忠先生就以他的創造力與幽默感，在電視上做到一次又一次的突破，我們到今天依然深受其惠。

王偉忠答問錄

問：上次吃飯，我感覺您對大陸的理解，比大陸人還深，您對大陸的知識是從何而來的？

答：我們是黨國教育嘛。一直告訴我們「要打回去」，所以瞭解大陸反而比臺灣歷史還多。

我對大陸的瞭解從高中開始積累，那是你們的「文革」時期，對一些重大事件比如「林彪墜機」特感興趣，一直在追。上學時調皮搗蛋，經常被罰到校長室，他不在時我就偷看書架上的禁書。這樣慢慢地，拼圖似的拼出了近代中國史。

問：上次問白先勇先生，爲什麼臺灣不拍《臺兒莊》，他也說是國民黨的派系太厲害。您這種大陸情結在下一代會延續下去嗎？如果兩岸新世代沒有了共同記憶，溝通不成了問題嗎？

答：不一定啊。你們不是說「民國典範」嗎，中西合璧，現代年輕人也會感興趣的。傳承只有靠文化來傳遞，靠像《寶島一村》這樣的作品。我一直認爲，「文化不把娛樂當立身工具，沒有出路」。

問：文化是本，娛樂是表？

答：也可以這麼理解。但文化有多種多樣，有大衆的，有小衆的。要區別對待。

問：我從《全民大悶鍋》追到《全民最大黨》，發現節目是有格局、有觀點的——有時候觀點還特別犀利。這種嬉笑怒罵的秘笈是什麼？你們有沒有惹過官司？

答：不懂的看熱鬧，懂的看門道。各取所需。我的班子一直在磨礪，都二十五年了，越發老到了。我現在主要是盯每期主題。我定下的規則是，「不打落水狗」，「不介入已上司法程序上的事」，此外「族群和宗教」不碰。當然，「吃燒餅難免掉芝麻」，還是道過歉的。

問：您對臺灣八卦媒體的生態怎麼看？有一派看法，認爲臺灣今天的媒體太過了，還是要堅持一點菁英論的立場。

答：這個過程是要「捱」的。臺灣媒體開放也就二十多年，傳媒易走極端，非藍即綠，報導方式是「一切以娛樂爲導向」。有時候開發佈會，正事兒不報，花絮倒報了不少。這叫「賣藤不賣瓜」嘛。但物極必會返。到一定時候就會反彈。但這要靠民間的自省，如果由官方去引導一定不會成功。現在網路成了新聞的上游，記者都到網上去扒新聞。這很成問題——但，生命一定能找到出路。

問：瞭解韓寒嗎？對大陸新生代與老一輩的爭論怎麼看？

答：每個時代都有每個時代的青春期。厲害的知識份子懂得順勢而爲。逆勢的知識份子喜歡當悲劇英雄，很蒼涼也很漂亮。但終歸是個悲劇。當然，順勢的知識份子選擇擁抱群衆，也不能太過。對下一代我是這麼看的，像小孩子，你不能擰他，一擰他就跑了。

問：北京話叫跟你「反兒了」，或他說不過你就「顛兒了」。
答：也可能你反被他打「蔫兒了」。所以啊，跟年輕人只能跟他拼體力，有時拼耐力。
問：最後一個問題，您對大陸娛樂節目有什麼點評？
答：他們進步挺快。我給個忠告：那些當「大家長」的，要給年輕人創造空間，不要「打指標」，拼收視率，這樣才會有好節目出來。

（文／肖鋒　圖／IC）

九把刀　暢銷十年剛剛好

「臺灣有個奇怪的氛圍，純文學作家天生具有優勢。反之，大眾小說家處境就很淒涼。」

我有一部短篇小說《吳老師的數學課》，變成大學國文課文；《慢慢來，比較快》這本書中的很多短文都成為國文科的閱讀測

驗；《那些年，我們一起追的女孩》的歌詞偶爾也會出現在考卷裏。國中生、高中生在作文裏反覆引用我比較熱血的句子：「人生就是不停的戰鬥」、「不是經歷，是一定要做到」、「我買過最貴的東西是夢想」……其實我不只會講熱血的臺詞，我對我的夢想很認眞地去努力，我希望這個過程刻在每個讀者的眼睛裏。

在臺灣，愛情小說永遠都是最受歡迎的類型。如果去寫一個奇幻故事或恐怖小說，銷量先從愛情小說的十分之一開始算。

大概十年前，因爲要寫論文，我抱著研究的精神看了大量臺灣網路小說的愛情故事，做文本分析。但我常常覺得他們寫的東西沒法理解，用的對白都超噁心，有人會這樣文縐縐地講話嗎？我看了很多劣作，然後開始看蔡智恒的《槲寄生》，那本小說影響我滿大的，難得有那種可以把本人折射進去的角色，體現他現實人生裏的那種感覺。

《那些年，我們一起追的女孩》變得很受歡迎之後，任何一個腦筋清楚的作家，都會在這時推出愛情小說。然後我就會很容易成爲愛情小說的盟主之類的，但我是不玩這套遊戲的。在我還沒有心情去寫新的愛情小說之前，我還是驚悚的寫一點，恐怖的寫一點，搞笑、搞怪的寫一點。

《那些年，我們一起追的女孩》的類型在臺灣電影中很特別，它一點都不會被歸類爲小清新，因爲有大量的色情、性探險、搞怪、無厘頭的部分。就像是周星馳去拍一部愛情電影的感覺，跟小清新眞的是差距太大。

我們每個人青春的成長經驗眞的很不一樣。我發現很多青春電影都在講少年很多煩惱，跟爸媽的衝突，性別的焦慮，懷疑自己是Gay，或對世界有很多不滿，想參加學運。臺灣其他很多導演都很聰明，他們的成長過程都很崎嶇坎坷。但我的青春期沒有很多憂鬱，是直線式思考，所以拍出來的作品會很不一樣。

我青春期是一個頂尖智障，我不寫國仇家恨，不寫性別焦慮，我唯一要寫的考卷是我要追到沈佳儀這一張。只要追到這個女生，我的人生就會因此得一百分。

臺灣有個奇怪的氛圍，純文學作家天生具有優勢。如果小說賣得不好，他們一定可以講是市場不瞭解我，或者說有藝術價値的東西本來就不被理解。但是反之，大衆小說家處境就很淒涼。

我們大衆小說家註定沒辦法拿到文學的光環，比如承認你是文豪之類的。金庸寫了多少年，才有他的讀者在多年之後，幫他沉冤昭雪，封他爲大師。我之前也有緊張的感覺，在小說賣得很爛時，難免會有一種哪邊都不是，很模糊的自我認定感。這時，大家仰賴的唯一最重要的東西是：你到底有多喜歡寫作？

我開始寫《都市恐怖病系列》時，很多人都覺得很奇怪。因爲這個題材一點都不大衆。後來我開始寫《殺手》，很多人都覺得這個題材不會成功。但現在臺灣是超多人都在寫殺手的故事。我的《殺手》已經出了五本了，我現在當然也很想繼續這個故事，但我也不想被別人說我想寫很市場的東西，儘管那都是我弄出來的。

如果我現在要拍第二部電影，一定會有很多讀者又要衝出來說：不要迷失自己，你要回到寫作上去。寫小說是我每天都一定要做的事，我希望這件事是長長久久的。我不可能永遠都是最暢銷，我已經暢銷七年了，我希望再繼續三年，湊到十年整數正好。

（文／章潤娟　圖／王愷）

宮鈴　臺灣女人愛「政治」

「臺灣越來越多的美麗女人經歷過花瓶年代後，現在的共識是希望來證明自己的內在價值。如此的共識也是臺灣女性在時政界不斷發出自己獨特聲音的基礎吧。」

如今我在北京，很多人知道我寫作都會問：你寫遊記還是寫情感小說？當我說我寫作的主題是「兩岸關係」時，他們都會露出驚訝的表情。和一些大陸朋友熟悉了，他們也會問我：女人這麼愛政治，要幹嘛？可見在大陸，男人不習慣女人在時政界

「叱吒風雲」。

再舉一個例子，在韓寒和方舟子的論戰中，我只是挺了韓的一個觀點，很多網友認為我挺韓，就評論說：「果然就是個女人。」這種評論在臺灣很少見，因爲臺灣人會認爲這是不該有的性別歧視。臺灣人在男女平等這點上，給予女性更多的尊重和包容，我想是臺灣女性在時政界蓬勃成長的重要原因吧。

我相信家庭的支持是一個女人能否從政的關鍵。女人從政，代表她背後的家人是認可的，代表背後整個社會觀念是認可的。

我們這代人讀初中的時候，臺灣政治慢慢開放，李慶安、趙少康等新國民黨人脫穎而出，他們問政非常專業、清晰、親民，讓人覺得欣賞。二〇〇四年，我來大陸前對自己設定的職業方向也是記者、名嘴、政治人物。因爲我看到一群女性在臺灣時政界表現出色，她們爲我們樹立了良好的榜樣。

如今在政治舞臺，洪秀柱、龍應台、劉憶如等等風光的女性政治人物不勝枚舉；而放眼望去，在媒體界，年紀大的一波領導人是男人，而三十歲到四十歲左右的領導人，清一色是女人……二〇〇九年，我帶鳳凰網CEO去雅虎奇摩網站，當他發現「奇摩」三個最有權力的領導人，都是看起來很清秀像學生妹模樣的女人，他很詫異，我很興奮。因爲時代變了，我看到了臺灣女性在追求自我價值實現道路上的成長和進步。

這些年大陸的經濟面貌發生了巨變，而觀念改變是有限的。我一個朋友和我感慨說她和她在大陸的年輕下屬聊天，她說感覺像和年輕的「父母」聊天。比如說臺灣的女人覺得男人有房很好，沒房就沒房啦，而在大陸，女人會覺得沒房是個很重要的事情。我記得以前我手下一個小朋友每天會說我要早點走，我要去相親。我說你爲什麼著急相親。她說過了三十歲嫁不出去很丟臉。天哪，我簡直覺得回到了古代，因爲在臺灣現代女性會覺得三十歲之前嫁人很丟臉的啊。

我記憶中，臺灣女性的成長和經濟的改變有關。

一九九五年，隨著消費性金融業在臺灣開始蓬勃發展，台新銀行出了第一張女性專用信用卡。那張信用卡用了漂亮的橙色，上面畫了朵玫瑰，廣告詞是「認眞的女人最美麗，你値得擁有」，我覺得這張卡就是爲我這樣的女性而設計的，第二天就去辦了卡。

在這個大時代裏，你起初以爲只有你自己經歷著那些心路歷程的變化，一回頭看你發現你有無數的共鳴者。台新銀行的玫瑰卡在最初發卡的一年半內突破了十萬張的發卡量，台新銀行由此成爲臺灣第三大銀行。

在這張女性信用卡風靡臺灣的背後，有一系列連鎖現象——這些年在臺灣，女人越來越晚結婚，女人不結婚不是因爲找不到老公，而是不願意因爲婚姻而束縛自己的自由。各種消費調查也顯示，女人的消費能力在逐步提高，她們很願意爲自己花錢，願意花錢打扮自己。當女性開始想花錢讓自己過得更好時，自然開始想替自己做主。她們不是僅僅在生活環境中，而是在各方面都想發表意見。比如說女生要存錢買房子，但是房價由男生做決定，不行，我要參與去決定一下。由此女人參政議政的意識增強了。

這些年在藍綠陣營對抗的激烈爭執的過程中，女性的潤滑劑作用是不容低估的。洪秀柱，人稱小辣椒，她確實非常強悍。她有時兇悍著，也像鄰居大姊姊一樣，忽然會說句，「幹嘛這麼兇，大家客氣點，客氣點」，瞬間就化解了氣氛。因此可以說，這代女性政治人物非常優秀，她們不僅專業、理智，在這個特定的時期，她們以自己的女性優勢在臺灣的政治發展中起了眞正的作用，因此改變了大家對性別的看法。

我也會開玩笑說臺灣是一個泛政治化的地方。試問，香港哪裏有這麼多區議員代表的名額？香港是純商業社會，所以出了很多商界的女強人。在臺灣，如果我想從政，我可以選里長、議員、「立委」；或者上班時，我可以選工會代表，工會代表當久了我也可以從政。在臺灣，一個人的從政道路是很通暢的，有很多空間可以施展。

臺灣是一個雜音不多的地方。臺灣有大量的中產人士、民間組織，大家在很多問題上彼此都有溝通，容易一下子達成共識。有個階段臺灣有個女人叫許純美，各方媒體都譏笑這個女人，忽然間大家覺得爲什麼要取笑她，她不正常她很可憐，然後一夜之間取笑聲就沒有了；比如之前很多女明星愛打扮，忽然從小S她們開始，一票女明星都開始看書了……其實一切共識基於大家有共同的主流價值觀、共同的遊戲規則。整個社會對是非、善惡、黑白的底線有明顯的標準，這是人與人之間信任的唯一根基。

臺灣越來越多的美麗女人經歷過花瓶年代後，現在的共識是希望來證明自己的內在價值。

值得一提的人物是吳淡如。她告訴你說你不愛自己，男人怎麼愛你。你要先愛自己，把自己搞得很好。而當時「最美麗的董事長」陳敏熏告訴我們——我仍然要像一個女人那樣美麗地工作，你眞的做得像一個女人那樣地成功，這才叫女權主義。你何必把自己打扮得和男人一樣，那不還是照男人的遊戲規則來做事？對於眞正的女性柔美的力量和女性的自我價值的認知，目前的臺灣女性也是有共識的。如此的共識也是臺灣女性在時政界不斷發出自己獨特聲音的基礎吧。

（文／朱慧憬　圖／郭楊）

初安民　臺灣作家和大陸作家最大的區別

在初安民眼中，大陸作家和臺灣作家最大的區別，就是大陸作家過得實在太舒服了，而臺灣的作家過得太辛苦了。

初安民是臺灣《印刻》文學雜誌的總編輯，也幾乎是溝通臺灣

和大陸文學最重要的中間人。在上世紀七〇年代臺灣民主化進程中，初安民並不是一個熱血的參與者，他的使命和文學有關。他在《聯合文學》從事編輯工作長達十五年之後，二〇〇二年創辦了《印刻》雜誌。

《聯合文學》的輝煌不需再多做贅述，董啓章、廖偉棠等作家都曾獲得過「聯合小說新人獎」。然而到了二〇〇二年，文學的式微和空間受擠壓幾乎是無法挽回的事實，初安民卻創辦了《印刻》雜誌，他在創刊號中寫道：「大哉問！我們所能做的，也只有費心做好分內之事，只盼文學的美好，能吸引那不死的嗜美靈魂，共襄盛舉。」

我第一次見到初安民，是二〇一一年冬天，作家木心在烏鎮過世，享年八十四歲，消息最先在網上發佈，文學青年和中年們從各地連夜趕往這個南方小鎮，去祭奠這個神秘又神奇的藝術大師。

臺灣《印刻》文學雜誌的總編輯初安民，從臺灣連夜匆匆趕來送別，面色疲憊。他們曾經在一年前的冬天，在烏鎮有過兩個小時的會面，當時還策畫著春暖花開的時候，讓木心回臺灣看看，同時把他的十三本書出版，再辦個畫展，這約會如今無法兌現了。

初安民在接受記者採訪的時候，說木心是嚴重被冷落的作家。臺灣九〇年代時，木心的橫空出世曾經引來一陣「木心來了！木心是誰？」的轟動和猜測，而臺灣這一代作家也有一批受他影響很深，然而在大陸，卻只是近幾年，因爲陳丹青幾乎神化的推崇和溢美，讓木心有了一定的知名度，而且擁躉大多數還是尚未進入社會的文藝青年，用官方的話來講，他並沒有「得到主流文化圈的認可」。

初安民最喜愛的大陸作家是阿城，阿城曾經說看過朱天文一九七九年的《淡江記》一直到後來的《世紀末的華麗》大驚，覺得自己一九七九年在雲南讀的都是些什麼鬼東西。

阿城十年前看臺灣文學的「大驚失色」，如今成了整個大陸的「大驚失色」。大陸也是這幾年才興起臺灣熱，從朱天文、朱天心，到蔣勳、張大春，再到現在的駱以軍，大陸人對臺灣作家忽然煥發了巨大的熱情和追捧，覺得看到了失落的民族寫作。這種追捧，也折射出某種自卑。

反觀臺灣對大陸文學，卻始終是不冷不熱的。初安民說，除了《盜墓筆記》、《鬼吹燈》這樣的流行讀物，臺灣對大陸文學的瞭解和引進，還僅限於上世紀八九十年代的余華、蘇童、莫言等等。臺灣年輕人對大陸文學現狀的冷漠，一半也是刻意的，是出於意識形態的抵制。

在初安民眼中，大陸作家和臺灣作家最大的區別，就是大陸作家過得實在太舒服了——「他們太有錢了。」

初安民說，自己去大陸，最不習慣的，就是這些作家、藝術家、文化商人的闊綽與奢靡，他們請客，總是在非常豪華的大宴會廳，抑或是能夠俯瞰整個長安街街景的高級餐廳。此時的宴請，已經不再是一種財富的象徵，更是一種權力的象徵——一種整個城府都匍匐在腳下的力量感。

而大陸人在飯館裏對服務員吆五喝六，更是初安民在兩岸來來回回這麼多年，仍然無法適應的。

有一次，初安民去北京，拒絕了北京朋友們大宴賓客的邀約，帶他們去了一家小館子，所有朋友都大呼好吃，驚歎自己從來沒有發現過這麼好吃的餐館。初安民不禁覺得有些好笑：這些北京的主人，反而成爲了北京的陌生人。

臺北的「一代佳人」，是初安民和臺北的文化圈朋友們很喜歡去的一家飯館。它聽起來很像一家夜總會，以至於第一次收到邀約的大陸客人都心神蕩漾，其實那是一家大排檔，二樓露天，塑膠桌椅，菜好吃，酒好喝，下酒的是臺北夏日濕潤的晚風。

相比於大陸作家久窮乍富的奢侈，臺灣的作家過得太辛苦了。初安民說，編雜誌這幾年見到的讓人驚豔的文章越來越少了，很大一部分原因，就是作家「受到的誘惑太多」，所謂誘惑，也不過是五斗米而已。初安民提起一個頗有名氣的臺灣年輕作家，現在在民進黨內做事，政治家和文學家的雙重身份非常尷尬，令他在兩邊都難以獲得信任。可這也是沒辦法的事，僅僅當作家是沒有辦法養活自己的。

總體來說，初安民對臺灣文學是悲觀的。因爲臺灣太小了，大時代也慢慢過去，黃春明式的鄉土寫作漸漸失去了土壤，而「城市寫作」的範疇永遠在咖啡廳中，越寫越局促，越寫越瑣碎。

「文學是殘酷的。」初安民不斷重複著這句話。文學是殘酷的，它不是種瓜得瓜種豆得豆的獎賞，再勤奮的人，花盡所有的時間和精力去寫作，若沒有才華，在文學史上留給他的，也只是「生不詳，卒不詳」的空缺。文學是殘酷的，因爲短時間內不是絕對意義上的公平，更像是一場賽馬，可能並不是跑得有多快，可偏偏在一輪當中跑贏了其他選手，那它就是贏家——初安民說的，當然是指大陸或港臺作家都暗暗覬覦的諾貝爾獎。

初安民說自己現在面臨最大的問題，就是疲憊。每個月編排一本主題和內容都上乘的文學雜誌是很累的事情，初安民說，自己現在的厭惡和厭倦還在不斷升級。

文學說到底，也不過是一份職業。夢想說到底，其實也是生活。而理想主義，你又如何知道它不會有朝一日變成西西弗斯永推不絕的石頭？

卡繆是初安民最喜歡的作家。「生命本來就是荒謬的。」初安民說。我想到他從前寫過的詩《漂泊》：「有一些怵目驚心的感情／常常迫不及待的哭了／棧堆起來的漂泊／仿若一叢一叢凌亂的刪節號」。這首當時給我很大震撼的詩，如今看起來也是輕飄的——比起如今在我面前，嘲笑生命荒謬無聊得難以忍耐的初安民。

（文／蔣方舟　圖／由被訪者提供）

張鐵志

臺灣音樂的小清新與小憤怒

「小清新和各種憤怒雖然看似差異甚大的兩種態度，其實都是對過去發展至上與成功至上的主流價值的反思，只是一種是追求個人化的小幸福，另一種是反抗仍然不正義的體制。」

音樂是時代的聲音，尤其是可以反映年輕人的文化。那麼當下，臺灣的青年文化是什麼特質呢？又如何反映在音樂上？

回望歷史，在上世紀七〇年代初期，民間社會從戰後長久的政治禁錮之中日益騷動：黨外政治運動出現，新的文化與思想運動開始綻放光芒，一個新世代開始直面社會現實，並且凝視本土。於是，年輕人在白色恐怖下被噤聲了二十多年後，終於可以發出自己的聲音，「唱自己的歌」。這是所謂的民歌時代。只是那仍是冰冷的威權時期，所以民歌只能是「校園民歌」，只能是關於年輕人的夢想與憂愁，而不能如美國民歌傳統般關注社會（雖然當時民歌青年們深受美國社會性民歌的影響）。

八〇年代前期，各種社會力在各個角落劇烈爆發，我們聽見了羅大佑在「之乎者也」要大家睜開眼睛看看世界，感歎「亞細亞孤兒」的命運，或者反思剛進入現代性社會的臺灣：「我的家鄉沒有霓虹燈」、「我們不要做一個電腦兒童」。但羅大佑終究只是特例，在民主化到臨之前，大部分主流音樂仍然無關於現實。

一九八七年，臺灣解除將近四十年的戒嚴體制，跨越民主化的門檻，終於在音樂中出現時代的噪音。

一九八九年，滾石唱片發表黑名單工作室的專輯《抓狂歌》，成為後解嚴時期那個躁動時代的原聲帶。在《民主阿草》中，他們大聲唱著：「我要抗議，我要抗議。」兩年後，深受「抓狂歌」影響的學生歌手朱約信出版了一張抗議民謠專輯，清楚標舉「一個青年抗議歌手的誕生」。黑名單工作室與朱約信都屬於一個新的音樂運動——「新臺語歌」，這個運動的其他音樂人還包括陳明章、林暐哲、伍佰、林強等。他們用非主流的音樂元素，社會寫實主義的歌詞，並且用臺語演唱——在那個政治禁忌剛解放的年代，使用過去被體制壓抑的臺語，就是挑戰主流文化霸權。在九〇年代，當本土化成為主要的時代精神，新臺語歌也成為時代變遷的號角。

解嚴也打開更多年輕人的想像與實踐空間，八〇年代末、九〇年代初，更多年輕人開始以叛逆姿態搞起地下音樂、唱起他們的憤怒——他們成為當前活躍的獨立音樂的先驅。更激進的是真正參與過「學運」的世代開始組起抗議樂隊，如濁水溪公社、黑手那卡西，或者接受那個「社運」氛圍洗禮的交工樂隊（前身是觀子音樂坑）——這三支樂隊的音樂人至今都是最有代表性的抗議音樂人。

進入新的世紀，風景又完全不同。

許多大陸人說，臺灣有「太平洋的風」的吹拂，臺灣人溫文有禮，生活美好。許多文藝青年喜歡臺灣的小清新音樂，從陳綺貞、張懸到更年輕的獨立音樂。

在那個劇烈變遷的「大時代」之後，我們確實進入了一個小清新、小幸福的「小時代」。一本新熱賣的雜誌叫做《小日子》，第一期專題是早餐。此前也有許多文藝青年刊物是這種大量留白的編排，少少的字，大大的照片，非常清新。

許多年輕人在城市開起了咖啡館，中年人在海邊與山上開起了民宿。一位臺灣知名企業家說，臺灣年輕人只想開咖啡店，不想好好努力往上爬，是沒出息，而這正說明了有越來越多人拒絕傳統「成功學式」的主流價值，他們只想過好自己的「小日子」。

「生活方式」（life style）成爲這個時代書籍與企業行銷的關鍵字，而「生活美學」成爲新的時尚態度。尤其過去數十年來，臺灣惡質城市規畫所造就出來的醜陋，如今越來越多書店長得像誠品，越來越多建築模仿安藤忠雄（而這位日本建築師成爲文藝青年的超級偶像）。

一個很火的音樂節叫做「簡單生活節」——這不只是個音樂節，也有許多創意市集、手作產品，他們的口號與活動內容確實掌握了年輕人的新價值與對生活的新想像。

在戰後數十年奮力地追求經濟成長，創造出世界知名的經濟奇蹟後，臺灣人在七八十年代開始矯正過去的發展至上主義，不論是環境的破壞或是人權的迫害，開始追求個人的自由與體制的民主。進入新世紀，當民主工程逐漸完成後，新一代的年輕人可以不用再對抗顯而易見的不正義體制，可以好好去過自己的小幸福日子。

反映在音樂上，這十年是臺灣獨立音樂爆發的年代，更多年輕人開始「唱自己的歌」，尤其許多人選擇民謠或者「都市民謠」(urban folk)，唱著沒有什麼太大憂慮的青春，可人的小情歌，或者旅行的意義。最有趣的是，校園民歌開始流行時是社會轉型爆發前的七〇年代中期，而後經過八九十年代臺灣劇烈社會的變遷，開始歸於平靜，又出現都市民謠這種校園民歌的變種。

然而，此刻的臺灣眞是如此幸福清新嗎？抗爭的時代已經過去了嗎？

事實是，過去數年，臺灣街頭又開始熱鬧起來，尤其是年輕人的公共參與又開始熱烈起來。從早先的保衛樂生療養院運動，到過去四年的各種環境、土地、農村、拆遷等議題，青年成爲社會運動的重要先鋒，進行組織串連、政策研究、文化行動，或者靜坐遊行。

而且每一次的不義事件，都吸引更多年輕人關注與投入，例如前年的苗栗縣政府半夜強挖大埔農地，或者今年臺北市政府強拆有合法產權的士林王家，或者臺東縣政府力挺環境評估不合法的美麗灣大飯店。

當前年輕人蔓延的憤怒其實是一個全球現象。一方面是青年的失業率上升，與青年貧窮化

（臺灣文科學生畢業後的平均工資比十年前更低）的現象。另一方面是網路時代的出現，尤其是社交媒體如臉書、推特、微博，提供新世代更多的資訊來源；過去在主流媒體被壓抑的社會運動議題有了新的傳播管道，新出現的許多獨立媒體報導也被更廣泛地分享。社交媒體的特性是資訊可以在使用者之間彼此分享的，所以知名導演戴立忍可能在臉書上看到其他人轉貼的不正義事件而受到影響，而他的分享又會讓更多他的粉絲開始關注這些議題。

這也影響了新的一批年輕的獨立音樂人，使得相比於之前的世代，現在有更多人寫下抗議歌曲、參與社會抗爭。例如嘻哈樂隊拷秋勤擅長結合街頭潮流文化，也在二〇一二年被Google選爲廣告主角，但他們的歌曲內容幾乎都是關於環境或人權的抗議（他們最著名的歌曲叫做「官逼民反」），並經常在社運現場演唱。

成立於二〇〇八年的農村武裝青年，第一張專輯就叫做《幹！政府》，每首歌曲都是關於臺灣當下的社會矛盾，不論是原住民生存權、東海岸的環境、農村問題、樂生療養院，他們更是馬不停蹄地被邀請演唱、講座。

外形帥氣的九二九樂隊主唱吳志寧，他所屬的公司「風和日麗」是臺灣最具小清新氣質的獨立廠牌，他的歌曲也主要是關於年輕人的生活，但是他寫下一首知名的反對核電廠之歌《貢寮你好嗎？》、一首關於土地之愛的動人歌曲《全心全意愛你》（歌詞來自他父親知名詩人吳晟的詩），並經常現身於街頭抗爭場合。

在主流音樂人中最積極參與的創作兼偶像歌手張懸，也不斷爲社會議題發聲，從三年前的三鶯部落生存權，到大陸烏坎抗爭，以及這個五月的中科搶水事件。

而少數九〇年代中期成軍，至今依然活躍的大哥級樂隊如「濁水溪公社」、「董事長」、「閃靈」等，幾乎都是非常關注政治，這也影響了新生代樂隊的態度。

二〇一一年夏天，一場針對反對臺東美麗灣飯店的連署行動，竟然讓上百個最知名的音樂人如李宗盛、陳綺貞、五月天等連署支持。

上述的小清新和各種憤怒雖然看似差異甚大的兩種態度，其實都是對過去發展至上與成功至上的主流價值的反思，只是一種是追求個人化的小幸福，另一種是反抗仍然不正義的體制。而這兩者其實也有接合之處：例如近來頗受重視的農業議題，美好生活追求者是去採買小農或是有機食物，但好食物也涉及重建農村價值或保障農民權益的社會運動（去年成立的網站「上下游新聞市集」就是結合兩者）；或者要在海邊開起簡單的民宿，就必須反對大財團對海岸的過度開發與環境破壞。

畢竟，個人的小幸福不可能離開更大的體制改造與社會正義而存在的。

（文／張鐵志）

中年格瓦拉

臺灣素質是如何煉成的？

「公德」概念聽來簡單，卻花了幾十年的努力才深入人心。

大陸與臺灣在一九八七年開放兩岸交流後，關係日漸緊密，一開始是很單純的大陸籍老兵返鄉探親，接著是經貿往來，慢慢演變成兩岸演藝界、文藝界、知識界在文化上的交流。最近韓寒、蔣方舟都去了臺灣，巧的是韓寒丟了手機，蔣方舟丟了錢包，更巧的是都找回來了。韓寒寫了「太平洋的風」；蔣方舟寫了「想像的祖國」；再加上另一篇去臺灣環島遊十五天的蔡娜寫的文章。他們對臺灣的評價高到讓臺灣人自己都覺得不好意思，開始反省臺灣是不是眞的那麼好。是臺灣人身在福中不知福？還是他們因爲對現況的不滿加上距離產生的美感因此過分美化臺灣？畢竟大部分臺灣人還是不滿意臺灣現況，覺得臺灣還有很多缺點要改進，例如詐騙集團猖獗，國民黨跟民進黨的政客只顧自己的政治利益，反而忘記他們的責任是要讓臺灣變得更好，等等。

這三篇文章都寫得很好。用第三者的角度觀察臺灣，反而比在臺灣土生土長的人更清楚地看到臺灣的優點。如果他們能在臺灣多待幾個月，進一步瞭解今天的臺灣文化是如何形成的歷史脈絡，想必會有更精彩的見解。

有些人說是民主制度使臺灣人素質高，有些人說是因為中華傳統文化使臺灣人素質高。我試圖以我個人的角度分析臺灣人素質高的原因。多聽不同角度的聲音是好事，不同角度的思考彼此碰撞後或許能激盪出一些更完整的的思考。

為分析方便，我把所謂的素質簡單分成三種，民主素質、公民素質、道德素質。

民主素質是瞭解民主政治運作的理念及重要性，並願意為實現民主政治而付諸實際行動。公民素質是指有社會責任感；有爭取自己自由和權利的意識並尊重其他人的自由和權利，也願意為了爭取他人的權利和自由而付諸實際行動。道德素質就是道德水準。必須強調的是，民主素質跟公民素質可能會互相影響，但道德素質卻跟民主素質及公民素質無太大關係。舉例來說，民主素質高跟公民素質高的人願意為推進民主政治或是反對環境污染而示威抗議，但撿到錢後會私吞或是在開車的時候不顧其他人安全開遠光燈；道德素質高的人撿到錢後會還給失主，但可能在選舉時不會去投票也不關注環境污染議題。

臺灣人今天的民主素質是靠抗爭啓蒙的，從一八九五年臺灣被割讓給日本後開始，一八九五至一九一五年間一直有武裝抗爭活動但始終失敗。據日本史料記載，一八九五至一九一五年共有四十萬人被日方殺害，超過當時總人口百分之十。武裝抗爭大多是因為不想受日本統治的民族主義思想而發起的。一九一五年後臺灣人意識到武裝抗爭不可能成功，開始轉而組織政治社團、文化社團和社會社團，希望讓更多臺灣民衆參與社團並共同努力去改善臺灣人的生存環境。例如臺灣豪門出身的林獻堂與蔣渭水醫師在一九二一年成立「臺灣文化協會」，以辦報、公開演講、巡迴全臺舉行講座的溫和方式啓蒙民衆。共產黨員簡吉與作家楊逵在一九二六年成立臺灣農民組合因受社會主義影響，而採用農民抗爭路線。一九二八年，著名臺籍女性共產黨員謝雪紅也開始與臺灣文化協會及臺灣農民組合合作一起向日本政府抗爭要求實施民主政治。

一九三五年，因臺灣民意的壓力及日本政府改變殖民地政策，臺灣總督府公佈《臺灣地方自治制度改正》，將原本是裝飾性質的地方議會改爲有立法權的議會。議員由全部官選改爲半數民選。非民選的半數由總督派任。並於一九三五年舉辦了臺灣史上第一次市會及街莊協議會員選舉。這是臺灣民主抗爭史上的第一次勝利。

一九四七年，臺灣民衆因對國民黨來臺官員的腐敗不滿而示威抗議，蔣介石命二十一軍鎮壓臺灣民衆，史稱「二二八事件」。「二二八事件」的起因至今仍無定論，有人說是官逼民反，把原本單純的請願硬生生逼成暴亂。有人說是臺灣共產黨的策畫，有人說是大陸人與臺灣人因偏見導致的族群衝突。「二二八事件」死傷的人數因統計的方法不同，從不足一千人到十幾萬人都有，或許永遠也不會有確切的數字了。

絕大多數臺籍菁英因「二二八事件」遭殺害、逮捕、失蹤或逃亡。上文提到的林獻堂避居日本，簡吉被槍決，楊逵坐了十二年牢，謝雪紅逃回大陸。大部分臺灣人因恐懼從此不再參與政治。再加上蔣介石敗退來臺灣之後害怕共產黨也有人潛伏在撤退來台的大陸人中伺機接應，導致國民黨在一九四九年宣佈戒嚴，禁止臺灣人民組織政黨及辦報。並對思想左傾、不滿國民黨統治的臺灣人及可能跟共產黨有關係的大陸人展開殘酷的清洗，史稱「白色恐怖」時期。因此有學者認為「二二八事件」及白色恐怖時期是國共內戰的一部分，一直到一九八七年臺灣解嚴才算結束。

我們必須強調的是，「二二八事件」的受難者並不是只有臺灣人，有很多無辜的大陸人在「二二八事件」中被臺灣人殺死。有很多跟著國民黨來臺的大陸人在白色恐怖時期被國民黨殺害或坐牢。這是一場不分地域，不分省籍的悲劇。臺灣導演侯孝賢拍的電影《悲情城市》就是在描寫「二二八事件」對臺灣的影響。

但是臺灣人在白色恐怖時期也沒有完全放棄努力。從一九五一年國民黨開放一部分選舉後。以吳三連、郭雨新、李萬居、郭國基、李源棧、許世賢為首的極少數臺灣人仍然以無黨籍的身分參與選舉，希望可以從體制內改革。這一批民主先賢在大陸最有名的應是黃順興先生。他當選過臺東縣長及「立法委員」，因主張兩岸統一而在一九八五年回到大陸，之後被延攬為全國人大代表。一九八八年，黃順興在七屆全國人大上公開發表反對意見，這是全國人民代表大會歷史上第一張反對票。一九九二年，全國七屆人大會議上，他也反對三峽工程，後辭去全國人大代表職務，二〇〇二年病逝於北京。從他身上可看出臺灣老一輩民主先賢的風骨。

一九七九年，黨外人士在高雄示威遊行，反對國民黨獨裁，要求民主與自由。因民衆對政府的長期積怨及政府態度強硬而演變成暴動，最後政府派遣軍警全面鎮壓，史稱「美麗島事件」。這是臺灣自「二二八事件」後規模最大的一場官民衝突。事後政府以叛亂罪起訴黃信介、施明德、張俊宏、姚嘉文、林義雄、陳菊、呂秀蓮、林弘宣等八人。以謝長廷、蘇貞昌等人爲首的十五人組成律師團爲這八名領導人辯護。最後判決八人全部有罪，施明德被判無期徒刑，坐了二十五年牢之後才出獄，其餘七人被判十二至十四年有期徒刑，坐牢五至七年後因獲准假釋而提早出獄。

一九八〇年，林義雄因「美麗島事件」坐牢時，他的母親及一對七歲的雙胞胎幼女在家中被殺，長女林奐均重傷，後經急救脫險，只有妻子方素敏因探監而倖免於難，史稱林宅血案。林義雄事後並未因此而變得激進，仍然主張和平改革。這也是爲什麼絕大多數臺灣人都尊敬林義雄的原因，我們欠他的太多了。

「美麗島事件」是臺灣社會從封閉走向開放的一次歷史性事件，使得臺灣社會各領域都開始劇烈變動。一九八六年民進黨成立；一九八七年，正逢「二二八事件」四十周年，由鄭南榕等人發起的公義和平運動，要求平反「二二八事件」，就此打破臺灣社會不能公開談論「二二八」的歷史禁忌。一九八七年七月蔣經國先生宣佈解除長達三十七年的戒嚴及黨禁，一九八八年一月一日開放報禁。一九八八年一月十三日，蔣經國先生去世，由李登輝接任。

一九九五年李登輝正式代表國民黨向「二二八事件」受難者致歉並平反「二二八事件」。

然而政治上的改革永遠追不上民衆的要求。一九九〇年，臺灣大學生因不滿國民黨內鬥及「國大代表」自行擴權牟利的行爲而在中正紀念堂集會抗爭五天，學生人數最多時超過五千人，是臺灣有史以來最大規模的學生運動，並迅速得到社會認同，史稱「三月學運」。我當時是高一學生，學校默許老師以觀摩民主的名義帶隊去中正紀念堂參觀，我至今仍不能忘懷當時的感動，並因此決定以後也要參與學運。讓人欣慰的是「三月學運」最後和平結束，政府應學生及社會要求在一九九二年修改「憲法」。

臺灣民主素質的提升，是靠一代代先賢持續抗爭，付出了慘痛代價，不斷教育臺灣人，讓臺灣人瞭解民主政治的重要性並願意一起付出努力而來。並不是因當時的蔣經國高瞻遠矚而得來的。蔣經國先生偉大之處是在臺灣民衆抗爭時選擇順勢解嚴而不是鎮壓。如果蔣經國當時不解嚴，臺灣可能要浪費五至十年的時間才能轉型。這也是爲什麼臺灣人對蔣經國的評價比其他歷任高的原因之一。

臺灣公民素質的提升也是依靠各種抗爭及草根社運組織、宗教團體啓蒙而提升的。「美麗島事件」是反對國民黨獨裁統治、要民主自由的抗爭，重點是改變政治制度。但臺灣人很快就發現民主不是萬靈丹，民主後的臺灣依然有很多問題，甚至有些問題變得更嚴重。八〇年代初期，臺灣社會開始爆發各種社會運動。關注的議題也從環境污染、勞工權益迅速擴大到女性主義、反同性戀歧視等，越來越多元化。每一次社會運動都讓臺灣社會討論相關議題並重塑臺灣的基本價值觀。

一九八五年，左翼作家陳映眞創辦《人間雜誌》，它是臺灣社會運動史上最重要的雜誌，沒有之一。《人間雜誌》跳脫政治「統獨」爭議，直接凝視臺灣底層的弱勢人民。讓臺灣的環境污染、勞工權益、弱勢族群、社會底層的問題一一浮現。當時誰也沒想到這本只撐了四年，出了四十七本的月刊對臺灣社會影響如此深遠，包括我在內的許多人在閱讀《人間雜誌》後才發現臺灣社會在繁華的外表下有著嚴重的社會問題，並因此而開始參加社會運動。

一九八六年，彰化鹿港鎭(就是羅大佑唱過的鹿港小鎭)為了反對美商杜邦公司在鹿港設廠生產類似大連PX及廈門PX的危險化學品而號召了全臺灣的環保人士一起遊行抗議，讓杜邦公司在一九八七年宣佈停止這個計畫。

一九九六至一九九七年年初，臺灣接連出了三件刑事大案。桃園縣長劉邦友等人在縣長公館內被殺，八死一重傷；民進黨婦女發展部主任彭婉如在高雄因抵抗計程車司機搶劫被殺；著名藝人白冰冰的女兒白曉燕被歹徒綁架後殺害。臺灣民衆對治安敗壞及無法解決問題的政府不滿到了極點，在公益組織的號召下，超過十萬人參加遊行，要求政府負責並撤換失職官員。這一次遊行後，臺灣人更強烈地意識到個人無法獨立於社會之外，社會出現了問題會影響到每個人的生活。關心社會問題就是關心自己的生活。

臺灣的社會運動大多是由社運團體發起，每個社運團體關心的議題都不同，有的關注工人權益；有的專注性別議題；有的在乎環境保護。社運團體與一般的公益組織不同在於公益組織專注於慈善事業；社運團體則偏向和各種事件的受害者或弱勢群眾站在一起，爲受害者應得的權益而抗爭。社運團體希望透過維權抗爭而連結臺灣各地的受害者，由點而線到面。他們希望每一次抗爭後都能讓受害者不只關心自己的權益，也關心其他受害者的權益。他們相信每次社會運動都能讓臺灣離公民社會更近一些，最終讓臺灣社會變成關心公共議題、推動社會進步的公民社會。反核能發電就是最具代表性的例子。

一個叫綠色公民行動聯盟的社運團體自一九九二年(當時以環保聯盟臺北分會名義成立)以來，因核廢料安全問題及核電廠安全問題始終反對核能發電，至今已二十年了。他們協助核能電廠周邊地區的民衆建立自救會，每年發起遊行，更花了六年時間拍攝以反核爲主題的紀錄片《貢寮，你好嗎？》。導演崔愫欣花了兩年與臺灣各地民間組織合作放映紀錄片並舉辦座談，次數超過三百場以上，除此之外更自費買機票參加各國的環保影展。雖然反對核能發電的要求至今尚未成功，但以我一九九四年開始參與他們的活動六年的經驗來看，我相信他們會繼續堅持下去。

大陸人最感歎的是臺灣人的道德素質。客觀來說，每個地方都有好人壞人，臺灣的詐騙集團極其猖獗，每天都有人被騙，將畢生積蓄轉匯給詐騙集團；有高中學生爲了取樂而故意攻擊年老體弱的遊民；臺灣人自己的手機丟了也不一定找得回來。其實臺灣人個人的道德素養並不比大陸的個人道德素養高。「最美司機」吳斌，徒手接人的最美媽媽的事件也讓人感動。臺灣比大陸好的不是個人的「私德」而是「公德」。「公德」簡單說就是尊重自己及他人的權利。「公德」概念聽來簡單卻花了幾十年的努力才深入人心。幾十年前，臺灣人也習慣隨地吐痰、隨手丟煙蒂跟垃圾。但是透過社會不斷教育及制訂相關法律後才讓臺灣人現在比較不會這麼做了。

臺灣自解嚴後對宗教很寬容，佛教的公益團體如慈濟功德會及基督教長老教會的公益團體會員數越來越多。這些公益團體舉辦的慈善活動及賑災活動，也提升了臺灣人的私德、公德及公民素質。大部分臺灣人因宗教觀影響，對神明有敬畏之心，「人在做，天在看」、「舉頭三尺有神明」或是「上帝在看著你」的想法這種隱性的約束力對臺灣人的道德素質也有強大的影響。

今天臺灣人的素質不是憑空而來的，而是靠過去先賢不斷的努力累積而成。現在的大陸因互聯網影響讓資訊日漸透明，並且在短時間內傳播到各地。越來越多人願意支持慈善公益活動，開始關注強拆受害者的權益，開始討論計畫生育、政府預算公開、官員財產公開等議題，這些活動都象徵著大陸已開始往前進步，都在無形中提升大陸人的民主素質、公民素質及道德素質。

臺灣並不完美，到今天爲止還在跌跌撞撞地往前走，大陸情況特殊，現在遇到的問題比當年的臺灣更複雜。臺灣經驗完全複製來大陸實施也不一定有用。很多人都說大陸現在是摸著石頭過河，衷心希望臺灣的經驗是大陸過河中的一塊石頭，能讓大陸少繞點彎路。臺灣經驗也能讓大家心懷希望，同爲中華民族，只要我們持續努力，中國一定可以比現在更好。

（文／中年格瓦拉　圖／由作者提供）

臺灣沒有大陸人說的那麼好，也沒有臺灣人說的那麼壞

梁文道

梁文道

香港著名文化人、媒體人，從一九九八年開始活躍於文化界、知識界，游走於兩岸三地之間令他洞悉中國大陸、香港和臺灣的社會百態。

大陸對臺灣最大的誤解是：這個眞是傳統中國。實質上，臺灣已經不是傳統中國可以概括了，尤其是之前所說的價值觀的多元化、文化上的輕盈等，都是臺灣人數十年努力的結果。

在我十五歲之前，一直生活在臺北市郊，學校附近也是農田，那時候，對臺灣農村的印象也很好，民情很淳樸，保持著自己的做事規則和方法，每一個村子都有祭祀的廟宇，大家聚在那裏聊村裏的事。但那時候的臺灣農村還是有點髒。

以我的經驗來看，現在的臺灣農村比較像日本的農村，乾乾淨淨，道路很清潔，村民都變成小企業家，用企業精神來經營自己的田地，使用與高科技結合的精密耕作方式，市場經營也非常用心，這樣的結果是農產品比較貴，但品質提高到一定程度會讓人覺得本地貨就是好貨。

我看到現在臺北的一些超市就標明哪些是本地農產品，價格比美國進口貨貴。日本是這樣：國產貨一定是最好、最貴的，日本人愛用國貨，覺得日本出產的是最好的。現在臺灣也有這種趨勢了，臺灣人爲自己的農產品驕傲，反而美國來的牛肉可能更不放心，覺得會有瘋牛病或者有基因改造。

對比大陸的食品安全問題，這一點讓人感慨萬千。當然，你也可以說目前臺灣農村是社會發展到一定程度，社會相對比較富裕了，農村不用養活那麼多人口，開始向另外一個方面發展了。

臺灣農村的改變是經歷過很多階段的。其中很重要的變化是在國民黨遷臺之後。他們吸取了在大陸失敗的教訓，決心搞好農村。於是就有了平均地權，耕者有其田，把土地較為平均地釋放出去。由政府出面當仲介，開始組織起農會，主力是輔助農村和農民發展。這個機構一度影響力非常大，幾乎包辦了農民生活的所有方面，從幫助農民開店、賣肥料、設備、除草、除蟲、研究到推廣農作物品種，協助農民融資——它還是一個重要的金融機構。農會是由政府出面的，但是到了地方，又依賴於農村自己的組織如何與它產生互動。不是將所有的社會力量都收歸於政府，而是反過來，政府力量仰賴、扶持農村原有的力量。

這一切的背後都有很多大學的農業系、生物系的學者參與。戒嚴解除之後，農村發展與學者研究轉向另外一個方向，就是研究城鄉差距問題。開始研究農村政治和公民社會的建立，因為一般來講，公民社會就是城市，農村有自助、互助的傳統，這些學者會研究這類傳統有沒有問題，怎樣改造它，讓它變得更好。

最近十年，全世界由農村向城市的人口流動的趨勢沒有變，但是在很多老牌資本主義國家，這個趨勢減緩了，甚至倒流了。臺灣也出現了這樣的狀況。城市的生活壓力很大，年輕人開始發現，很難像父輩一樣在職場上一直往上走，機會不是那麼多。他們開始思考，生活是不是有一個別的可能，比如去農村過一種很自在的生活，自耕自食。整個臺灣越來越價值多元化，年輕人會去開咖啡店，很多公平貿易產品出現。這就是郭台銘罵的，臺灣年輕人沒出息，只想開咖啡店。他沒想到，下一輩的年輕人不像他那樣想發大財了，吃飽有個地方住就夠了，對各種價值觀開始有批判和反省的，不輕易接受主流價值觀。

相對客觀地說，臺灣沒有大陸人說的那麼好，也沒有臺灣人說的那麼壞。這麼說不是和稀泥，臺灣還是有很多社會問題，比如，經濟發展的停滯，過去十多年虛耗在政治鬥爭上，臺灣人的視野往內縮，開始喪失一種國際觀，在文化上，開始渲染小清新的風格。不是說小清新不好，而是過去臺灣曾經出過很多厚重的東西，已經不是主流，慢慢被小清新取代，我會覺得比較可惜。

大陸對臺灣最大的誤解是：這個眞是傳統中國。它的確保留著一些大陸已經失去的傳統，的確有一些民國遺風，表現在語言或者是說話的方式上。實質上，臺灣已經不是傳統中國可以概括了，尤其是之前所說的價值觀的多元化、文化上的輕盈等，都是臺灣人數十年努力的結果。我曾經親眼目睹過戒嚴前的臺灣，特別能夠看到今昔的對比。這個臺灣不是我小時候所知的臺灣。

現在很多人去到臺灣，就覺得臺灣人溫文爾雅，和藹可親，充滿善意，我可以老實告訴大家，我小時候見到的臺灣人非常粗野、暴力，比較像《艋舺》那個電影。週末回家的路上必然堵車，一到十字路口，四個口的車堵死在那裏，誰都不讓誰，然後就有人下車吵架，吵著吵著就打起來。很多人嚼檳榔，滿街亂吐，地上骯髒得不行。那時候，臺灣還有加工業，環境污染跟現在大陸差不多，我家附近有條小河，下午五點顏色就準時變紅，因爲上游排汙了。這種情況在如今的臺灣是看不到了。解嚴後，雖然政治鬥爭激烈，但是社會風氣變好了。我認爲是整個公民社會發達了，社會成員開始把自己當成社會的主人，跟這個社會的關係就不一樣。

臺灣自由行與香港自由行很不一樣。去香港的遊客主要目的是去購物、消費，這就決定什麼樣的人來香港。因爲去香港主要就是去花錢的，所以，完全不需要遷就本地人的生活。但是，去臺灣自由行的遊客主要是好奇，去一個曾經的禁忌之地、一個沒見過的民國遺風。臺灣的小清新文化在大陸年輕人中影響很大，很多人本來對臺灣文化就有親近感，本意是想學習臺灣的生活方式，哪怕是混進去當幾天遊客，他們的到來，對臺灣社會的衝擊不一定很大。

兩岸的開放往來已經幾十年了，一直比較單向，臺灣人來大陸比較多，在大陸上看到的臺商，一副暴發戶嘴臉，炒房地產的、剝削工人。過去的交往都讓對方看到最壞的方面。現在，有更多的大陸人來到臺灣，會想，爲什麼大家都是中國人，隔了一個海峽就不太一樣了呢？有了這樣的相互瞭解之後，對大陸本身起碼都是多一個參考：原來有很多種做中國人的方式，有不同的生活方式、社會、政治運作的方法。

當然，兩岸之間還是有不同的文化情緒傾向。大陸是特別火熱，文化上比較急躁，很渴望成名，做大事，不斷要宣揚自己的大、威風、厲害。一般老百姓最喜歡說，自己的親戚是誰，認識誰，打車的司機都要說自己中南海有人。臺灣比較溫婉、陰柔、喜歡躲藏起來，含蓄地說話，臺灣人的友善背後有很多計較的心機在裏面的。大陸人一看就認爲他們格局小，但是這種格局小也不失他們的美妙，比較溫和，腳踏實地。

（文／金雯）

笑蜀　我的臺灣轉型之旅

笑蜀

知名作家、公共知識分子，前《南方周末》評論員。

正因爲人性的頑強，臺灣才終於衝破了威權時代的重重禁錮，進入到成熟的民主時代，人權至上成爲整個臺灣社會的最大共識。猶如當初赤壁般的火燒島，終於演化成今天生機盎然的眞正的綠島。

白雲在風中輕輕飄散，傾斜的大地一點點露出眞容。蜿蜒的河流，綠油油的稻田，沉靜的村莊，機翼下的一切都那麼清澈。

桃園機場，到了。

身邊的乘客躁動起來，他們大多戴著同樣制式的太陽帽，聽口音，顯然是來自廣東沿海的旅行團，黑的臉上寫滿好奇。我一樣按捺不住好奇，飛機剛停穩，就緊隨人流湧向艙門。艙門陽光燦爛。傳說中的臺灣，在我面前徐徐展開，無遮無攔。

來機場接我的是老朋友林先生。好久不見，本來有很多話要說。但一路上我更感興趣的，卻是看。撲面而來的風景，讓我應接不暇。別的不提，單是路邊看板組成的繁體字峽谷，就令我興奮不已，彷佛回到了老民國。

越野車經過一座高架橋。橋下一個廣場，中央凸起一座巨大的圓錐形土丘。

「這就是馬場町紀念公園。」林先生不無自豪地說，「是小弟我在臺北民政局局長任上，主持修建的。」

「這公園很特別嗎？」

「當然特別。」林先生說：「這是上世紀五十年代臺灣槍殺政治犯的地方。僅僅五年當中，被槍殺的政治犯就多達四五千人呢。」

我恍然大悟。馬場町，不就是電視連續劇《潛伏》主角余則成的原型、臺灣吳石中將的亡命處嗎？吳石而外，聯勤第四兵站總監陳寶倉中將、吳石副官夏曦上校、中共華東局特派員朱楓，皆同年同月同日遇難於此。三年前《潛伏二》在臺灣開拍，劇組人員還曾前往馬場町集體憑弔。

靈感閃電般掠過腦海，我的好奇隨之轉向，路邊的風景不再重要。

來臺前，邀請我的臺灣朋友告誡我說：不要帶什麼任務來，你在大陸這幾年很累，來臺兩月，主要就是休息，調養。我也確實打算就這麼辦。但邂逅馬場町給我意外的震撼，我決定改變訪臺行程。

我把決定告訴了林先生。他沉吟半晌，說：「你這題目太大，兩個月不夠用。」

我說：這先不管，先只問，臺灣有人做嗎？

林先生搖搖頭：不多。

我說：這正常。馬場町，以及整個兩蔣時代的「國家暴力」，以及「國家暴力」製造的種種苦難，於今天的臺灣人來說，可能只是故事而已。但從我們大陸人的眼光來看，絕不只是故事。仇恨，仇恨引發的邪惡，尤其仇恨引發的「國家暴力」，這些問題到底如何面對？

林先生知道我素來固執，歎口氣：「好吧，聽你的。明天我找一個朋友，陪你先去馬場町走走。」

這時已是下午五點左右，暮色從四圍悄悄湧上來，淹沒了淡水河兩岸。越野車開進我落腳的臺北市萬華區一個老舊的眷村。用谷歌搜索，發現馬場町竟只有一箭之遙——就在青年公園南邊的新店溪畔。

說起馬場町，不能不提到一段插曲。這插曲，當事人徐宗懋在二〇〇五年十一月的《亞洲周刊》上有過鋪陳：「一九九九年，我爲了編輯《二十世紀臺灣》畫冊，在許多單位的檔案室搜尋有價值的歷史照片。一天晚上，我在一家過去很有影響力的報社的相片櫃底部找到一袋沾滿灰塵的照片。打開袋子，赫然看見一批血淋淋的槍殺照片，發佈時間是一九五〇年。這些照片發往特定新聞單位，以便刊在報紙上作爲警示之用，或許畫面過於血腥，絕大部分均未曾公佈。後來我向該報購買了這批珍貴的照片，還不確定能否以某種形式向外公開。」

「二〇〇〇年，我向臺北市文化局局長龍應台提到此事，把照片給她看，最後決定以文化局的名義在『二二八』紀念館的地下展廳舉行特展。這是一項極爲勇敢的決定。臺灣社會還沒有成熟到能客觀看待不同政治顏色的獻身者的程度，在長達五十年滴水不漏的反共教育後，把共產黨員以正面形象展示出來，無論其中強調何種人權或人道思想，結果都不可能是風平浪靜的。」

徐宗懋憂心忡忡；作爲決策者的龍應台，其時也不平靜。她後來追憶：

「我記得那個中午，是午休時間，徐宗懋把照片在我桌上攤開，陽光剛好穿過百葉窗照進來，一條一條印在照片上，白花花一片。有好幾張照片，是執刑者對著被槍斃者的正面近距離拍的，當作死刑完成的證據。死者的眼睛呆滯而突出，對著鏡頭。」

「我看看玻璃窗外，對面摩天大樓建到一半，吊車在空中滑動，工人，螞蟻一般細小，在升降機裏揮手。遠處傳來消防車的呼嘯聲，由遠而近，由近而遠。這些五十年前因爲政治信仰而被槍斃的人可知道，世界最高的樓，即將出現在這個繁華的城市裏？他們的犧牲，值不值？用什麼標準來量？誰又有資格來說？」

「徐宗懋完全清楚我的處境：這黑白照片裏的，都是被國民黨政權所虐殺的人。現在，二〇〇〇年，是民進黨執政的時代。辦這個展覽，很可能爲我招來兩批人馬的攻訐。那衛護國民黨的，會認爲這是用過去醜惡的歷史來打擊已經失去政權的國民黨。那支持民進黨的，會認爲我在爲中國共產黨辯護，更可能認爲，我故意強調『外省人』在白色恐怖中被殺之衆多，來淡化『二二八』事件中國民黨殺害『本省人』的相對罪責。」

不能不佩服龍應台的勇氣和決斷。儘管她預見到會有政治風暴，二〇〇〇年八月二十五日，「一九五〇仲夏的馬場町——戰爭、人權、和平的省思」特展還是如期揭幕。用徐宗懋的話說，特展的最大特點，是「打破禁忌，客觀陳述了上世紀五〇年代初國民黨政權在臺北馬場町刑場大肆槍殺共產黨員與左翼人士的歷史」。政治風暴如期而至，但其實也並沒有想像的那麼可怕，沒有查辦，沒有撤職，沒有迫害。最多無非一些報章口水而已。

這次打破禁忌，是臺灣社會的一個集體突破，人權觀上的一個突破。吳石、陳寶倉、夏曦、朱楓，都是不折不扣的共產黨情報人員。包括後來同樣被槍殺於馬場町的國民黨大員陳儀，亦因策動舊屬湯恩伯投共而遇難。馬場町數千死難者，多數是中共地下工作者及左翼人士。所以，一定程度講，馬場町可以說是臺灣左翼的聖地，有如耶路撒冷哭牆之於猶太民族。而如果左翼得手，對今天的臺灣意味著什麼，是不言而喻的。但縱然如此，今天的臺灣社會對他們已然沒有絲毫偏見。以政府出資修建馬場町紀念公園，沒有人去衝擊政府，沒有人去馬場町砸場子，也沒有人報復主持其事的林先生和龍應台。五月二十五日，「一九五〇仲夏的馬場町」開展，馬英九還以臺北市市長身份前往參觀和致哀。以後每年，馬場町都會舉行白色恐怖受難者秋祭。二〇〇五年秋祭，時任國民黨主席的馬英九再度前往，代表全黨向在場者深深地鞠躬，深深地致歉。

被稱作英魂的左翼受難者的亡靈，在馬場町受到了最大禮遇。只有生命，沒有敵人。只有人道，沒有仇恨。這就是今天馬場町所達到的精神高度。這高度超越了政治、超越了意識形態。人們往往稱道美國南北戰爭的寬容和人道，李將軍等南軍將士戰後都受到善待，居然沒有推出一個戰犯，沒有一兵一卒遭到清算和迫害。南方人民還可以用凱旋者才可能獲得的儀式隆重歡迎李將軍，用鮮花，甚至是禮炮。人們普遍認爲，這就是普世人權，這就是現代文明。這說法當然沒有錯，但是現在，我們可以說的何止這些，我們還可以說，美國能做到的，我們華人社會也可以做到，我們華人社會也可以兌現普世人權、兌現現代文明，馬場町就是這方面一個最生動的例證。

到臺北的第二天，我一早趕到馬場町。讓我驚訝的是，馬場町完全沒有我想像中的凝重，陰沉。大片大片草坪綠到醉人；新店溪水溫婉活潑；兩岸到處是密密的葦叢，不知名的鳥兒在蘆葦中鳴叫，一起一落地彼此唱和。最吸引我眼球的，則是沿著新店溪延伸的悠長的綠道，有老人牽手散步，有情侶在路邊留影，有年輕人騎著自行車飛奔。那麼的和平安詳，那麼的青春飛揚，哪有一絲一毫淒風苦雨。

但越是如此，廣場中央的土丘就越是顯得突兀，越是容易引發好奇和追問。土丘表面，也已經長滿了青草。讓人難以想像，土丘所掩埋的那一層層的血跡——據說，每槍殺一批人，都會留下一灘血，然後就會用土蓋掉。被槍殺的人越來越多，土越堆越高，就有了今天我們所看到的土丘。

土丘正面，有一個淺淺的大理石碑。是謂「馬場町河濱公園紀念丘」。碑文一律燙金，顯得高貴肅穆。

碑文云：「一九五〇年代為追求社會正義及政治改革之熱血志士，在戒嚴時期被逮捕，並在這馬場町土丘一帶槍決死亡。」

「現為追思死者並紀念這歷史事蹟，特為保存馬場町刑場土丘，追悼千萬個在臺灣犧牲的英魂，並供後來者憑弔及瞻仰。」

「為追求社會正義及政治改革之熱血志士」，這就是臺灣社會對當年中共地下工作者和左翼人士的定位。這不是對一批人的定位，而是對所有反叛者、異端者的定位。就此來說，臺灣社會對反叛和異端的容納程度，已經不在歐美之下。而對反叛和異端的容納程度，顯然最能代表一個社會的自由、人道和文明的水準。

馬場町之後的第二個行程，是參觀「二二八紀念館」。

紀念館設於市中心泉州街與南海路的交叉路口，原址是一九三一年落成的兩層磚樓的「臺灣教育會館」，歷屆「臺灣美術展覽會」均在此舉辦，堪稱日據時期臺灣美術界的盛會。一九四五年臺灣光復後，借用教育會館作省參議會辦公場所，「二二八」期間，臺灣省參議會犧牲慘重，教育會館因此成爲「二二八」的歷史見證。一九五九年，美國新聞處遷入，這裏又升級爲西方文化和西方思潮的傳播中心，臺灣現代化的重要推手；一九七九年，因美國與中華人民共和國建交，美國新聞處易名爲美國文化中心。

二〇〇六年七月，教育會館被核定爲「二二八紀念館」館址；二〇一一年二月二十八日開館營運。我去那天是三月二十七日，剛好營運一年。紀念館外牆上，正掛著周年紀念活動的大幅廣告，即「二二八人權影展」的廣告，包括《傷痕二二八》、《二二八母親》、《天馬茶房》、《再見曼德拉》、《尋找太平輪》、《牽阮的手》、《飛越高牆的聲援信》在內總共二十六部人權紀錄片，赫然在列；可謂聲勢浩大。

跨入一樓門廳，最招眼的是百合花，牆沿百合花怒放，廊柱百合花環繞；各處指示牌，畫的也是百合花。百合花簡直成了展館的標誌物，烘托出整個展館的主調：寧靜、優雅而憂傷。門廳掛的大螢幕液晶電視，反覆播放各種悼念儀式。下圖是「二二八」平反後臺灣歷屆臺灣當局領導人憑弔亡魂的現場圖片，無論他們各自的政治立場如何，其眞誠是不用懷疑的，頗令人動容。

紀念館一樓的去處，主要是多功能展演廳，很多重要的追悼儀式都在這裏舉行。二樓爲受難者主題展室和特展室。主題展室一幅銘牌引起我的注意，它說的，正好是我想說的：「歷史曾經幽暗難明／恐懼亦曾深深籠罩／但民主爲光源／照進塵封的檔案／揭露眞相／銘刻歷史」。

可能因爲當天是工作口，臺灣人都要上班，大陸客則對「二二八」紀念館沒太大興趣，所以整個展館靜悄悄的，幾乎就我一個遊人。我靜靜地走，靜靜地聽，展室四圍掛滿巨幅畫像，受難者栩栩如生地環視著我，我彷彿在他們中間穿行，在跟他們的靈魂對話。

作爲一個曾經的歷史研究者，對「二二八」的前世今生，當然不會陌生。但儘管如此，親歷「二二八」紀念館，還是讓我大開眼界，收穫了很多聞所未聞。

印象中的「二二八」之變，跟當今的「突尼斯革命」差不多，都是街頭小販遭遇國家暴力，然後群情激憤，官逼民反。只不過「突尼斯革命」成功了，「二二八」失敗了。但「二二八」紀念館披露的史料告訴我，這只是歷史的一面。歷史的另一面是，「二二八」同時也是一次流產的政治變革。

變革的動力來自臺灣民衆。一方面，國民黨統治腐敗無能，「劫收」狂潮席捲全島，社會經濟狀況急劇惡化。到底惡化到何等程度？舉一個例就夠了：國民黨接收後，臺灣刑事發案率一年內劇增二十六倍之巨。深受其害的臺灣民衆，怎麼可能不大失所望？另一方面，國民黨接收臺灣後，對本地人公然歧視和排斥。《「行政院」二二八研究報告》對此論述頗詳：「就政治上言，日據時期臺人無論在行政上、專業上及技術上均難獲公平地位。臺灣光復，不少臺人抱有幻想，認爲此後應可自治，當時有些知識份子以爲臺灣光復後將由臺人治理臺灣，他們甚至以爲謝春木可爲省主席，其餘有聲望之臺人均可領導臺灣。」

臺灣知識份子的參政熱情因此空前高漲。一九四五年四月十五日臺灣首屆「參議員」選舉，三十個席位，角逐者竟多達一千一百八十名。他們以爲臺灣當局眞的把他們當自家人，事實卻很快擊碎他們的一廂情願。陳儀長官公署九個重要處會十八位正副處長中，只有一個副處長是臺人，縣市長中只有三個是臺人。臺灣其他官營機構，臺人甚至欲求小小主管而不可得。更令臺人尤其臺灣知識份子深感羞辱的是，國民黨接收後，立即宣佈國語爲唯一通用語言，取締日語。原來慣用日語的絕大多數臺人尤其臺灣知識份子，幾乎一夜之間淪爲文盲，個人上升通道隨之中斷。

這就可以理解，爲什麼一九四七年《中華民國憲法》頒佈實施後，臺籍政治菁英會力主縣市長直選，推行地方自治。他們無非是想突破政治壟斷，爲個人，也爲所有臺灣父老爭取更多公平發展的機會。

有這樣普遍的社會心理做基礎，「二二八事件」自不難迅速轉向，從最初的民衆暴動，迅速轉向政治變革。民衆自治機關「處置委員會」公佈的「三十二條要求」，政治方面的第一條，即爲「制定省自治法，爲本省政治最高規範」。

另有如下要求：縣市長直選，縣市參議員同時改選；除警察機關之外，不得逮捕人犯；憲兵除軍隊之犯人外，不得逮捕人犯；禁止帶有政治性之逮捕拘禁；非武裝之集會結社絕對自由；言論、出版、罷工絕對自由；廢止新聞紙發行申請登記制度；即刻廢止人民團體組織條例。

但是，臺灣民衆的民主要求，並不曾進入政治中樞的視野，而遭遇國民黨當局層層阻截。國民黨情報機構尤其扮演了重要角色。他們在呈送蔣介石的情報中，極力扭曲事件的性質，渲染事態的嚴重性。譬如，稱暴動者多屬前日軍徵用之海外浪人，全省約有十二萬人。又稱參與者並非單純要求政治變革，而懷有叛國、獨立、奪權之陰謀。中統局長葉秀峰，即據此建議蔣介石加派勁旅三師赴臺。蔣介石確信事態嚴重，決定鎮壓，跟情治機構的刻意誤導有很大關係。

事實上，從一開始，「二二八」就被國民黨情治機構尤其軍統全面滲透。最成功的案例，是軍統特務許德輝潛入民衆自治機關「處置委員會」，出任處委會下屬的「忠義服務隊」總隊長。處委會及整個民間一舉一動，盡在其掌握之中。軍統特務甚至煽動奪權，鼓吹攻擊圓山。後來被列爲「叛國罪證」的《三十二條處理大綱》所附十項要求，亦有軍統參與其中。事後，凡屬極端行爲的鼓動者，以及處委會政務局部分重要人員，竟在「寧可錯殺一百，不可放過一人」的血雨腥風中得到軍統庇護，無疑都是軍統臥底。

在臺灣民衆一方，其實最怕決鬥。道理很簡單，早不是冷兵器時代，手無寸鐵的平民拿什麼跟國家機器決鬥？處委會到處解釋「二二八」，懇請各方瞭解眞相，消除誤會。但所有解釋都歸於無用，血洗臺灣已經是最高決策，不可阻擋。三月七日，陳儀致電各縣市參議會，承諾啓動以自治爲主要內容的政改。三月八日，他的幕僚張慕陶發表講話，「願以生命擔保中央決不調兵」，實際上這一切都是欺騙，都是緩兵之計。冤沉海底，六十年後才逐漸大白於天下。

然而，死者長已矣。

「二二八」大屠殺到底殺了多少人？今天仍衆說紛紜。我到臺灣時，臺灣老軍頭、臺灣前最高行政機關領導人郝柏村剛剛放言，說「二二八」死難者不過區區百人，嚴辭抨擊論敵誇大其詞，傷亡過萬純屬虛構。郝柏村此說令臺灣輿論大嘩。一位臺灣朋友當天晚上就給我發來一篇文章，以親身經歷反駁郝柏村。

在批評者看來，郝柏村的問題不僅在於其死亡數字不可靠，更在於其面對歷史大悲劇的輕佻。沒有道歉，沒有懺悔，惟有強詞奪理。這跟臺灣現在所處的時代，跟臺灣所達到的精神高度，跟臺灣社會所達成的文明共識，實在落差太大。

批評者跟郝柏村的主要分歧，或者說批評者所最痛心的，不僅在於死難者之衆，還在於死難者多爲當時臺灣社會的菁英。臺灣「二二八」之劫，亦可稱作臺灣歷史上空前的菁英之劫。粗粗列舉，即有如下諸位：

臺灣第一位哲學博士……………………林茂生
省參議員……………………………………王添燈
大公企業董事長……………………………陳炘

省教育處副處長……宋斐如
高等法院推事……吳鴻麒
臺北市律師公會會長……李瑞漢
醫學博士……施江南
臺灣新生報總經理……阮朝日
臺北市參議員、醫師……黃朝生
臺北市參議員……徐春卿
臺北市參議員……陳屋
臺北市參議員……李仁貴
基隆市參議會副會長……楊元丁
制憲「國大代表」、省參議員……林連宗
制憲「國大代表」、花蓮縣參議會議長……張七郎
嘉義市參議員、臺灣最著名之畫家……陳澄波
嘉義市參議員、醫師……潘木枝
嘉義市參議員、醫師……盧炳欽
高雄市參議員……黃賜
高雄市參議員……王石定

屏東市參議會副議長……………………………葉秋木

「二二八」一役，臺灣菁英，幾乎可說是委地以盡。這對臺灣的民氣士氣，無疑是毀滅性的打擊。此後二十多年，臺灣社會一直處於低迷乃至萎靡狀態，到了七〇年代才開始重振，反對運動才重上軌道。而對我個人來說，最怵目驚心的還不是通常所稱的菁英之劫，而是死難菁英中多數屬於議員、醫師、律師一類的中產菁英，屬於奉行理性、和平原則，試圖彌合官民裂痕、調停官民衝突、避免最大社會成本的中道菁英。極端之來，如水銀瀉地，哪會有中道立足的空間。這，或許是參觀「二二八」紀念館給我的最大啓示？

如果說馬場町主要是殺人的地方，景美則主要是關人的地方。景美因此跟馬場町、「二二八」紀念館齊名，理所當然要納入我的臺北行程。

說到景美，大陸讀者知道的可能不多。但說到美麗島大審，說到雷震案、江南案，就沒幾人不知道了。這幾個大案當年都在景美開庭。最轟動則非美麗島大審莫屬。一九七九年十二月，「美麗島事件」爆發；迫於輿論壓力，國民黨當局不敢像過去那樣完全黑箱操作，遂由蔣經國拍板，審判全程公開，並同意被告委託律師辯護。這給了反對派一個千載難逢的機會，可以把法庭當戰場，當著全世界的面，系統陳述自己的政治主張。

一九八〇年二月二十日，警總軍法處以「叛亂罪」起訴黃信介、施明德等反對派領導人，一時國際媒體雲集。

景美位於臺北市新店區秀朗橋下。其空間分佈，西側是「警總」軍法處所在地，東側是「國防部」軍法局所在地，主要功能是軍法審判，同時集羈押、服刑和移送監獄等角色於一身。在押犯高峰時多達一千五百四十八人，通常情況下也有二百到四百人。作家柏楊、李敖、陳映真；反對派領袖呂秀蓮、陳菊、林義雄、施明德、黃信介；傳播界名流崔小平；情治界大佬汪希苓等，都曾經是它的階下囚。

園區主要由軍事法庭、展演廳、仁愛樓押房、汪希苓特區等組成。最吸引我的軍事法庭，反而最低調，最樸素，不過一排淺淺的平房而已。如果不說它的來歷，有誰會相信，那裏面曾上演過多少驚心動魄的歷史壯劇？

軍法審判，是臺灣威權政治的獨特景觀。但凡政治案件，皆不走常規法律程序，而交由軍事法庭，受難者以平民之身接受軍事審判。軍事審判的最大特點，是不受法律約束。受難者往往被羈押超過一年多之後，軍事法庭才開始審理。而且都是秘密審判，沒有調查，只有宣判，法官念完主文即草草結束。無須證據，以特務刑求取供的自白書爲判刑唯一依據；而且多數被告沒有辯護律師，即便有，也是當局指派，純粹演戲而已；總之嫌疑人沒有任何法律保障，當局可以在暗無天日之中予取予求。

而所有大案要案，均須層層上報，最後呈送蔣介石案頭，經蔣介石批示、蓋章才能定刑。

即最高操盤手皆爲蔣介石本人，其他環節傀儡而已。一般來說，軍法審判最輕的結果是所謂感訓，類似大陸的勞教；有罪判決通常從五年起；組織罪最重，黨員最少十至十五年；幹部（如小組長、支部書記）非無期，即死刑。

此外還有兩種附加刑罰。一是剝奪公權，一是沒收財產。後者尤其邪惡：凡以《懲治叛亂條例》治罪者，判刑十年以上即可沒收財產。被沒收的財產大部分用來支付辦案費用、辦案獎金和告密獎金。告密獎金一度占到被沒收財產的百分之三十，辦案獎金占到百分之三十五，甚至有超領到百分之五十的情況。領辦案獎金最多的是保安司令部，而保安司令部的領獎單位就包括了軍法處。這意味著殺人有獎，殺人越多獎金越多。這就給了殺人者以巨大動力，可借「國家正義」之名，行謀財害命之實。

如此，則威權時代臺灣的政治案件，出錯是必然，不出錯是偶然。毒刑拷打，威逼利誘，是通用手段。四五千遇難者中，冤魂不知凡幾。

從軍法處前行數百米進入所謂「仁愛樓」，即軍法處看守所。三層樓，大小押房一共六十二間，小押房僅關一人，大押房可關至四到八人。男女關在不同的地方，女性押房通常在二樓。押房格局密閉，僅於鐵門上裝一小窗，供監控人員借此隨時窺視人犯動靜。靠走廊的牆壁下方，另有長方形洞口，供雜役從這裏收送物品。押房內有一播放器，是一個可放音也可收音的機器，所以人犯的對話也會被偷聽到。

一樓右側屬於外役區，分佈著各類監獄工廠。有手工藝工廠、洗衣廠、縫衣廠，還有監獄圖書館、犯人食堂。許多犯人在判決後，並未移監，而是由看守所「代監執行」，軍法處也就得以利用政治犯的「剩餘價值」承包政府工程。雖然「外役」勞動強度不小，但不必整天關在牢裏，可以在院子裏自由走動，還有微薄的工資補貼日用，所以犯人都樂於參加。他們中不乏能工巧匠，其作品往往屬於高級工藝品，譬如聖誕卡、蛋殼畫、京劇臉譜等等，這些產品一般交由觀光飯店或工藝品商店收購，再轉賣給外國觀光客。有的犯人身無長技，給難友當學徒，居然也學得一身絕技，成爲藝術家，生計從此不是問題。

犯人田志敏就有這樣的奇遇。田是江蘇人，隨部隊來臺，在陸軍步校服務。一九五六年先被控倒賣軍品，一九五八年又被控十四歲接受中共的行政訓練，判刑十五年。這個本來運氣壞透了的人，入獄後卻時來運轉，學會了彩繪蛋和貝殼畫。獲釋後沒工作，就加入難友翁廷簽的服務社，重操貝殼畫舊業。結果不僅謀得一條生路，更與翁太太的妹妹相戀成婚。婚後自己開店，作品遠銷日本和菲律賓，名動一時。

「仁愛樓」一樓左側，有醫務室，福利社，會見室，基本屬於辦公區。其中最具傳奇色彩的是醫務室。而醫務室之所以傳奇，主要因爲一個叫陳中統的犯人醫生。

說到陳中統，還有一段這樣的故事：一九七一年六月十一日，難友崔小平讓陳中統給她注射。兩人一邊注射一邊聊天。崔小平問他：有小孩嗎？他說：才結婚一個多星期就被捕，怎麼可能？崔小平打趣說：「那也不一定啊！」陳中統急了，一本正經的解釋：「我沒有那麼好的技術」。崔小平聽了大笑不已。

但很快，陳中統眞有了小孩，而且不止一個。以致李敖後來在文章中戲稱：陳中統的精子會飛越監獄高牆。這是咋回事？陳中統的精子當然不可能飛越監獄高牆，這一切只跟陳中統的特殊身份即醫生身份相關——因爲他的醫術高明，所以看守所長官常常讓他外出給自己眷屬看病。他就利用這機會，常常溜回家跟太太團聚，因此服刑期間，他的太太居然給他生了兩個小孩。眞是一點不耽誤。

從跟崔小平的對話可以看出，陳中統多麼樸實和憨厚。但日本岡山大學醫學院研究學歷的陳中統，當然不笨，而是大智若愚。正是這大智若愚，讓他不鳴則已，一鳴驚人，創造了讓蔣介石政權大丟臉面的奇蹟。這便是當時震驚中外的政治犯名單洩密事件。

有迫害，有政治犯，當然就有人道救援。由於島內民間力量有限，所以整個六〇年代到八〇年代，臺灣的政治犯救援主要靠海外。但海外有心，也要島內配合呀。蔣介石政權臉厚不怕開水燙，對國際社會一口咬定臺灣一個政治犯沒有，海外拿不到證據駁斥，也只能乾瞪眼。

這時就輪到陳中統起作用了。他一方面從病歷資料中整理政治犯名單，一方面趁著幫新到的政治犯檢查身體，匯集更多資料，每隔一段時間就把新名單交給蔡財源。總共四百多名的政治犯名單，輾轉寄往海外，並在美、日、歐多國媒體上發佈。

救援臺灣政治犯的全球風暴至此平地而起，一浪高過一浪。蔣介石政權始料未及，狼狽之極。報復非常慘烈，所方全面清查，主要參與者蔡財源首當其衝，除了飽受刑求，還多判了三年。其他參與者，也都無一漏網。但是，他們的犧牲沒白費。國際救援大潮的興起，正好跟二十世紀八〇年代臺灣反對運動的高漲同步，島內島外彼此呼應，形成巨大合力，最終成功推動了臺灣的民主轉型。

景美的最後一個看點，是汪希苓寓所。汪是臺灣「軍事情報局」局長。一九八五年的「江南案」激怒了美國（江南持有美國國籍），爲給美國一個交代，小蔣不得不對汪治罪。汪和副手胡儀敏雙雙下獄，汪本人被判無期，關進景美看守所爲他量身定制的「特區」。「特區」四周以高牆與園區區隔，內部設施完善，有客廳、廚房、臥室及高級衛浴設備，屋外有散步專用的小庭院，門口還設有傳達室。汪被囚景美期間，其妻常來探視，可自由進出。這已經夠優待了，但汪還是不能忍受，三年後以心律不整及憂鬱症爲由，遷入陽明山情報學校。這座因「江南案」而蓋的特別囚禁區，此後再沒有關押過其他人犯。

今天的景美，已經是臺灣的人權教育地標，叫做「景美人權文化園區」，僅在二〇〇七年十二月八日到二十八日的二十天中，就推出多場活動，幾乎無日不有：

政治受難者藝術創作展……………………每週六、日
體驗監獄風雲………………………………每週六、日
人人有權影展……………每週六、日（首週末除外）
人權攤位市集………………………………首週六、日
仁愛樓創意市………………………………每週六

搖滾看守所……………………………每週日（首周除外）
導覽活動……………………………每週六、日

二〇〇九年，臺灣「世界人權日」紀念活動也在景美舉行，馬英九前往出席。

二〇一〇年七月，臺灣「文建會」規畫整合景美、綠島兩座人權園區，籌建「人權博物館」。

二〇一一年「中華民國」百年紀念，景美又為全島教師舉辦一月一度的人權講堂，包括重溫人權歷史、人權影片賞析、書寫臺灣人權等三大議題。主要目的，即為「增進教師對人權教育的知能，並將人權理念融入各課程教學中，以及讓社會大衆瞭解人權、民主及自由的內涵與價值，啓發思考人權的價值，並實踐於生活中」。

最讓人感動的，則是孩子們的參與。筆者曾讀到一份對景美歷史的研究論文，作者是臺北市的兩個中學生。在大量閱讀和調查的基礎上，作者得出了以下結論：

出生在八〇的我們，不曾經歷過戒嚴時期這一段殘忍的年代，成長至今，自由對我們來說是如此的普通，實在很難想像以前那種殘害人權的生活是怎麼樣的。

其實在做這篇論文時，我們有訪問過當時的受害者，看著他們敘述那段不堪回首的過往時，眞的覺得很偉大，因爲他們願意再次掀開自己的傷口，和別人分享悲慘的過去，而且還可以若無其事地述說著自己那段傷痛，沒有淚水，只有釋懷。也因爲有這些事情的經過，讓他們

對人生的體悟更深了，更有寬恕和包容的心。

在我們享有自由、民主的同時，我們是否也該想想這一切的幕後功臣，是用他們流汗、流淚、流血甚至失去生命而造就出來的民主社會。雖然這一切都已經過去了，而且現在的政府對他們也採取賠償政策，但是對他們的傷害卻是一輩子的；不過也因爲他們的犧牲，造就了我們現在自由的世界。有一句古言是這麼說的：「歷史可以被原諒，但不能遺忘。」

綠島是我的臺灣轉型之旅的最後一站。

跟對景美的陌生相反，大陸讀者對綠島再熟悉不過。八〇年代即在大陸流行的一首歌兒《綠島小夜曲》，它所傳遞的浪漫和溫馨，應該是大陸讀者對綠島的主要印象。

綠島的風光，的確跟小夜曲一樣迷人。這沒有爭議。曾經的火燒島，今天已經是滿目蒼翠，尤其是綠島白塔一帶，漫山遍野的鐵炮百合迎風搖曳，眞讓人沉醉，恍若置身純潔的天堂。

但這當然不是綠島的全部。從綠島所謂「新生訓導處」，向燕子洞方向步行約莫一公里，就會發現一個陰森的去處，跟整個綠島的陽光、明媚形成鮮明對照的去處，那就是通常所稱的「十三中隊公墓」。

這也是綠島，代表著流放、監禁、孤獨和死亡的恐怖綠島。多少無辜的冤魂在這裏徘徊。其中既有遇難的政治犯，也有監管他們的綠島官兵。其中許多官兵來自大陸，鄉關何處、親人何在都已經無從查考，所以死後無人認領，成了永在異鄉的孤魂野鬼，墓碑被恣長的野草大半掩埋，任憑風吹雨打，皆無人問津。我去的時候，曾經驚跑了一大群的黃羊，這大概是綠島上唯一經常陪伴他們的生靈吧。

代表綠島這另一面的，還有所謂綠島山莊。山莊，多麼優雅的名字，然而綠島山莊卻是半點優雅也沒有，而是封閉型的重型監獄。現在已經是綠島人權博物館的一部分。展館大廳的大方桌上，擺著一疊疊的重犯判決書和申訴書——當然不是原件，都是複製品。從厚厚的故紙堆中，我居然僥倖找出了當年雷震給獄方的申訴書和陳中統的判決書。

但即便在最黑暗、最恐怖的年代，還是有人性在，甚至，有愛情在。我在綠島期間，就曾聽說過一段淒美的愛情故事。

故事的主人公叫蘇素霞。她的情郎叫曾國英，一九六二年被判十年流放綠島。那時獄方把有文藝天分的犯人組織起來，經常在島內巡迴演出。有些演出是跟綠島本土的年輕人合作的。曾國英和蘇素霞，一個是政治犯，一個是綠島鄉長的侄女，兩人因此得以在巡迴表演團結識，並相愛。

這愛情顯然是犯忌的。不被祝福也不能公開。但終於有一天，還是被獄方一個姓劉的保防官窺破。劉姓保防官一直苦苦追求蘇素霞而不可得，最後發現蘇素霞愛上的竟是政治犯，不禁抓狂，把滿腔怒火都發洩到了曾國英身上。

曾國英因此厄運臨頭。他被關進海邊碉堡，那裏不能屈不能伸，自然也不能走動和睡覺。

每天只有三個饅頭和鹽水。蘇素霞急壞了，爲了挽救情郎，她被迫答應了劉姓保防官的求婚，作爲把曾國英送回原單位的交換條件。

但是，這個剛烈的女子當然不可能接受如此婚姻。婚宴現場她就失蹤了，任家人百般尋找，也不見一縷痕跡。後來才發現，原來當天她已喝下毒藥，爲曾國英殉情自殺。她的骨灰，四十年後才被臺籍老兵許昭榮在臺東海山寺的地下室找到。

蘇素霞的悲情故事，現在已經被拍成電視劇，被譜成歌曲，在臺灣到處傳唱。政治力無論怎樣強悍，也不可能征服人性，這算是一個生動的例子。正因爲人性的頑強，臺灣才終於衝破了威權時代的重重禁錮，進入到成熟的民主時代，人權至上成爲整個臺灣社會的最大共識。猶如當初赤壁般的火燒島，終於演化成今天生機盎然的眞正的綠島。

綠島的海邊，有著名的人權紀念碑，但它不是指向天空，而是通向地下。牆上寫滿了受害者尤其死難者的名字。那不是字，那是一個個活生生的魂靈，如天上的星星在凝視著後人。是他們，用他們的自由和生命，爲臺灣走出了今天。從人權紀念碑的緩坡走出去，那就是今天，就是今天的臺灣，有燦爛的陽光和和煦的春風，有溫柔的海浪和悠悠飛翔的海鷗。多美，多好。

但是，不能忘了，永遠不能忘了，那地下的幽暗。

（文／笑蜀）

蔣方舟　想像的祖國

蔣方舟
《新周刊》副主編

正如臺灣錢永祥教授所說：「臺灣人正在努力做到大陸所投射的期望」，「換言之，大陸人乃是臺灣人的『有意義的他者』。」

到臺北桃園機場是下午，濕熱得很。

導遊說：「大家往窗外看哦，這就是臺北。那很多人會說嘞，本來以爲臺北會很繁榮，一看嘞，誒？！怎麼會這麼破……」

車窗外的臺北，的確是舊舊破破的樣子。建築不高，灰灰矮矮，街上一批批騎摩托車的人穿行，感覺有點像八〇年代的中國大陸，或者是內陸的一個被遺忘的二三線小城市。

導遊隨即自問自答，說臺北之所以這麼破，是因爲臺灣人對房屋擁有所有權，政府不能因爲城市建設的原因拆除或者徵用；不像大陸，看起來很新，因爲房子都是國家的，而不是自己的。

大概是因爲帶慣了大陸來的遊客，所以導遊在介紹臺灣的時候，總是會和大陸作對比，比如言論自由，比如民衆對待領導人態度的不同。

我在大巴車的後排，看著導遊手舞足蹈講一些對我們來說或許已經有點老舊的政治段子，惟妙惟肖地模仿著毛澤東、鄧小平等領導人，忽然覺得他的言行在兩岸關係中有種象徵意義：臺灣對大陸，有自傲、有怨恨、有同情，也有取悅。十分微妙。

臺北是很容易讓人喜歡上的城市，剛到其他大城市的時候，迎面而來的往往是設計和規畫過的「城市印象」，而在臺北，面對的則是一種複雜和旺盛的生命活力。規畫是生活的延伸，該有樹的時候便出現了樹，在要有路時就有了路，所有的路都沿著房屋彎彎曲曲。人類生活是血液，城市建設則是血管，它是保護和包裹，而不是一拍腦門的設計和切割。

臺北應該是美國學者簡．雅各布斯（著有《美國大城市的死與生》）最愛的那種城市，它是自然生長的結果，這種生長是連貫、有感情且不可預測的，有自己的邏輯，規畫在它面前顯得如此蒼白。

路上咖啡館很多，大概是因爲臺北不是一個容易行走的城市。因爲天氣的關係，濕熱多雨，間或夾雜著暴曬，走起路來又曬又悶又出汗，一會兒就累了，趕急趕慌地要找個清涼乾淨的地方坐下。

寫作環境大概決定了臺灣的文化吧——小清新的音樂與文學，不大像歐美文學能明顯看出在城市中的穿行感，而更像是一邊喝飲料，一邊看著玻璃窗外寫下的。舒服熨帖之極，可視野總有局限，望不出天之涯地之角。

在這裏，經常會有「原來是這樣！」和「這樣才對嘛！」的醍醐灌頂感。尤其是食物。「原來這才是銅鑼燒！」「原來這才是章魚小丸子！」自己原來吃過的同名食物，只是長得很逼真而已。在夜市吃了一路，時常會露出美食外景主持人那樣的、一口咬下去彷彿撞鬼的驚訝誇張的表情。

我發現夜市人極多極熱鬧，每個人手上都拿著食物，但是路上非常乾淨，連丟棄的竹簽都很少。

不只是夜市，整個臺北市都很少見到垃圾桶，可是街道上卻很乾淨，除了落葉，沒什麼垃圾。要扔垃圾的話，得到捷運站，或者到7-11便利店，拜託店員扔。

忍不住想到內地街道，垃圾桶很多，可街道仍然很髒，尤其是垃圾桶附近，常常見到一片狼藉。這種反差，若抒情地敘述下來，再加個「見微知著」的題目，例如《文明的細節》之類，彷彿能構成一篇很好的《讀者》卷首語的豆腐塊文章，旨在痛心疾首批評民眾素質太低。

最近幾年，大陸對臺灣的溢美熱情得令人尷尬，連臺灣人自己都忍不住問：「我們真有這麼好嗎？」

晚上，在露天飯館的二層，我和兩個綠營的臺灣人聊到這個話題。他們說臺灣人雖然看起來很和善親切，但是政治傾向的分化很大，一聊到黨派的問題，可能一瞬間怒目相向，暗湧激烈程度如西班牙內戰前夕。今天是太平洋的暖風，明天可能就是血流成河。

我忍不住想，大陸人對臺灣的愛之深，有多少是源於對自己的恨之切？

在吃完晚飯到咖啡館的十幾分鐘步行裏，我的錢包丟了，不知道是掉在了路上還是被扒。打電話報警，兩位年輕的警察很快就過來。吃飯的餐廳已經打烊，警察打電話協調看監控錄影。在餐廳，我第一次在警察陪同下看監控錄影。一瞬間的興奮竟然蓋過了丟東西的沮喪。最後警察留下我的電話，說找到了錢包會通知我。

回酒店的路上，司機知道我錢包丟了，說：「你千萬不要對臺灣留下不好的印象。」我說：「當然。應該是我自己掉在路上。退一萬步，哪個城市沒有小偷呢？」

離開臺灣的前一晚，警察打電話來，告訴我錢包找到了，讓我去取。錢包裏的身份證、銀行卡和現金都在。我問是怎麼找到的，只說是有人送到警察局的。警察還給我手繪了美食地圖，讓我有機會再來臺灣。

臺灣人的確很好，溫良恭儉讓，親切友善溫和有禮。其中有多少是源於大陸人對臺灣所投射的期望呢？而他們，正如臺灣錢永祥教授所說：「臺灣人正在努力做到大陸所投射的期望。」「換言之，大陸人乃是臺灣人的『有意義的他者』。」

（文／蔣方舟）

臺北人細膩周到，但不容易摸到他們的心

竇文濤

香港鳳凰衛視主持人。一九九八年開始主持《鏘鏘三人行》，以竇式脫口秀開啓了中國電視的「三人談」模式，到今天依然是中國知識份子客廳中的工夫茶。

他們最懂與人溝通，受過在一個大環境中和諧與人相處的訓練。溫情容易濫情，禮讓或許顯得有些繁瑣，但是總比野蠻好。

臺灣我已經去過很多回了，但這次「鏘鏘臺灣行」是到達了臺灣農村。比如，我們來到臺東池上鄉，這裏與大陸凋敝的農村不同，近處的田，遠處的雲，讓人感覺臺灣的農民是陶淵明。事實上，他們也很難說是農民，也許只是住到鄉間的電腦工程師，自願選擇這樣的生活方式，選擇生態農業作爲自己的職業。我們遇到的一位當地農民說，臺灣農村早期

也有過亂開發的時期，農產品賣不出價格，後來他就開始種果樹，逐漸恢復田園風光後，進行「在地」的生產。在臺灣農村你總是能聽到「在地」這個詞，就是本鄉本土，一個地方有一個地方的水土風情。因爲生態農業發展得比較早，現在有馬來西亞、溫州的農民找臺灣農民去輔導。

臺灣農民沒有自卑感，淳樸、好客、熱情，對自己的風光特別珍惜，有一套自己的發展觀念，他們會反對在海邊興建五星級酒店，因爲施工會破壞海邊的環境。我們在臺東就看到有一家在建的五星級酒店，因爲當地居民的反對就一直不能施工。

身邊去過臺灣的朋友沒有一個不說臺灣好的。他們在臺灣彷彿見到了老派的中國人，以爲過去的中國人就是這樣的溫良恭儉讓的。但是旅途中，我有一個悟處：不能忽視日本對臺灣的影響，在臺灣這個小島，除了有中國傳統的影響，還有陸續登陸到這個島上的外來文化的影響。在臺東，我們看到灌溉的水渠整齊地引向一個水池，上門還蓋了亭子，村民可以在裏面洗衣服。就讓人聯想到魯迅所說的「剛健的清潔」，在日本，他看到冒著黑煙的工廠裏工人都纏著雪白的毛巾。

在臺灣你能感受到強烈的服務精神，坐上計程車，司機首先會跟你說：「你好，很高興爲你服務。」這種謙卑有禮與香港就很不同，香港人的服務行業沒有廢話，專業、高效，不屬於他的事情與他無關。臺灣的服務業是有東方人的「禮」的成分。日據五十年是佔領、侵略，歷史都是不可改變的，但留下的影響也是實實在在的。我問過一些臺灣朋友，他們也認爲這是有一定關係的。外來的、在地的、傳統的，多樣文化就這樣在這個小小的島嶼上相互融合。

我們認爲臺灣人親切，但是臺北自己已經在抱怨大城市人情疏離。人總是容易覺得別人好，特別是對自己有些不滿的情況下。我們看臺灣就像個溫柔鄉，因爲這幾十年來，大陸社會發生了巨大的變化，我們親身經歷人際關係的惡化，習慣於人與人之間的冷漠、猜疑、自私，在臺灣受到一些善意對待時，就像改革開放初期聽到鄧麗君的歌一樣如沐春風。我們看到的都是願意看到的，自己所缺乏並急需的。

臺灣人跟我講，當年四小龍騰飛時，臺灣也跟大陸一樣愛鬥富，XO就是臺灣人喝出來的。現在經濟走下坡，倒是有一種繁華落盡的感覺，臺灣人開始變得比較質樸，回歸到平淡的生活，更加講究個人的生活品質。

臺灣知識份子階層的生活特別像晚明，因爲政治上的作爲已經有限了，文人開始在一些沒用的事情上花時間，比如筆、墨、硯臺的講究，喜歡香、茶、書畫，讓自己生活變得像神仙一樣。農家也開始講究舒適的生活，比如，阿美族人會花很多心思改善本族的菜餚，臺灣人不斷琢磨吃，所以，臺灣餐廳沒有不好吃的。令臺灣人敏感的不是什麼政治議題，而是美牛、塑化劑，或者某地要建一個化工廠。他們更注重吃的、喝的環境，這些都是生活品質最本質的體現。

當年因爲怕大陸打飛彈過來，臺北市內沒有建很多高樓，現在也不可能像大陸一樣大拆大建，可以說臺北很低矮、陳舊，但是不髒，這個城市特別懂得對舊的、暗淡的色調的審美。連院牆、臺階上的青苔都從來不被鏟掉，我常常覺得臺北就像一個穿著陳舊、洗得發白衣服的人。

懷舊會產生淡淡的憂傷，是一種很美的癮，曾經聽一個周遊了全世界的朋友說，如果有選擇，他最想去的兩個城市是巴黎和臺北。而臺北市是首選的養老之地。因爲這裏的醫療條件不錯，臺北人也懂得照顧、體貼人。

與臺灣朋友相處，我的感覺是至少臺北人都挺敏感的，曾經約臺北朋友吃飯，他聽說有另外一個人要來，就說不去了。因爲前面一次飯局上，與此人碰面，對方好像話比較少，就猜測此人會不會對自己有看法，所以，還是不碰面爲好，以免掃大家興。這樣的好處是比較細膩，壞處是容易摸不到他們的心。他們體貼周到、待客無微不至，我都覺得有些朋友是陪著小心在與你相處，客套很多，可能引起人不滿的資訊都被小心地規避著，他們含蓄、內察、不露，包袱皮特別厚，常常得認眞聽才能明白他們實際想說什麼。這似乎也日本，但是其實也很中國，比如過去老北京說話，就是罵人也是拐著彎，不像今天這麼粗鄙。所以，做節目請臺灣嘉賓也總是相宜，他們最懂與人溝通，受過在一個大環境中和諧與人相處的訓練。溫情容易濫情，禮讓或許顯得有些繁瑣，但是總比野蠻好。

電視上出現的臺灣政治生態與民間的一團和氣十分不同，充滿了攻擊和暴力。所以，作爲遊客，我們得明白自己不過是管窺蠡測，看到是一個臺灣社會的局部，這個社會的另外一個層面是無法觸及的。我們很難想像，像在這樣一個友善的社會，怎麼還會有餓死人的事情，或者因爲生活不下去而全家自殺。或者作爲遊客，我們也很難理解爲什麼很多臺灣人會覺得臺灣沒有前途。

（文／金雯）

馮侖　大陸媒體只說好，臺灣媒體只說壞

馮侖

萬通控股董事長，著名企業家

我覺得現在兩岸間的觀念差距很有意思。大陸人看臺灣，如果是第一次去，印象都不太

好。但是，深度看過以後，都覺得很好。臺灣人看大陸，有一類人看到好的，他們看到的是商業機會，有一類人看到不好的，經常有媒體揭露大陸一些不如人意的地方。

有一次我陪很多大陸企業家到臺灣，在跟臺灣企業家聊天的時候，大陸企業家們總喜歡問一些很大的問題。這讓臺灣的企業家們很茫然，不知道該怎麼回答這些問題。他們說：我們沒想這麼多。我發現兩地企業家的話語系統很不一樣，生存環境的不同，使大陸人關注大事情，臺灣人關注小事情。

後來我看到龍應台一篇文章，叫《你所不知道的臺灣》，我才找到答案。龍應台曾經解釋過一個社會人們爲什麼喜歡宏觀敘事，講大事，抖大詞，談什麼革命、解放，是因爲沒有小自由，比較說談個戀愛，上個網，翻個牆，小事情不能做就只能做大事情。大事情不解決，小事情也解決不了。

臺灣企業家曹興誠（聯電榮譽董事長）就公開罵過，他專門選擇馬英九想要爽的那一天，他花了幾百萬，把各大媒體的頭版版面買下來，親自寫了一整版的文章罵馬英九，讓馬英九不爽。

我覺得現在兩岸間的觀念差距很有意思。大陸人看臺灣——如果是第一次去，掃盲式的觀光遊——印象都不太好。但是，深度看過以後，都覺得很好。臺灣人看大陸，有一類人看到好的，他們看到的是商業機會，有一類人看到不好的，經常有媒體揭露大陸一些不如人意的地方。

兩岸的媒體有著很有趣的差異。大陸的媒體基本上以宣傳爲主，宣傳就是只講好的不講壞的，或者只講自己好和只講別人壞。比如新聞聯播，講本地新聞時天天都講好。生活在新聞聯播裏，就是最幸福的社會了。臺灣的媒體有獨立性，只講壞的不講好的。只講自己壞和只講別人好，偶爾也講別人壞，但大多還是講別人好。臺灣的媒體很有意思，總是講自己壞，天天批評自己。這樣一來，給大陸人的印象就是：臺灣很亂。爲什麼？他們自己都在批評自己。兩岸媒體的導向塑造出來的兩岸的社會形象——如果拍個照片——都不太眞實。

要彌補這種偏見，需要兩岸的深度接觸，而不是表面接觸。所謂深度接觸就是，大陸人要去臺灣工作、生活、學習，甚至置產。臺灣人也在大陸工作、生活、學習、置產，兩邊這樣走，偏見就會少很多。

不過，網路媒體的發展正在消除兩岸人民間的偏見。我發現九〇後對兩岸的認知是一樣的——大陸的九〇後看待大陸和臺灣，臺灣的九〇後看待臺灣和大陸，越來越一樣。他們互聯網上看到的資訊都是眞實的，都不被宣傳，都是什麼都有。所以在未來，兩岸觀念上的差異會縮小。

這是三種不同的市場經濟體制。美國是高度自由競爭的市場經濟，商業規則和法制很完善。臺灣屬於新興市場經濟體，是亞洲四小龍，經濟要比大陸發展得早，法律較爲完善。大陸是新建立起來的市場經濟體系，法規方面還有待完善。在美國做生意，你感覺不到政府，在大陸做生意，天天都感覺到政府。「政府」和「領導」這兩個辭彙，在大陸用得特別多。在美國，「市場」和「律師」兩個詞用得比較多，一談就是「市場」，一做事就要找「律師」。在臺灣做生意，也很少談到「政府」，但比美國還稍微多一點點，處於中間狀態，做事當然也是找律師。

在美國做專案，不僅僅不需要政府，好像也不怎麼需要我。我只要開頭去一下，說一下「這個事可以做」，然後接下來就是律師和各種專業仲介機構的服務，最後簽字的時候我再去一下就行。在大陸做事，事無巨細，都需要總經理或者董事長出面，去跑政府，因爲我們需要協調、溝通的地方很多，政府管的事情也比較多。

最近我碰到一個地產公司的老闆，他說自己很頭痛。他專案的所在地限購限價，公司的員工去政府談，樓盤價格談到每平方米五千三百元，但沒有批；部門經理去，批到五千五百元，爲了再往上一點，他派副總去，批到了五千七百元，最後他去了，批到了五千九百八十元。這類事情就是損人不利已，如果政府不管這件事，所有人都不用跑，自己定價就完了。

曾經有一個老闆講，企業家和政府的關係就是，離不開又靠不住。比如說房地產業，這十年前前後後出了幾十個文件，仔細看下來有很多是矛盾的。

（文／鄺新華）

民主是一種生活方式

雷頤

雷頤
著名歷史學家，中國社科院近代史所研究員

有人說，臺灣傳承了眞正的中華文化。從人際關係和傳統禮儀可以這樣說。但從政治體制而言，臺灣有其現代方式。

二〇一一年，我被邀請到臺灣工作了一段比較長的時間，也一直關注包括臺灣當局領導人大選在內的各種社會現象。二〇一二年年初，我是在臺灣大選之前回到大陸的，雖然大選還沒開始，但氣氛已經相當熱烈。我也算是近距離參觀了一次民主選舉。

民主是一種生活方式，只有在民主的社會環境中才能訓練起來。在剛剛解嚴的時候，被壓抑了多年的臺灣人，突然爆發出前所未有的政治熱情，幾乎人人談政治。在一個辦公室，在一個計程車裏，同事和同事、司機和乘客，你是藍營我是綠營，會爭吵得面紅耳赤、不可開交。經過了二十多年的民主轉型，臺灣人的政治態度已經很成熟。雖然臺灣人還在談論選舉的事情，但已經不像當初那麼熱情，氣氛也沒有以前那麼火爆。人們對政治的態度已經變得冷靜而理性。

在一個辦公室裏，甚至在一個家庭裏，臺灣人學會了互相尊重對方的政治主張。一些大型的計程車公司有規定，司機不能主動與乘客談政治。如果乘客的政見正好與自己相反那怎麼辦呢？個體司機們也自覺遵從這個潛規則。我認識一個臺灣「中央研究院」的朋友，他和他母親的政治觀點正好相反。他母親是外省人，是藍營的支持者，他卻是八〇年代體制外民主運動的參與者，對國民黨的戒嚴心有餘悸，投的是綠營的票。從前他跟母親在家裏也爭吵得面紅耳赤，現在已經不吵了，大家各投各的票。

在投票之外，臺灣人故意迴避政治話題，不讓政治取向影響了工作、生活和友情。你有你的政見，我有我的政見，這種政見只表現在投票的時候，你投藍，我投綠。即使我們不談這個，我們還是好朋友，還可以談合作。從這個角度而言，民主是一種生活方式。

拉票活動用多大的宣傳車，多高的分貝，都是有規定的。幾點幾分租用哪個場地舉行集會，宣傳車走哪條路線，都要經過批准。過去，政黨競選造勢時很火爆，參與人數衆多。由於人們的政治熱情高漲，人數往往超額而不得不延期。這一次我去時，已經沒有過去的火爆，人們也變得理性。也就是說，人們的政治參與在民主的生活方式下走向成熟。

《環球時報》說，腐敗在任何國家都無法「根治」。我對他們的觀點並不完全贊同。沒有任何一個制度可以根除腐敗，但民主可以最大限度地消除腐敗。臺灣社會就是一個很好的實驗。

所謂民主反腐，就是各政黨互相公開敵黨的要害，互相攻擊，互相揭老底。後果就是，政治參與者不敢有一點點違規行爲，更不用說違法。馬英九是出了名的不沾鍋，潔身自好到別人找不到攻擊的把柄。這次競選只能把多年以前富商請他吃的一頓魚翅宴拿出來說。綠營的參選者蘇嘉全就沒有這麼走運了。蘇在自家農地裏違章蓋了一幢農舍，競選時被抓住了猛攻，搞得非常被動，最後只好承諾捐獻給當地的社區。

二〇一一年十二月二十四日平安夜，我到新北市參加耶誕節慶祝活動，那裏有新北市最大的人工聖誕樹。主持儀式的是新北市長朱立倫和臺北市長郝龍斌。我一直往前擠，擠到了人群最前面，緊挨著主席臺。他們說：六點半要點亮聖誕樹，我們邀請了一位神秘嘉賓。我想，應該會是某個著名演員或者歌手吧。那主持人卻高喊歡迎馬英九。馬英九上臺，念了一段聖經。我離他很近，還拍了很多照片。任何人都可以過去，主辦者問都不問，照相機隨便拍。那天回去以後，我炫耀自己近距離看見了馬英九，他很不以爲然地說：我還跟他握手了呢。原來同事七點多時在圖書館查資料，剛好碰到有集會，還聽說馬英九要來。他就好奇地去圍觀。看到有一排椅子，人都沒來，就挑中間的位置坐下。一會兒馬英九及其同僚來了，剛好挨著我同事坐下，兩人還友好地握了手。

臺灣的政府機構絕對不敢公車私用——馬上有人把你揭露出來，你的政治前途就到此爲止了。

如果說政治體制的改革可以在一年之內甚至一夜之間完成，但社會體制的形成卻需要長時間的建設。我去了幾次臺灣，發現在臺灣人們講信用、社會有安全感。各種工會組織、宗教組織、醫療機構、慈善機構很發達，他們在社會上起的作用之大，是我們身處大陸社會的人所想像不到的。

臺灣人的幸福指數比較高。你到一些街邊小店裏，你可以看到吃的東西是乾淨的，可以放心的。我喜歡跟計程車司機談，我驚訝地發現，很多司機對自己的收入狀態很滿意。我一問，他們的牌照費用和給公司交的份錢都非常的低。甚至有些臺灣司機不喜歡個體，而喜歡加入大公司，因爲他們可以通過無線電接活。臺南、臺北等幾個地方我都問過，都是這種情況。臺灣司機們還說，二十年前的計程車也要交很高的份錢，也聽說過罷工的事件。但選舉改變了他們的生存狀態，「老闆只有一票，我們計程車司機有多少票呀？」

臺灣社會體制比較高效，有人說是日本統治時代法治社會的遺留，有人說因爲跟隨國民黨遷徙臺灣的主要是社會菁英，但仍然還沒有定論。

如何對待「二二八」的歷史創傷，也是臺灣社會轉型中遇到的重要問題。臺灣到處都建立了白色恐怖遇難者紀念碑、紀念館，紀念兩蔣戒嚴時期被殺害的那些人。給那些受害者的家屬賠償，恢復名譽。大多數的人認爲，這樣的方式，有利於歷史創傷的癒合。經過了幾十年，雖然還有人不滿意，希望給當事人以懲罰，但大多數受害者還是接受了。畢竟過去了這麼多年，當時的當事人都已經不在了，並沒有對當事人進行法律上的懲處。

（文／鄺新華）

陳斌華

臺灣有傳統文化的保存

陳斌華

臺灣研究者，新華社首批赴臺的駐點記者

臺灣已經過了高速發展的階段，不像大陸正處在轉型期，所以轉型的衝動和浮躁都沒有了。另一方面，臺灣有傳統文化的保存，傳統道德觀念起了很好的穩固作用。

陳斌華出入臺灣十一年，每年近三分之一的時間待在臺灣。在寫了《駐點臺灣：大陸首批駐臺記者手記》和《親歷臺灣大選》這兩本社會、時政著作之後，又於二〇一二年四月推出了一本臺灣風物隨筆《自在臺灣》。他還自詡「吃喝活動家」，一肚子臺灣煙火，所以他所接觸的人，上至政界要員，下至販夫走卒；所經歷的事，也是上至「大選」，下至小酌。

相較於「福地」，臺灣更像是一片「熟地」，與遍佈大陸的各種「熱土」相映成趣。「熱」可以是熱鬧、繁榮，也可以是混亂、盲目；而「熟」可以是成熟、理性，也可以是未來向度的萎縮和活力的衰減。

臺灣政界的炮仗嘴仗不絕於耳，難免讓人感覺臺灣好像一直坐在過山車上。事實上，臺灣人的心態很平和——在談到對臺灣的總體印象的時候，陳斌華認爲，即使臺北這樣快節奏的城市，人們的生活也非常有秩序，即使是在大選的時候，也是亂中有序，整個社會都很平和。

究其原因，陳斌華認爲：首先是臺灣已經過了高速發展的階段，不像大陸正處在轉型期，所以轉型的衝動和浮躁都沒有了；另一方面是傳統文化的保存，傳統道德觀念起了很好的穩固作用。

臺灣社會總體上是一個宗親社會，人與人之間維持著很強的宗親關係，此外，「臺灣百分之九十的人都可以說是廣義上的宗教徒，雖然他們並不是那麼癡迷於加入某個教派，但都有廣義上的信仰，所以大家對一些個人得失，可能比我們看得更開一些，因爲他們有自己的寄託。很多的窮人可能會把生活中的不滿意訴諸宗教」。

臺灣的社會架構和運轉機制比較成熟，確實有很多先進的經驗。比如，臺灣有很多的NGO（非政府組織），起了社會潤滑劑的作用，承擔了很多政府的職能。有幫助大陸新娘的「新移民關懷協會」，也有幫助自殺者的關懷熱線。「家庭關係、鄰里問題、感情問題……基本上只要你有某方面的需要，在臺灣社會都會有相應的非政府組織、社會團體來幫助你。」

這樣的運轉機制是深入到社會架構細節裏的。「每個市有每個市的機構，每個街區也有自己街區的機構。鄰——是臺灣最基本的組織單位，大家會組織守望隊，每戶抽人按時排班；消防員不夠，就有人做義務消防員；有些退休的教師也會到博物館裏做義務講解。在臺灣，很少有人會把希望寄託在某個政黨的身上，這一點跟大陸區別很大。反過來，臺灣人也不像大陸人那樣，把自己的很多不滿投向政府方面。」

「這些年，臺灣並未發生太大變化，不外乎一〇一大樓建成，高鐵通車，每年的經濟增長也就維持在百分之三和百分之四的樣子。」十年旁觀，陳斌華眼裏的臺灣沒有那麼驚天動地的改變。

但臺灣確實也發生了很重要的變化，「那就是她的民主口益走到了比較成熟的地步」。陳斌華做駐臺記者的十一年間，臺灣已經經歷了三次大選，也經歷了政黨輪替。而二〇一二年的大選理性了很多，老百姓已經非常淡定，而黨派之間雖然還免不了要互相抹黑、互相攻擊，但是跪倒在地、揚言自殺這種激情演出的戲碼越來越少了，競選活動主要集中在電視辯論、拜訪百姓等比較理性的範圍內。

民主的成熟和理性在體現到公共事務之中的時候，有不少臺灣人，包括一些官員，也會羨慕大陸的體制。在他們看來，大陸很容易集中力量做一些大事，大陸政府的辦事效率讓臺灣自歎不如，行政效能已經成了臺灣藍綠共認的弊端。「立法」和權力之間的制衡造成了嚴重的內耗，很多精力花費在朝野爭鬥上。而這也從某些角度解釋了爲什麼臺灣這些年物質層面未發生太大變化，臺北和高雄的機場跟大陸一些省會城市的機場差不多，而北京和上海等城市的新機場卻已經稱得上國際一流了。

在臺灣，如果要修一段路，就會有很多的民意代表要求道路通過自己的選區，很多的行政官員很容易被民意代表綁架，甚至不敢做事。行政官員最怕的就是到「議會」接受質詢，因爲一去可能就是一天，即使這一天根本就沒有接受質詢的任務，也要在那兒坐著。而「當你想要進行理性辯論的時候，有人又開始跟你糾纏政治上的話題」，陳斌華說，由於「過多的制衡，臺灣社會在政治上的理性討論空間並不多。由於族群矛盾和歷史情結，很多事情都容易上升到『是不是愛臺灣』、『愛臺還是賣臺』的問題上。」鬧得沸沸揚揚的美國牛肉進口案就很能說明問題，馬英九爲此事傷透了腦筋，進口有毒美國牛肉就是不愛臺灣，什麼臺美「邦誼」，我就是不買帳。沒有人會覺得自己應該爲更高層面的利益作出犧牲，進口案很快變成了政治問題，陷入僵局。

儘管臺灣有很多大陸人夢寐以求的好東西，比如民主以及對個人意見的尊重，但她並不像很多大陸網迷所想像的那麼完美。臺灣也有食品安全問題（當然，量比我們小很多），而且存在賄選、黑道介入、地方勢力等難以根絕的問題。

「現在的臺灣人缺乏方向感，這是大陸人身上所沒有的問題。」陳斌華對比兩岸，認爲大陸人儘管有很多不滿意，但總能感覺到我們是在發展，在崛起，而臺灣社會卻處於停滯之中，大家比較茫然，不知道臺灣的前途在哪裏，這是臺灣人共同的悲哀。說不定哪一天，自己就被大陸統一了，而獨立又不可能。「這也造成了很多臺灣人在身份認同上的迷茫和焦慮。以前，臺灣人在經濟上有很大的優越感，可是現在，他們看到大陸人到臺灣時的購買力，心裏也酸溜溜的，有點沒落貴族的心理，支撐他們優越感的剩下的就是民主、自由了。天然的島民心態和臺灣的歷史命運，也讓大家頗感失落，畢竟，臺灣的盤子太小了，很難去影響大陸。」

兩蔣時期的年輕人，接受的教育是，要好好讀書，將來去解救大陸人民；或者，好好工作，將來可能要去四川某個地方當縣長。所以他們對中國的長江、黃河都很有感情，中國的鐵路，從哪兒到哪兒，他們都非常瞭解，因爲他們學的地理知識和大陸基本上是一樣的。

陳斌華還說，儘管你讓一個臺灣人大聲喊「我是中國人」不容易，但是大家坐下來喝酒的時候照樣不分彼此，一高興就會說「咱們中國人」，大家還一塊兒比著背誦唐詩宋詞。骨子裏的東西，是趕也趕不走的。

（文／昆烏、丁歌）

歐寧 島嶼上的行動者

歐寧

當代藝術家、策展人、文化學者。

臺灣知識份子的思考和行動，構建了一個以島嶼爲地理依託，又與全球發生廣泛鏈結的強大的本土精神認同。這同時也拓展了我們的知識圖景和行動策略。

我第一次去臺灣是二〇〇九年，那是爲了策畫第三屆深圳香港城市建築雙城雙年展而做的一次密集的拜訪：從臺北到新北市（那時還叫臺北縣），再去宜蘭、彰化、美濃、臺南，見了許多在農村地區生活和工作的建築師、作家、音樂人和社運工作者；第二次是二〇一〇年，去臺中參加藝術展覽，從那又去了臺東，認識了很多原住民音樂人和藝術家；第三次是二〇一一年《天南》文學雙月刊在臺北舉辦創刊號發刊活動，主要與文學界接觸；第四次是參加《印刻》文學生活誌舉辦的二〇一一年兩岸文學高峰會，行程包括臺北、宜蘭、臺中、嘉義和臺南。

幾年下來，我和臺灣的朋友們之間往來十分密切。他們也經常到大陸來，有些是因爲我的邀請，來參加各種文化活動，有些則是因他們自己的工作而來。有時我們也在大中華地區之外的地方碰頭，在威尼斯、倫敦、雪梨、橫濱甚至地拉那的藝術展事和學術活動上，我們也常常不期而遇。他們在島嶼上長期累積的各種思想和實踐經驗，已經越過政治和地理的阻隔，對島外世界形成有效的輻射。

依我看來，這幾年臺灣知識份子的思考和行動至少在以下幾個層面拓展了我們的知識圖景和行動策略：對現代農業、城鄉關係、環境生態的反思，促使他們之中的先行者紛紛離城返鄉，在選擇鄉居生活、致力於可持續的農耕實驗的同時，他們還發起各種反抗惡劣的農村政策的社會運動，這種運動既立足本土，又融入另類全球化的思想脈絡，二者相互印證支持，令臺灣農村社運出現高瞻遠矚的闊大視野；民主政治的實踐逐漸走出黨派的局限，在互聯網的強大動員工具的助力之下，知識份子運動和草根運動同時出現無中心、無領袖、無政治代理人的新形態，政治訴求更具體、更集中、更生活化；文學、藝術、音樂、建築等領域的創作致力於挖掘歷史和現實資源中的地方性，構建了一個以島嶼爲地理依託同時又與全球發生廣泛鏈結的強大的本土精神認同。

這些努力，落實在一個外來者訪問臺灣的觀感中便是：城鄉界線的模糊，綠油油連綿不絕的農業風光，交叉耕種的作物令人感覺小農傳統猶存；農村公共生活之活躍，各種傳統節慶目不暇接；選舉、抗議等政治活動無遠弗屆，成爲島內隨時隨處可遇上的「景觀」；城市空間自由散漫，風格混搭，沒有太多經過政府規畫的街道和商業建築，充斥著大異其趣的市民趣味；知識份子雖然多數說話的語氣敦厚溫和，但表達的思想頗爲激進大膽；他們不僅熟悉世界各地最新發生的理論和實踐，更熟悉臺灣的歷史，並經常比照歷史來爲自己當下的行動進行「定位」；「島嶼」這個詞取替了「美麗島」，成爲他們口中對臺灣的自稱，以弱化其黨派色彩，顯示超越黨派政治的中性態度。

如果不是親臨島嶼，又翻不了牆、流覽不了被封的網站的話，我對臺灣的認識會大大受限於大陸傳媒和出版業所輸入的臺灣資訊。如今除了龍應台、侯孝賢、朱家姊妹、賴聲川、林懷民等等這些在大陸盡人皆知的名字，我還認識了更多的名字，見過更多有趣的人——他們包括在塑造臺灣本土意識方面著力很深的吳晟和吳音寧父女，客家民謠音樂人林生祥和鐘永豐，建築師謝英俊、黃聲遠與劉國滄，藝術家陳界仁、王墨林與BBrother，文學界的初安民、阮慶岳與胡淑雯等等——他們不僅是臺灣思想構建和文化生產的中堅力量，更是坐言起行、改變臺灣的行動派。

（文／歐寧）

印象臺灣

臺灣十大現象

臺灣最有人情味的十大創意

兩岸的十大橋樑

在臺灣找中國味兒

臺灣十大現象

我們常常被教育：本質比現象眞實，很多時候，現象也常常因其飄忽不定而被人忽略。但正是在以下這些繽紛的現象裏，有臺灣最原生態的眞實。

臺灣現象之政客作秀

網上流傳過一張臺灣某民意代表俯身給小販派紅包的照片。大陸網友感慨：臺灣政客竟然會向小販卑躬屈膝！成何體統！

親民秀本是西方政治中的例牌菜，現在臺海兩岸亦開始盛行，如馬英九爲「馬英酒」月臺。馬當臺北市長時幾次上小S節目，爲他競選臺灣當局領導人奠定了選票基礎，尤其是女性選票基礎。

全島上下，尤其是選舉季，到處都是選戰廣告。親民秀也是新聞主題之一。不作秀，哪來的選票呢？政客作秀本是選票政治的必然產物，你不秀誰知道你是誰、主張什麼。

在臺灣，與政客合影不是你的榮幸，而是他的榮幸。

從「好不好」、「要不要」之類的演講，到去媽祖廟、土地廟燒香拜祭，再到網路上與線民互動，臺灣政客作秀是門必修課。

作秀風彌漫到了對岸。《人民日報》近日也提出《「秀」應成為官員必修課》：「秀」是中性的。官員要面對群衆，要和群衆打交道，形象展示就是不可避免的。「秀」是介紹決策、亮明態度、表達情感的方式。

政客或官員作秀之所以遭批，是因爲部分官員沽名釣譽、做表面文章。之前的深圳公務員上街爲民擦鞋，「秀」大過內容，正如市民所言，做好本職工作比爲民擦鞋更重要。

形式大於內容，爲秀而秀，這樣的政客作秀兩岸人民都不喜歡。

臺灣現象之海歸返哺

有出國潮，就會有歸國潮，潮起潮落。

臺灣先是出去的多回的少，現在是出去的多回來的也多。自上世紀九〇年代以來，臺灣每年海歸人數超過了六千人。最初集中在ＩＴ等高科技領域，現在分散到各行各業。

畢竟創業是人生價值最好的實現方式，就像二〇〇〇年時華人ＩＴ圈互問的一句話：你還在矽谷幹嘛？

天涯一篇《爲什麼大陸人不像臺灣人那樣大批海歸》的文章說：美國公司裏已很少能看到年輕些的臺灣人，公司的七個臺灣同事，如今只有一個還在矽谷工作，一個退了休，其他都回了臺灣。而大陸同事大多仍是在美國公司裏當個普通的工程師，有的靠給人家寫程式度日。

歸與不歸，考慮生活品質還在其次，首先是能否大展宏圖。如今，海歸已成臺灣政經菁英主體。

海歸回鄉創辦有機生活農場則是臺灣另一道風景，譜寫著新都市農夫的圓夢曲。據聞一位父親送子留洋，可兒子學成之後要幫他務農，父親質問：「你回來幹什麼？」兒子用從海外學來的市場理念和新型農業模式，打造出全新有機農產品，結果大賣，於是父親心服口服了。

新都市農夫夢已彌漫到白領群體。比如在苗栗三義鄉廣盛村，就有一群年輕人在種糙米。他們都是臺灣知名大學的研究生，久居都市之後返鄉去種田。苗栗的有機模式是一種新機制，是一種商業，也是新一代臺灣人對土地價值的回歸與社會責任。這些原本在都市裏吹冷氣的白領，如今捲起袖子和褲管，成爲腳踩鄉土的都市新農夫，海歸反哺鄉村已成當下臺灣最新潮流。

臺灣現象之大學生創業

每個畢業生都要做這三項選擇題：a.到企業上班，有固定的薪水和額外獎金，可再怎麼拼命也是爲別人工作；b．當公務員，不只有固定薪水，工作也有保障，但要會巴結長官；C．自己創業，可以實現夢想，不用看人臉色，但創業最辛苦，風險也最大。

二〇一一年的數據是：臺灣大學畢業生起薪二．六萬元新臺幣，即四五千元人民幣，而臺灣人均收入四．七萬元新臺幣。這個起薪只夠養活自己，還不如創業搏一搏。

墾丁四學士牛肉麵館裏，四姊妹都是大學生以上學歷。貧窮的父輩供四個女兒上學怎麼也想不到將來都會去開麵館。今天四學士牛肉麵館已名滿天下，「臺灣牛」廣場上總是停滿了來自各地的車輛。

二〇一一年臺大「創業周」上，馬英九通過網路表示：只要不斷努力，夢想可以變成創業。他說，百分之九十八的臺灣企業是中小企業，中小企業最大的特色就是「靈活」。很多中小企業是由年輕人擔綱，而年輕人就是創業的來源，例如微軟、蘋果的負責人創業時，都還在大學念書，他們的創意變成創業，最後變成世界品牌。

怎麼樣把創意變成創業，政府扮演了重要角色。在當局協助下，光二〇一一年就有二千三百家企業創業成功，創造了一．二萬多個工作機會。輔助創業還需要「青年創業貸款」，當初創業成功的大企業家紛紛也成立了青年創業協會。創業不僅是一種風氣，也是一種文化和生態，一項制度工程。

反觀大陸，調查發現大學生畢業半年後，僅百分之零點九的人選擇自主創業（二〇〇七年）。成功率多少？百分之十。所以，當公務員、進壟斷國企風氣盛行也就不足爲奇了。

臺灣現象之臺客大陸掘金

臺灣藝人大陸掘金、臺灣主持人大陸掘金、臺灣精緻農業大陸掘金……伴隨臺企紛紛登陸，臺客個人也紛紛掘金大陸。

目前計有二百萬至三百萬臺客在大陸，佔到了臺灣總人口的十分之一。識別他們身份的是臺胞證、暫住證和工作證。準確地說，臺客的稱謂已過時，不少人已非客而是樂不思臺的大陸居民了，娶妻生子、落地生根。

上海及周邊聚集了近五十萬臺灣商人及家屬。他們有一個特別的名字：上臺族。蘇州的IT業更是臺客的天下。在北京，有大約二千家臺資企業，臺商總數有二萬多人。他們的經營範圍以服務業爲主。繼中友百貨之後，太平洋百貨數分店先後開業，錢櫃KTV生意也非常紅火。

假如你進一家跨國公司接受培訓，培訓師很有可能是位臺灣人。臺灣人如何在大陸賺錢？觀念領先，商機領先，企業領先，素質領先，還有就是生活方式領先。因爲臺灣是大陸的預演，臺客的領先經驗可在大陸實現地區差、時間差，從而大掘其金。

臺灣現象之文化登陸

臺灣曾有「國光計畫」：在一九五〇年至一九五四年間，臺當局致力於防衛臺澎金馬，鞏固「復興」基地，創造有利「反攻」形勢。終究，這不過是夢幻一場罷了。

大陸改革開放後，臺灣在文化上的確實現了「反攻大陸」：先是鄧麗君、羅大佑和校園歌曲、瓊瑤、三毛，再是臺商，然後是娛樂八卦和美食小吃。

二〇〇九年中國網發起一項「新中國最有影響力文化人物」的網路評選，結果六十年來影響大陸的臺灣文化人，鄧麗君排第一。大陸文藝青年傾聽鄧麗君、羅大佑彷彿找到了精神原鄉，原來這才是本民族情感的表達方式！

一入臺北你有進入民國的感覺，那種腔調、那般文字、那些禮節無不提醒大陸客，這裏跟大陸不一樣。假如你曾迷戀民國，就有穿越的感覺。

臺灣文化，源自大陸，影響大陸。今天，臺灣文化影響大陸已不局限於傳統文化的「出口轉內銷」。臺灣本土文化亦挺進大陸，例如卡拉OK常唱的臺語歌《愛拼才會贏》。廣義的臺灣文化融合了中華文化、閩南文化、客家文化、原民文化、日本文化、荷蘭文化，形成今天臺灣文化的混搭風貌，並仍在演進中。

臺海兩岸，表層的文化容易理解，涉及價值觀的深層文化尚有待彌合。兩岸雖同屬中國人，外表差異不大，但內心還是迥異。等你深入接觸就會明白了。

臺灣現象之心靈雞湯

應該說，臺灣比大陸更早經歷了成功學。今天的臺灣人更多了一份淡定，而大陸正如火如荼「快進中……」

機場是心靈雞湯的視窗。縱觀機場讀物，臺灣的心靈雞湯「有根」，大陸的心靈雞湯則浮躁。

心靈雞湯旨在經營人生與感悟人生。隨便挑一本臺版《寫給女人的生涯企劃書》，其中的幾個原則是：心乃是幸福和快樂的根，付出愛心、收穫快樂，善良是快樂的源泉，再苦也要笑一笑，欲望越多、幸福越少，戒除貪念、知足常樂。不難發現，信仰是臺式心靈雞湯的根。

對比大陸同類女性圖書，內容多半會是如何做個快樂女人，如何平衡工作和家庭生活，如何避免在各種壓力的侵襲下喪失活力等。一句話，喝碗「雞湯」是充電，以便重新去職場或情場打拼。有一本書高居大陸機場排行榜，叫《女人不狠，地位不穩》。

劉墉可稱是臺灣心靈雞湯圖書的標竿。他的作品在中國大陸銷售超過千萬冊。他在華文地區最暢銷的勵志書是《螢窗小語》，已出到第七集了。

有趣的一個現象是，臺灣已故聖嚴法師的情緒管理圖書《放下的幸福》被大陸歸爲心靈雞湯類。法師教誨說，爲什麼一個人可能得到一切卻仍舊不幸福？因爲幸福其實是來自我的

「放下」，而不是任何東西的「獲得」。眞正的幸福，不必依賴任何外在的人和事物，也不是來自變幻無常的情緒與感覺，而是心的一種清楚、愉快與平靜的狀態。

臺灣現象之志工文化

臺灣的志工即義工。他們構成了臺灣溫情社會的一道別樣風景。

觀光協會會長周慶雄說，臺灣有美景、美食，但最重要的是要有美德。中華航空刊物的封面專題是「品嘗臺灣的人情味」。臺灣最美好的風景是人，是人的內心，是他們的公益、友善、謙遜和人情味。

臺灣人之美，在於有公德心。

臺灣從十五歲到六十四歲的人群中，接近四分之一的人有志工經歷，並且逐年增多。僅一個慈濟會就有志工百萬之衆。

臺灣志工可追溯到中國傳統社會的「公工」，每年每家要抽人參加一兩天村落街道、水溝的清掃，自帶伙食。上世紀五六十年代，臺灣開始在社區推動志工，不再強迫，而是自願爲社區提供服務。志工源自傳統社會習慣，更來自公民社會的建立。

電視上看到蔡依林的母親黃春美就是志工，在醫院一做就是十幾年，並無星媽架勢。

臺灣公家機關也開始出現志工，義警、義交、義消，縣市政府櫃檯也有倒茶、接待的志工。志工又向醫院、學校延伸，學校志工通常是學生家長，引導學生過馬路，又因大多是媽媽，所以被稱爲「導護媽媽」。這令人想起北京公車站維持秩序和回答問路的大爺和大媽，他們的熱心是首都的一道風景。

臺灣現象之對岸是榜樣

臺灣的勵志對象不可能是美國，當然也不是日本，今天也不再是韓國、香港或新加坡。臺灣如今的勵志對象是中國大陸。

臺灣當以大陸來自勵，大陸則以臺灣來自醒。

當年，一位臺灣的社會學專家曾說，兩岸關係就像窮小子與富家千金攀親，很難的。那是在二十五年前。今天，格局反轉了。至少經濟版圖的重心倒向了大陸。臺灣媒體出現最多的國家或地域關鍵字就是大陸，想繞也繞不開。《天下》雜誌曾發問：大陸客來了，臺灣能否吃得下？

臺灣與大陸的感情是複雜的，用冤家來形容一點不爲過。臺灣人感歎，大陸人學得很快，如果臺灣不抓緊就會被趕超。爲什麼有些臺灣人在大陸賺錢回臺灣就罵大陸呢？這是大陸網民的反問。

當然，臺灣的勵志對象需要更高的標準，比如北歐五國，《天下》、《遠見》等刊物常以此為專題。

臺灣現象之民間信仰

在桃園機場你會發現不少宗教派發讀物，比如一本以書法書寫的《孝經》。至少有五個臺灣：人文的臺灣、環保的臺灣、宗教的臺灣、民主的臺灣，然後才是美食與美景的臺灣。我告訴你，臺灣的美食與八卦不是它的軟實力，民間信仰才是。進入臺灣人的內心，你會發現，他們跟我們外表相似，卻有著久違了的儒雅。

臺灣有信仰的人數高達總人口的八成。大部分臺灣人同時信仰佛教與道教。民間宗教對社會生活保持著強大的影響力，各地有各地盛行的神明祭典儀式，有的活動熱鬧可達八九天。據不完全統計，臺灣全島有一．五萬座廟堂，供的神祇最多的是土地公，依次是媽祖、觀音、關公等，供奉釋迦牟尼的反而不多，說明臺灣民間信仰的民俗性、實用性和世俗化。

民間信仰可按行業分類，各拜其神。例如酒業是杜康仙師、李太白仙師、濟公禪師等，餐飲業是灶君，理髮業是孚佑帝君(俗稱仙公，即呂洞賓)，檳榔業是韓愈仙師。最妙的是黑道拜關聖帝君，警察也拜關聖帝君，大概都看中關公忠勇仁厚一面吧。

民間信仰造就民風淳樸。在臺灣，出機場沒人查行李，退房時只要說沒其他消費就可以走了，巷子裏摩托車十有八輛是沒有上鎖的，這些都是對人的無罪推斷。臺灣有沒有小偷？導遊婉轉地說：「我不能說沒有小偷，但我四十五年來沒有被偷過。」

以善意揣度人，不要以陰謀論揣度人。星雲法師說得好：「究竟是神創造了人，還是人創造了神？到底是神大還是人大？有事不找派出所，建個土地廟保佑我；要結婚，創造個月下老人來幫忙。所以，神就是你自己的心。你就是自己的貴人。」

臺灣現象之媒體八卦

臺灣一度占主導的菁英傳媒觀，被《蘋果日報》和《壹週刊》的登島顛覆。於是「裸體加屍體，緋聞加醜聞」、「打破英雄神話，摧毀偶像藝人」的口號攪亂了傳媒界。

短短數年，愛挖人隱私，窮追猛打，小題大做、搶先暴露再找證據，成爲傳媒風氣。錯報誤報也只是在最不顯著的版面上登幾個字更正或道歉了事。

收視率是罪惡之源，發行量是罪惡之源，但這在臺灣已然是活生生的現實。

「八卦事業」勃然興起。八卦除滿足人們趣味外，還有心理放鬆功能，勞累一天的人們願見輕鬆調侃的東西。八卦也並非沒有正向作用，名人們不再敢胡亂作爲，因爲他們的一舉一動都被置於媒體的放大鏡之下。

黨無寧日，官不聊生，人民安定，媒體八卦。

但如果你只看到臺灣媒體的八卦，就大錯特錯了。臺灣電視有高僧大德佈道，有政治名嘴辯論，這才是這個社會的主流價值觀代表。
羅大佑《現象七十二變》中唱道：

眼看著高樓蓋得越來越高，我們的人情味卻越來越薄
朋友之間越來越有禮貌，只因爲大家見面越來越少
蘋果價錢賣得沒以前高，或許現在味道變得不好
就像彩色的電視變得更加花俏，能辨別黑白的人越來越少
一年過了又是新的一年，每一年都曾經是新的一年
在每個新的一年三百六十五天，我們都每天進步一點點
……

那是一九八三年。

（文／肖鋒）

臺灣最有人情味的十大創意

似乎任何事情到了臺灣，都會被放進溢滿善意的大染缸裏著著色。即使是外來的創意到了臺灣後，也都立刻被染上一個共同點：人情味。

在這個甚至人口不及一個城市的島嶼中，人情味卻濃得能化入海底。追夢者可以趁著年輕去流浪，年輕人可以拿著微笑護照走遍臺灣三一九鄉，年長者可以發動所有人捐出能兌獎的發票，主婦們能夠組成聯盟推廣綠色健康食品，一個人的環島能夠成爲一群人的騎行，普通人能夠成爲廣告的主角，旅行者能夠碰上一趟開往溫泉的列車，甚至在只有陌生人的火車站中，也能遇到熱茶一杯，微笑滿面。

曾去過臺灣不下十次的日本女明星渡邊滿里奈說：「我是一個旅行者，但是在臺灣，他們都把我當成家人。」她也成了名副其實的家裏人——臺灣觀光局毫不吝嗇地將她選爲代言人。旅人們最信賴的《孤獨星球》雜誌將臺灣選爲二〇一二全球十大最佳旅遊地的重要原因，亦在於這座孤獨島嶼上的人情之美。旅臺日籍作家青木由香也曾如此感慨：「臺灣最美麗的地方不是國家公園，不是山河湖海，而是很好客、很友善、笑容很可愛的臺灣人。」

臺灣人不是沒有焦慮，沒有煩惱。臺灣人也總是在忍受颱風與地震肆虐，和無法預測的暴雨侵襲。但你卻始終能在這個四面環海、每年陸地面積都在縮小的、只有三萬多平方公里的小島上，找到「活在當下」的終極意義——與人爲善。

微笑臺灣・三一九鄉向前行　重新發現深埋心底的故鄉

二〇〇〇年，在尚不完備的政治改革中完成第一次政黨輪替的臺灣，面對的是島內重頭製造業工廠紛紛轉移大陸的尷尬。在島內前途未卜、島民失業率不斷上升的不安與焦躁中，天下雜誌迎來了自己的創刊二十周年。

在二十歲生日時，天下雜誌想送給不安的臺灣一件特別的、具有凝聚力的禮物。「臺灣最小的單位是鄉與鎮，共有三一九個。我們想到了從地理來認識腳下的這塊土地。」天下雜誌副主編鄭宜媛說。二〇〇一年，天下雜誌聯合交通部觀光局以及一些企業，開始了探訪並銘記「微笑臺灣三一九鄉」的過程。

在臺灣小小鄉鎮的角落裏，同樣會有不一樣的美感。

二〇〇一年，天下雜誌群記者總數只有二十多位。因爲走訪三一九鄉的計畫太過龐大，天下徵用了外部編輯記者，並聯繫了師大的實習生，做了詳盡的田野調查。在幾位編輯開車下鄉實地考察的過程中，遇到了苗栗山上小鎮中的一間咖啡館。「這個咖啡廳只是主人的花園——卻像普羅旺斯一樣美。」這個發現給了天下人很大的底氣：「在臺灣鄉鎮的角落裏，同樣會有不一樣的美感。那時的臺灣已經有人帶著自己的興趣和理想回到家鄉。」

在這之後，天下雜誌就讓所有記者全部下鄉，採訪、攝影、後期編輯，花一年的時間，整理出《三一九鄉向前行》鄉鎮特刊四冊，分北部、南部、中部、東部四個版本。「在十一年前，臺灣的觀光資源僅限於大家所知道的大的觀光景點，還沒有發展到鄉鎮。爲了能讓更多人走訪三一九鄉，我們『發行』了微笑護照，讓旅行者帶著它到每個鄉鎮收集戳章。」

走遍三一九鄉讓年輕人邂逅生命中另一個可能。

二〇〇一年七月，微笑臺灣三一九鄉向前行活動開始。十月，天下雜誌就收到一封掛號信，裏面是蓋滿三一九鄉戳章的微笑護照。護照的主人是一位從未出

探訪“三一九”鄉的旅行著，在屏東這條“水果路線”上，拍下正在吃蓮霧的孩子們。

過臺北的醫科生，他向父親借了摩托車，帶著護照遊歷臺灣，集齊三一九個戳章。「與他同行的本是一位公共衛生系的大學生，因爲愛上旅行去考了飛行員，現在是華航的正駕駛。」這兩個年輕人讓鄭宜媛看到，旅行確實可以改變年輕人看待世界的方式，邂逅生命中的另一個可能。

到了二〇〇五年，臺灣基本實現了天下雜誌之前的預期——從前以工業爲主的鄉鎮，出現了很多設計出衆的民宿與咖啡館。在這一年，天下又推出了一本三一九鄉特刊，尋找三千家店鋪做成「微笑聯盟」。「這些努力經營的小店不是大品牌，沒有資源做行銷廣告。但是媒體卻能讓探照燈照到它們，讓它們被人看見。」

二〇〇七年，天下雜誌再次推出三一九鄉的特刊，介紹了臺灣的六十六個農產品與景點。二〇〇九年，天下雜誌又歸納出臺灣二十五個縣市的各自特色，推出特刊介紹「旅行臺灣的二十五條路線」。同年，「娜娜．角落遇到愛」部落客接力活動也開始進行，三一九鄉虛擬代言人，二十六歲的都市女孩娜娜紅遍網路。同年，天下雜誌還發起「把臺灣寄出去」活動，把能夠代表臺灣意象的圖片做成二十五種明信片，將它們寄給國外友人。

走訪三一九鄉，除了收集戳章的樂趣，也有人們對心靈故鄉的嚮往。

二〇一一年，三一九鄉向前行活動十周年時，天下雜誌發行主題爲「生活在臺灣的五十二條路線」特刊，發掘在臺灣生活的五十二種生活方式。「此時距離我們發起三一九鄉向前行活動已經過了十年，比起當年，越來越多的年輕人畢業後沒有留在城市，選擇回鄉。過去幾年的經濟發展，也讓年輕一代更有品味，願意追求生活之美。很多人將自己對生活的理解，與故鄉當地的文化結合起來，發展出每一個鄉鎮特有的東西。」

二〇一一年 四月一日，天下雜誌舉行三一九鄉向前行活動的十年慶典，馬英九也參加了加冕禮。在這十年間，領取了微笑護照的人超過六百萬，蓋滿三一九鄉戳章的笑友超過二千位。「每一年只要我們發行護照就會發現，越來越多走完了三一九鄉的是年輕人。這裏面也有人連續十年來，只要我們發行護照，他就會去重新走一趟。」（文／于青）

雲門「流浪者計畫」將追夢者送去世界的每一個角落

「出走。回家。再回走。我希望看到一代代人不斷出走。」林懷民在《出走與回家》裏這樣寫道。

二〇〇四年，林懷民得到臺灣最高行政機關六十萬臺幣的文化獎金，爲了「鼓勵年輕人一生至少要有一次一個人海外長時間旅行」，他把這筆錢捐給雲門舞集文教基金會，成立了「流浪者計畫」，獎助臺灣藝術創作以及社會服務工作者前往亞洲進行貧窮之旅。

在臺北雲門舞團基金會五樓的辦公室裏，記者見到了屋希耶澤、吳耿禎、瞿筱葳三位「流浪者」，他們分別是第一屆、第二屆和第五屆獎金獲得者。二〇〇五年，屋希耶澤流浪印度學習西塔琴，在六十一天裏只洗了三次澡，拉了不下七十次肚子。二〇〇六年，吳耿禎流浪到大陸的陝北地區學剪紙人。二〇〇九年，倫敦大學知識文化史碩士畢業生瞿筱葳走訪奶奶逃難路線，跑了二十多個城市尋找奶奶廚藝的味道。

七十二位獲獎的「流浪者」，前往三十三個國家和地區，一百五十個城市。

二〇一二年是「流浪者計畫」第八個年頭。八年來，已有七十二位「流浪者」前往三十三個國家和地區，一百五十個城市。「流浪者計畫」承辦人林芯羽介紹，「平均每年有八到十個入選者，每個人的獎金爲八萬到十五萬臺幣並附機票，奔赴亞洲地區進行至少六十天的旅行。在出發之前他們要自定行程規畫，安排路線，除天災人禍等重大因素，必須完成全程。『流浪』歸來後，要與『流浪者計畫』贊助者、評審及其他『流浪者』分享旅行的收穫。」

一個純粹的六十天「流浪者計畫」——不住高級飯店，找便宜的青年旅社，甚至自己帶帳篷。路途的艱辛並不是每個年輕人都有勇氣承受——流浪者首先要突破的障礙就是自己。

「流浪者計畫」的報名時間爲每年五月到七月，九月公告被選人名單。次年，被選中的「流浪者」就要前往目的地。林芯羽介紹：「評審有兩個階段，首先是書面評審，通過參選者提供的履歷，作品和旅行計畫書評選。然後面試。」出發前，雲門舞集基金會會給每位「流浪者」購買旅遊保險。

申請「流浪者計畫」的人數每年都在增多，入選者基本在三十歲左右。在這些流浪者中，有人騎單車完成二千公里的滇藏線之旅；有人拍紀錄片探討兩岸關係；有人去西南邊陲流浪體驗藏族生活；有人探訪有身體缺陷的朋友；有人去土耳其觀摩蘇菲旋轉舞蹈；有人去印尼學皮影戲……

“流浪者”屋希耶澤在印度恆河船上。

「流浪者」的五百場校園講座，為十八萬學生講述流浪的意義。

二〇〇八年，雲門基金會首度舉辦「流浪者校園講座」，七位「流浪者」到四十所學校分享他們旅行的經驗，其中包括《轉山》的作者謝旺霖。講座的場次逐年遞增，二〇一二年創下一百四十場紀錄。五年來一共累積了五百場，爲十八萬學生講述了流浪的意義。

「流浪者校園講座」是「流浪者計畫」的延伸活動，爲臺灣年輕學子帶來更寬廣的視野和影響力——騎自行車走絲路跨中亞至歐洲的張子午，鼓勵學校帶領國中生騎自行車環島臺灣；去雲南學蠟染的楊蕙慈回臺後，通過臺灣校園講座發起捐款，回到廣西幫助少數民族孤兒建設校舍；推廣環境綠化及社區美學營造的盧銘世，發起「小小流浪者計畫」鼓勵同學自行募款，幫助在校學生完成臺灣自助旅行。二〇〇九年，宏碁創辦人施振榮夫婦創辦的智榮基金會也加入進來，贊助偏遠地區學校邀請流浪者演講，成爲校園講座資金的堅實後盾。

「年輕的時候去過的地方，會帶給你的影響，是你一輩子的養分。」林懷民經常會提到的這句話，也是「流浪者計畫」的宗旨。基金會並沒有硬性要求「流浪者」帶具體的成果回來，但「流浪者」回臺灣後，都持續創作和發表作品：謝旺霖寫出《轉山》；吳耿禎在上海美術館舉辦個人剪紙展；瞿筱葳寫出《留味行》；鐘權拍出紀錄片《台北京》。正如林懷民所說：「只要有愈多人回來，整個社會就會愈來愈不一樣。」

二〇〇八年年底，臺北奧美創意總監胡湘雲接下大眾銀行的案子。爲了拍攝最好的效果，胡湘雲大膽起用從未合作過的泰國金獎導演Thanonchai。除《馬校長的合唱團》外，大眾銀行四則廣告的取材全部來源於臺灣本土的眞實故事，演員全是臺灣人。

二〇〇九年，胡湘雲拍攝了《母親的勇氣》。在這則廣告中，不懂外文的六十七歲臺灣老媽媽靠著一張破爛的中英文對照小抄，從臺北轉洛杉磯，再轉委內瑞拉，飛了整整三天，去看望她坐月子的女兒。同年，《馬校長的合唱團》在臺灣拍攝。在這則廣告中，一位不懂五線譜的校長幫助孩子們組成原住民國小合唱團，十五年來每天教小朋友練唱，帶著他們到處比賽，只爲實現孩子們的夢想。

二〇一一年，《夢騎士》再次備受關注。這則廣告改編自二〇〇七年弘道老人福利基金會所發起的「挑戰八十，超越千里，不老騎士的歐兜邁環臺日記」活動──十七位平均八十一歲的不老騎士騎著摩托車環遊臺灣。這十七位老人均在身患重病的生命暮年，走完了一千一百三十九公里的漫漫風雨。二〇一二年，胡湘雲想把廣告主題切入到更大的一個層面上，於是有了《生命樹》的出世。

胡湘雲坦率地說，「臺灣這塊土地讓我非常榮耀，我坐計程車都會覺得計程車司機比我偉大。建築工地，菜市場，每個人都有動人之處。正是這些平凡的人，做出了偉大的事。」大眾銀行這一系列廣告，發掘出臺灣社會許多平凡大衆的不平凡故事，將臺灣人的堅韌、勇敢、眞實與善良告訴全世界。

臺灣自行車環島遊文化

一個人的環遊，成就了一個島嶼的環遊夢想

臺灣的自行車環島運動協會由鐵馬家庭創始人黃進寶創辦，又被簡稱爲鐵馬家庭。鐵馬家庭已經協助數千人完成環臺的夢想，其中年齡最大的有八十一歲，最小的只有九歲。

黃進寶，楊麗君，黃建家，黃琮富，是這個鐵馬家庭的成員。黃進寶是爸爸，是這個家庭的大家長。由於常年彎腰打鐵，黃進寶腰椎間盤突出，需要手術。二〇〇二年，爲了緩解病情，黃進寶夫婦暫時放下工作，讓孩子休學一年，一家四口騎著自行車，用四百多天環繞地球一圈。他們沿著亞洲、歐洲、美洲的路線，像麥哲倫一樣，回到他們出發的地方，創造

用400天騎自行車“踩” 過13個國家的“鐵馬家庭” 。

了「鐵馬家庭」的傳奇。黃進寶被鐵馬粉絲們親切稱呼為「寶哥」——他從未間斷地帶領眾多男女老少完成了自行車環臺灣島騎行，在全臺掀起了「鐵馬環島熱」。馬英九也在上任前曾跟隨他完成了一段寶島南北之旅。

在臺灣自行車環島運動協會的官方網站可以看到，幾乎每一個月都有環島活動。鐵馬家庭自行車活動分為：我愛臺灣壯遊環島九天行程、漫遊環境十二天行程、戰鬥環島六天行程、青春鐵馬貫寶島五至九天行程。每次收取的活動費用根據環遊時間長短作相應調整。到目前為止，第六十四梯次（九月二十九日至十月七日）環島預約報名已滿。在網站左方鏈結到的是往屆各梯次的鐵馬家族，在「車友講堂」板塊裏有各梯次學員的臺灣自行車環島的筆記及心得。

臺灣綠色生活地圖　發現城市與人情之美

一九九八年年底，臺灣荒野保護協會負責人李偉文在紐約邂逅了綠地圖的創始人溫蒂・鮑爾，立刻決定將這個城市創意帶回臺灣，建立綠地圖繪製小組。到了臺灣的綠地圖，就不僅僅是一張地圖。富有人情味的臺灣想用一張小小的綠色生活地圖，「恢復人與土地的感情、人與人的連結」。為了讓綠地圖成為一場全民運動，荒野保護協會開啓了綠地圖義工培訓課程，「這些義工到社區，到學校，帶領著男女老少，發展各種活動設計」。這讓綠地圖的繪製過程充滿樂趣，讓人們能夠「共同探索發現隱藏在社區中的綠，被人忽視的荒野裏生命力旺盛的植物，社區裏深埋的老故事」。

除了發現城市，臺灣綠地圖的繪製小組更發現了許多身邊人的故事。在二〇〇五年出版的臺灣綠地圖合輯《地圖有氧運動——從紐約京都到臺灣七加十一個綠色生活地圖》之中，繪製地圖的人們「透過實地探勘和不斷『哈啦』，在習以為常的社區裏，挖掘埋藏已久的感人故事、發現住家附近被人忽略的綠色景點」。十一張綠色地圖的繪製過程，被鮮活的故事和人物填滿，成為臺灣人情味的一張精緻素描。

現在，臺灣的綠色生活地圖已經超過二十二份，手繪圖更是超過百幅。它們不僅僅詳細記述著臺灣城市的地理之美，更承載著一份綠意深厚的人情味。

全民喝茶日　一杯熱茶，溫暖人心

二〇〇四年四月七日本來只是一個尋常普通的世界健康日，但臺灣茶協會卻在這一年將這一天定為臺灣島的「全民喝茶日」，希望「在現代這個充滿喧囂和冷漠疏離的社會，透過簡單的一杯茶，傳達『奉茶』精神中對人的尊重和關懷」。到了二〇〇六年，從四月七日到六月底，只要插著「世界健康日、全民喝茶日」旗子的地方，人們就能前去享受奉茶之樂。各種主題茶會連綿不斷，各種組織機構也會免費供茶。而在臺北、桃園、新竹、臺中、嘉義、臺南、高雄、臺東、花蓮、宜蘭這十個火車站內，也全都擺設了茶席，爲在路上的旅客免費奉茶。

二〇一〇年，全民喝茶日再將「遊子心，鐵路情」與「世界健康日」相結合，在全臺灣十四個火車站，以及高鐵臺中站、高雄站等十六個定點設置奉茶站，免費提供好茶給來去匆匆的過路人。二〇一二年，全民喝茶日活動仍在繼續，前往火車站免費奉茶的已經不再是主辦方，而是由志願者完成——爲人奉茶的地點也不僅僅限於火車站，任何時段、任何地點，都可以爲人奉茶、受人敬茶。想要參與的人只需要塡寫報名表，主辦方就會幫志願者整理資訊，做成海報，貼上官網。

關於臺灣的奉茶文化，嘉義縣阿里山茶協會副會長李明璋曾有這樣的回憶：「以前住在路邊的人家，經常在家門口放一個茶水桶，上面貼有『奉茶』二字，爲過路的行者提供解渴茶水。」除了推廣茶文化，「全民喝茶日」之於臺灣更重要的意義，是藉著暖茶一杯，溫暖彼此心意。

絕不喪失底線與關懷的辛辣嘲諷

二〇〇四年九月二十日，全民大悶鍋節目開播，放在攝影棚中間不是美女不是帥哥，而是一口特製的綠色電鍋。這口名副其實的「大悶鍋」爲的就是表現出節目的主題：「解悶救臺灣」。當時，節目主辦人王偉忠已經在電視上「亂講」了二十年，從《連環泡》到《二〇〇全民開講》到《全民大悶鍋》再到現在的《全民最大黨》，王偉忠一直抓住每天臺灣發生的大事，用角色扮演來反諷政治人物，肆無忌憚地調侃一切嚴肅政治人物。

作爲一檔綜藝節目，《全民大悶鍋》永遠不會像《康熙來了》那樣以各色嘉賓博出位。每次都只有那麼六七個演員，卻靠他們模仿出成百上千個角色，把那些悶在吵吵嚷嚷、永遠了無新意的電視政治戰場上的觀衆，全都解救出來——六七個人再加一口大悶鍋，順出了不少臺灣人積累下的悶氣。

然而，《全民大悶鍋》能夠調戲民進黨主席，卻不能開口亂講天災人禍。能夠把陳水扁演得歇斯底里，卻不能用宗教或者動亂來開玩笑。「我們是不會把一個人逼到角落上去的。」王偉忠曾經在採訪中透露出他做節目的底線：不打落水狗，不講肚臍三寸以下，不罵街，對模仿者的諷刺到公開的言行爲止。在這個節目中，被消遣的是名人，看樂呵的是老百姓，然而被關懷的，卻是那些在節目中說出最悶事的人們——說出心聲，消愁解悶，才是那口主角大悶鍋的眞正用途。

開往溫泉的列車

坐捷運去北投泡過溫泉的人都知道，臺灣有一趟開往溫泉的地鐵。爲了讓溫泉更形象，捷運公司特地重新設計了北投站、新北投站的入口，和新北投支線列車的內外包裝。從北投站開往新北投站列車則直接以溫泉彩繪爲主題，讓溫泉客們踏上車就像踏進了溫泉。

這趟彩繪列車路線用傳統鐵路改建而成，全長只有一．二公里，限速每小時二十五公里，走完全程需要五分多鐘。隨著慢行的列車，乘客們能將窗外美麗的北投風光盡收眼底。列車共有三節車廂，內外均噴上彩繪圖騰，分別以不同的主題來展現溫泉文化。一三九九號車廂以「回到從前」爲主題，內置兩台液晶螢幕，播放新北投站及溫泉區的古早風貌。夾在中間的二三九九車廂內部以咖啡色調裝潢，把部分坐椅裝飾成泡湯浴桶的模樣，有些更內嵌導覽系統，讓乘客查閱當地溫泉及美食資訊。最後的三三九九號以「我與地熱谷」爲主題，用天藍色裝飾天花板、翠綠的樹林彩繪爲壁，詳細展現了熱谷溫泉區的自然景觀及生態。整個彩繪列車以及安放在北投站與新北投站的可愛裝置，讓很多非溫泉客也忍不住踏進了這趟開往溫泉的地鐵。

在臺灣多如牛毛的慈善團體中，以推廣綠色健康食品爲主的主婦聯盟可算是獨樹一幟。一九九一年，主婦聯盟環境保護基金會成立「消費品質委員會」，以保護臺灣爲出發點，通過綠色消費保護土地環境。一九九三年一月，一百多戶家庭第一次聯合起來募集經費，直接支援當地的農民，爲他們補貼農耕成本。收成後，農民會將農產品分發給捐款的家庭——這算是主婦聯盟的雛形。

而這個創意在美國早就存在，只不過它擁有另外一個名字——CSA（Community Supported Agriculture／社區支柱型農業）。在這種以社區爲主導的產業形式中，農戶與消費者直接建立關係。每週，登記人直接到對應農場拿取一星期的食物量，無需通過各種仲介——這與當地的住房及耕種用地的規畫環境有很大關係。

由於主婦聯盟推廣的綠色食品理念逐漸爲人所知，越來越多的家庭開始加入並成爲會員，越來越多的當地農戶也參與其中。這就讓家庭與農戶共同合作，形成一條有機食品的生產與流通的管道。現在，主婦聯盟合作社在臺北、新竹、臺中與臺南均有分社，出產的農產品也從食物類漸漸擴大至園藝工藝品、家庭清潔品及衛生用品。到二〇一〇年，聯盟會員總數已達到三萬五千人。二〇一二年年初，臺灣當局想對添加萊克多巴胺的牛肉施行「有條件解禁」時，主婦聯盟立刻組織抗議行動，讓添加瘦肉精的牛肉無法入臺。

而與美國不同的是，臺灣主婦聯盟並不僅僅局限於有機產品的分配，親子互動、母親之間的交流、如何教育孩子等議題，也經常成爲聯盟活動的主題。

慈善團體之捐獻箱 讓慈善成爲一種生活方式

在臺灣，慈善已經成爲一種生活方式。在臺灣各大小城市隨便一溜達，就會發現超市、便利店的收銀臺旁或是房產仲介門前，都會放一個或大或小的透明箱子，上面寫著：「順手捐發票，關愛老弱殘」或「順手捐發票，保護山林海洋濕地」——這些小箱子裏放的絕不是硬幣鈔票，而是人們消費後的發票。

這事要從半個世紀前說起。一九五一年一月一日，臺灣實行統一發票制度，成爲島內主要稅收來源，《統一發票給獎辦法》政策也推出，鼓勵人們消費後踴躍拿發票。現在，發票每兩個月開獎一次，獎金從二百元新臺幣到二百萬元不等。別看發票獎金的數額不少，但中獎機會並不多。所以退休老人曹慶就想出積少成多的辦法，讓大夥把這些中獎機會並不多的「彩票發票」都捐出來，再專門找義工將收集來的發票按號碼進行歸類整理，統一兌獎後，用所得獎金照顧車禍、中風等原因造成的植物人——別小看了這些發票的力量，他們曾在短短一年中收到一億多張發票，募得善款九千多萬元。

在臺灣，很多透明的發票箱上都印著諸如「順手捐發票，救救植物人」之類的口號。不管你在臺北、高雄還是台中，捐發票的透明箱隨處可見，基本處在半滿狀態。曹慶老人想要「做別人不做的社會福利工作」這個願望，也已通過島民的支持圓滿實現。

把發票捐贈出來，早已成爲臺灣人的習慣，甚至有網站以「到臺灣玩，不帶走一張發票」作爲歡迎口號。來臺瘋狂購物的朋友們，在隨手買解救吃貨、美膚達人、時尚饕餮的過程中，千萬別忘了隨手捐發票哦。

2012年6月，臺灣隨處可見的捐發票箱。

（文/汪璐、于青、陳舒婷）

兩岸的十大橋樑

文化是橋樑，經濟也是橋樑。語言是橋樑，人更是橋樑。那灣淺淺的海峽，變得更淺，兩岸中國人離得更近了。

瓊瑤劇

華人世界中只有兩個作家的作品被翻拍成影視作品最多，香港人金庸和臺灣人瓊瑤。金庸劇中都是大情大性的江湖兒女，瓊瑤劇也自有其公式：苦情、虐戀加苦盡甘來，與時俱進後還有小燕子式的純愛童話。從《六個夢》到《還珠格格》，瓊瑤劇盛行二十餘年，不再新鮮，但也從未過時。大陸人從中看到了男女的感情瑣事，也窺到了臺灣人的生活碎片，它和鄧麗君的歌聲一樣，成爲最早風靡大陸的臺灣文化產品，時間久了，就成爲海峽兩岸的集體回憶。瓊瑤劇中集合了華人世界裏最奇葩的癡男怨女，垂淚不語的啞妻劉雪華和聲嘶力竭的咆哮帝馬景濤把小清新的愛情故事也演繹得重口味，他們都逐漸老去，但在網路上仍然是文化現象，網民不是單純念舊，只是被震撼得太深，其實教主也演過沉默寡言的高手周淮安，不過大家只願意膜拜他在《梅花烙》中的癲狂，就像你不一定喜歡瓊瑤，但她筆下的那些貌若狗血的情感故事，你都或多或少地經歷過，不能無視。

臺灣腔

廣電總局下令內地主持人嚴禁「港臺腔」時，說粵語的香港電視人一定覺得很無辜，「港臺腔」的準確表述是「臺灣腔」，再精確一點就是「現代臺灣腔」。老一輩的臺灣人可能也會為今天年輕人的發音感到驚訝，王偉忠和李立群一直都是字正腔圓的北方口音，如果說他們是臺灣人定義的外省人，土生土長的胡德夫也是聲若洪鐘，聽不到「耶」，也絕對不說「這樣子滿好」。臺灣普通話進化成今天的腔調是件外人難以明白的事情，卻不妨礙它被大陸人接受，拿來即用，臺灣腔的精髓在於嗲，所以林志玲說出來就比吳宗憲動聽。現在已經沒有人糾結臺灣腔和北京腔的孰優孰劣，這只是美式英語和英式英語的區別而已。

故宮聯展

一個故宮，兩個博物院，分開六十年之後，兩岸故宮於二〇〇九年舉辦了首次故宮聯展。其實早於一九九二年，北京故宮和臺北故宮就曾合作在香港出版《國寶薈萃》，但實質性的關係一直無法取得突破，直到二〇〇九年一月，央視一套播出紀錄片《臺北故宮》，講述了兩岸故宮之間千絲萬縷的聯繫，才又重新調動起大陸民衆對臺北故宮的關注。在此之前的二〇〇八年，臺北故宮籌辦雍正展時，由於沒有雍正王朝服和一些相關文物，曾向北京故宮提出借展的建議，北京故宮不僅回應，還提出聯合辦展的建議，這促成了兩岸故宮的互訪，也爲聯展奠下基礎。在漫長的六十年中，北京故宮的文物曾多次在臺灣展覽，臺北故宮的文物卻一直無法來到大陸。而在聯展成功舉辦後，臺北故宮文物重臨大陸只是時間問題，國寶終將完璧，故宮的交流也就是兩岸文化的溯源之旅。

2012年6月，臺北“故宮博物院”。

眷村

一九七八年，孫瑋芒在《聯合報》的副刊上連載自己的散文《回首故園——眷村生活素描》，孫瑋芒描繪的鄉土生活讓臺灣人親近，「眷村」一詞也首次出現在文學作品中並廣爲傳播。談及眷村，不可避免要涉及國共內戰，國民黨敗走臺灣後，臺灣的人口由一九四八年的六百一十萬人激增至一九五〇年的七百四十五萬人，大批國軍由軍種畫分，分別居住於一定範圍，眷村由此成形。幾十戶乃至百戶規模的眷村無形中將帶到海峽對岸的大陸文化保留了下來。現在的遊客多會驚歎於臺灣麵食文化的豐富，這也得益於眷村居民來自大陸不同省份，各自帶去了家鄉口味。麵食文化的融合幾乎就是眷村人的生活寫照——在臺灣醬料中夾雜著大陸風味。從一九八二年到二〇〇八年，眷村的數量由八百七十九處銳減爲一百四十八處。村落雖已不再，文化卻留存了下來，在賴聲川的相聲中有眷村的故事，而金馬獎的最佳影片《老莫的第二春天》同樣描繪的是眷村群像，大陸人熟悉的宋楚瑜、李安、王偉忠、龍應台等人都來自眷村。

臺灣新娘

二〇〇二年，自臺灣開放大陸探親以來，兩岸居民結爲夫妻的已超過十六萬對，和最新的一個數字相比，它並不驚人。僅二〇一一年一年，兩岸通婚的新人就有一．一萬對，大陸新娘和臺灣新娘的比例爲七比三，可以想見的是，隨著自由行普及到更多大陸城市，這一比例會逐漸平衡。最有名的臺灣新娘是大S，她和汪小菲的婚姻證明了出自大陸的高富帥在華人世界的競爭力正在猛增。大陸的經濟發展是兩岸婚姻關係中無法忽視的因素，它造就了年輕富豪和中產者，順便也把「陸女嫁臺男」的單向交流，逐步營造成了「臺女嫁陸男」的雙向交流。雖然目前每十樁兩岸婚姻中只有三個臺灣新娘，但臺灣民政機構已經統計過，在過去兩年裏，嫁到大陸的臺灣新娘以每年百分之二十一的比例增長。

自由行

在臺商包機和兩岸直航之後，臺灣自由行姍姍來遲。臺灣全省的三一九個鄉鎮終於可以一覽無遺地展現在大陸遊客面前，香港自由行開放後的盛況註定要被臺灣自由行複製一遍。臺灣自由行的攻略在網上已經隨處可見，它不僅是遊客的參考書，甚至讓高雄市長陳菊都把它視爲推廣城市的新方式，放言要請「把高雄寫得最美的遊客免費來高雄體驗我們的熱情」。在臺灣旅遊局的官方網站上，中國大陸的遊客從二〇〇八年的二十餘萬人次激增至二〇一〇年的一百六十三萬人次，這之前，大陸赴臺遊客的數目一直爲零。大陸地區已超越日本，成爲臺灣旅遊業的最大客戶，惠澤兩岸的事情，大陸人和臺灣人都同樣喜歡。

海基會海協會

一九八七年十一月，臺灣開放民衆赴大陸探親，三年後，海基會在臺北成立，僅隔一年，海協會在北京掛牌，自此，這兩個半官方機構成爲兩岸交流最重要的通道。「九二共識」是海基會和海協會在誕生後的頭一個十年裏最卓越的成就，爲「汪辜會談」奠定了基礎。當辜振甫於一九九八年踏足上海時，已是近五十年來臺灣當局授權的代表首次踏足大陸故土，它標誌著兩岸交流步入健康軌道。在辜振甫和汪道涵於二〇〇五年去世後，繼任者江丙坤和陳雲林仍舊爲兩岸互通做出不懈努力，兩岸週末包機、兩岸三通乃至今天的臺灣自由行都由海基會和海協會一手推動，二〇〇八年的「陳江會」至今仍是兩岸關係中最重要的里程碑。

海峽西岸經濟區

以福建爲主體，涵蓋臺灣海峽西岸，外接浙江南部、廣東北部和江西部分地區，這一個被稱爲海峽西岸經濟區（以下簡稱海西區）的區域正在試圖成爲長三角和珠三角之外的又一個經濟重鎮。在對臺經貿方面，海西區如同當年的深圳特區，握有政策上的優勢，各種商業活動可以先行開展，由成效決定合理性，爲兩岸的商業合作帶來更多的便利條件。作爲海西區的主體，福建是臺商在大陸的重要聚集地，有二十萬臺商匯聚在當地，他們是海西區政策的首批受益者。大陸的經濟特區數量一直在增加，不再是新奇事物，但和臺灣一衣帶水的海西區未必會是單純的經濟特區，它有近水樓臺的優勢，有能力成爲對臺交流的綜合通道，在更多的層面上吸收臺灣的成功經驗。

香港

港臺這個詞是內地人發明的，香港和臺灣總是被不自覺地聯繫在一起，它們各有和內地不盡相同的制度和法律，彼此之間又有相同之處，過去是盛產明星，現在是各有CEPA和ECFA，各有自由行。在兩岸三通沒有啓動之前，臺灣人進入大陸多數都由香港入境，香港是聯繫兩岸的民間中轉站，我們還能在香港電影中看到臺灣人林青霞扮演的東方不敗。一九九七之後，香港和內地融合的過程就是臺灣正在經歷的故事，香港經驗就是臺灣經驗。時至今日，香港都在兩岸交流中扮演重要角色，臺灣跟大陸的商業合同出現糾紛的時候，往往在香港做仲裁，香港的基金在臺灣上市，臺灣民衆可以通過它買到大陸的股票。

ECFA

二〇一〇年六月二十九日，醞釀了五年之久的《海峽兩岸經濟合作框架協定》（以下簡稱ECFA）終於簽字生效。ECFA是兩岸關係發展的必然產物，在二〇〇八年的全球經濟危機之後，中國大陸和臺灣，這兩個亞洲首屆一指的經濟體加快了商貿合作的步伐。ECFA被馬英九盛讚爲將給臺灣帶來新的「黃金十年」，事實也是如此，ECFA簽訂之後，臺灣出口到大陸的商品數量以每年百分之十七的速度遞增，大陸民衆能在超市裏方便地購買到來自臺灣的水果和魚蝦，臺灣的漁民和果農也因此受惠。中國大陸無疑是全世界最大的工廠和市場，而與香港、新加坡相比，臺灣則是市場規模最大的華人地區。早在成長爲亞洲四小龍的過程中，臺灣的商業世界早已歐美化，從這點而言，它也爲大陸企業提供了一個向歐美發達國家市場進軍前的試驗場，這一切都拜ECFA所賜。

（文／胡堯熙）

在臺灣找中國味兒

我們與他們，似曾相識又彼此陌生。在臺灣找中國味兒，你能感悟到一種久違了的溫馨。

用「谷歌地球」俯瞰，臺灣的城市與珠三角的城市並無大分別。可再看路牌，再看人臉，則是另一道風景線。

我們與他們，似曾相識又彼此陌生。他們二千三百萬，我們十三億。究竟誰更代表那個傳統的中國？在臺灣找傳統中國的味道，你能感悟到一種久違了的溫馨。

環遊世界的學者金觀濤曾說，走遍全球的華人社區，最適宜居住的還是臺灣。

臺灣究竟有什麼可看的？我走馬觀花九天時間，在臺島上找中國，讓我拼出一個完整的中國。

臺灣人的臉

終於到臺北了，我陷入了「民國」。導遊用了一句慣用語，「臺灣這邊叫飯店，咱們家鄉那邊管叫酒店」。在臺灣，酒店是歡場的代名詞。二〇一〇年《新周刊》做了「民國范兒」專題，臺灣INK雜誌照樣全登。

桃園機場在翻修，一步一個道歉提示。謙恭本是中華民族的美德。機場的服務公司叫信實集團，英文sincere，信達雅，又合理念；貨運公司的服務是「送至您府宅」，好一個久違的府宅；公汽公司叫「大有大巴」，大有是易經中的吉卦呢。

臺北以忠孝仁義命名道路。香港的路名很殖民，大陸的路名很革命，臺灣的路名都很中國。東西主幹道叫忠孝路，南北縱橫叫復興路（臺北）；還有仁一路、信二路、義三路、愛四路（基隆）；或者一心路、二聖路、三多路、四維路、五福路、六合路、七賢路、八德路、九如路、十全路（高雄）。道路不只通東西南北，也通古今。

如果樓盤叫「將進酒」或「棋琴九重奏」，你不必稱奇。或許你看慣了皇家御庭或歐陸風情。樓盤名稱透出一座城市的底蘊。

更多的底蘊在文字中。他們的（愛）是有心的，他們的（親）是相見的，他們的（義）中是有我的，他們的（廟）是經常朝拜的。中國漢字是我們與古人交流的密碼。密碼不失，方能傳承。

人臉是城市最細緻的風景線。臺灣人的臉從容淡定，優雅內斂。是否熱心爲陌生人指路是一座城市友善的指標。新一代臺北人會拿出手機，耐心爲你Google。中華民族以助人爲樂，美德有傳。

臨行前被告知，內地砍價殺一半的做法在臺灣行不通，會招致鄙視。你不買東西不會遭嫌棄，店家會說「謝謝，歡迎下次再來」。

在臺灣，「小姐」仍是禮貌的稱呼，「老師」是極令人尊敬的稱謂。

友善是臺灣人的關鍵字，《新周刊》曾出「友善經濟」的專題。友善不是靠標語，也裝不出來，不是面子，而是裏子。中華民族的裏子是鄉土中國。據稱，臺灣仍保持里長、鄰長的設置，居民一有矛盾或問題，先靠傳統的辦法協調。中國式友善是從鄉土社會出發，再擴展到陌生人社會的。

臺灣的斤兩跟大陸不一樣，還是十六兩制，也就是說大陸半斤，臺灣是八兩。

臺灣「綜藝教父」王偉忠曾說過一句經典的評語：北京好看不好玩，臺北好玩不好看。這次他補充說，北京最好玩的時候是一九八四至一九八八年，那時北京滿大街「膀爺」。我說是啊，那是中國改革開放的黃金五年，當然好玩啦。現在都跟權力玩，能有趣嗎？

文化是最大的附加價值

不少大陸客初看臺灣會有些心理落差。臺灣怎麼連個氣派的機場都沒有？有陸客對導遊小曾說，臺灣真破，賓士沒幾輛，樓又這麼小這麼破，推薦點漂亮點的行不？「臺灣最值得你推薦的是什麼？」小曾說是人情和文化。臺灣的文化與人情沒寫在樓面上，卻寫在人臉上。我又問臺灣貧富差距大嗎？他說大，但看不出來。

「臺灣不是來看的，臺灣是要來細細品味的。就像一個女人。」（馮侖）比如誠品。誠品代表這座城市的品味和抱負。不泡誠品，不能理解臺北。目前，港澳和大陸的書店大都被擠出了黃金地段，而臺北誠品還在堅守。老闆是用其他經營收入來補貼的嗎？後來得知，在誠品最困難的時候政府曾出手補貼。逛誠品是一種享受，看多久都沒人轟你，像是個圖書館可隨處坐。年輕人看報刊的越來越少，但看書仍是必修。一本書通常在二三百元新臺幣（四五十元人民幣），學術書更貴。讀書是一種態度，是不淪爲「低智商社會」的保證。

在誠品書店，設計書刊充斥著書架。從上世紀九〇年代至今，臺灣成功地從爲別人代工（OEM）到自主設計（ODM，Original Design Manufacturer）。這個轉變要求臺灣人瞭解客戶消費心理和生活方式流變，做好研發、設計、行銷、廣告等微笑曲線的兩端。由此，亦要求臺灣人從集體化的生活轉向個體化的生活風格。這是雜誌人詹偉雄的總結。

臺島沿途有許多主題民宿（家庭旅店），尤其在最南端的墾丁，均是小而精，透著主人的趣味。每間店，每座城市，都應和著傳統與創新。

創新不忘本。臺北故宮博物院的「筆有千秋業」文人字畫展最令我肅然起敬。故宮不只展現帝王將相，不只展現錦衣玉食，還有文人情懷。文人僅憑一支筆即可傳千秋萬代：牛！

去臺灣時正值暑假，「百年樹人」的學生夏令營隨處可見，其中一個內容就是拜廟。臺灣教育宗旨是「德、智、體、群、美」，沿襲了蔡元培等先師們的訓導。其中德育是最重要的環節。「品格教育」包含人品、道德與人格等，再延伸出諸如關懷、公平、尊重、責任、感恩等價值觀。臺灣大專院校都開設一個學期的勞動服務課程，內容是做社區服務、勞動服務的工作。藝術修養，培養學生具備欣賞音樂的能力，而不爲成爲音樂家練鋼琴，不爲成爲畫家欣賞繪畫，而是培養學生對美的認識。倫理教育，學工的學習工程倫理，學商的學習企業倫理，特別醫學系對倫理教育非常重視，做醫生不能只爲賺錢。盧梭說：「不管學生將來入何等職業，先使他成爲一個人。」

假如你去臺灣觀光，錯失了自然美景不足惜，因爲大陸也有，但若錯失了文化就未能觸摸到這個小島的核心。因爲文化是臺灣最大的附加價值。

信神靈的人有福了

粗粗看了一下，臺灣大致幾類電視節目：最多是娛樂節目，然後是美食減肥生活類，最後才是新聞類，且以社會新聞爲主，偶有政治辯論，也是脫口秀。「全民最大黨」則屬娛、政跨界的兩棲節目。當然還有大愛、人間衛視等教化電視。我專心看了一期證嚴法師的佈道，娓娓道來，言淺意深。證嚴、星雲等諸大師的人間佛教才是臺灣的定海神針。你不要被娛樂表象蒙蔽了。

臺灣人八成信教。全島廟堂多達萬餘座。著名的佛教「四大」是：佛光山（星雲創建）、法鼓山（聖嚴創建）、中台禪寺（惟覺創建）和慈濟會（證嚴創建）。街頭宣善的提示更是隨處可見。在臺北一〇一旁的一家「臺北流行中國菜」的館子我看到這副對子：正邪都爲衣食忙，善惡皆有心中法。領導人或地方官常去拜廟以便親民。比如土地廟的社會功能非常直接：護國佑民。

資料顯示，臺灣人信奉的第一是媽祖，第二是觀音，第三是土地公。釋迦是一種水果的名稱，超好吃，一點沒有不敬的意思。

什麼叫人間佛教，就是寺廟在人間。無論是陽明山上或居民社區，廟堂端坐其間。關於信仰，我的理解是，只要大家集中願力，定有好果，與迷信無關。韓國和臺灣近幾十年來可謂政局更迭頻繁，間或醜聞不斷，但在社會基本面上人們還是淡定的。是宗教維繫著一方安定，而非什麼政黨。

在高雄賓館裏每個房間放著三本書：佛教聖典、聖經、證嚴的《靜思語》，它們和諧共處著。什麼是和諧社會？這就是和諧社會。和諧首先得有根，或起碼的價值觀。

除人間宗教外，臺灣人的工作觀也值得稱道。工作是生命的實現，而非純爲勞作和生計。一天，臺北的哥、六十一歲的李師傅對我說，人不能停，一停就離死不遠了。六十一歲，在大陸正是帶孫子的年齡。勤勞是中華民族的美德。只是勤勞也有不同的價值觀。

從小吃透視一個社會的傳承

不說說小吃好像對不起臺灣。康師傅牛肉麵在大陸吃香可在臺灣不名一文。在臺灣隨便一家阿公阿婆的館子都有上百年。「非五十年不夠道地」，這是一位雜誌同仁定下的吃規。我住的飯店旁的一個小吃檔寫著：本攤有三十六年歷史。

百年老店，子承父業，子將老店品牌化，用現代手法包裝家族產業。就像對待傳統，自豪與自尊，首先得有用，才談得上再造。傳統文化亦同理。一家牛肉麵館往往是兩代甚至是三代同堂，一代傳一代，下一代並不以做飲食業爲低下，相反有種家族榮耀在其中。店家一天幹上十小時，汗流浹背但很快樂。因爲是自己的、家族的事業，人有長遠預期，所謂有恆產有恒心。中國的食品危機，多數壞在了人們沒有了長遠預期，撈一票就走。

屏東有家「四學士牛肉麵館」，一家四姊妹皆學士學位，卻全都幹上了牛肉麵。臺灣大學生畢業後首選創業，喜歡無拘無束。臺灣大學畢業的起薪是二．四萬元新臺幣（約五千元人民幣），比起給人打工，還是有個自己的小店或小工作室更愜意。

臺灣的職業聲望，仍以醫師、律師和教師這「三師」居首。據稱一個臺灣醫師最大的心願是有朝一日開個自己的診所，熬到那會兒通常都要四十歲上下了。

關於臺灣小吃我首推臺南，尤其是赤崁老城一帶，在那彎如腸道的巷子裏，小吃店、廟子、風水鋪子一應俱全，有個風水鋪還有與馬英九的合影。城市的靈魂就埋藏在其中，我像蚯蚓一樣潛入。印象最深的是四神湯，用薏仁、白果、山藥燉豬大腸，湯是用骨頭吊足火候的，呈奶白色，極鮮美。待付帳時，老店家過來先把硬幣的面朝上再收下，她說蔣公頭像是不能朝下的，這樣不敬。看來老太太還是認老禮的。

最好吃的一定是在巷子裏。這是條小吃定律。在鹿港小鎮我吃上了一家「王岡麵線糊」，牆上有店主與吳大維一九八九年的合影。麵線糊好吃又便宜，只二十五元新臺幣（合人民幣五元），我想是做街坊生意的，人家從小吃到大，不好意思漲價吧。

臺灣小吃爲何能做到精緻細膩、原汁原味，我概括爲「有根」，一家店做死這條巷子，一百年不變。大陸老字號要麼被公私合營，要麼盲目擴張，都失去了根基。小吃如此，民族亦如此。反觀「五四」一代，都有國學家底才喊出民主、科學，終成一代學貫中西的大師。無根如浮雲啊！

從新富社會轉向現代成熟社會

「富過三代，才知穿衣吃飯」。臺灣「飯店教父」嚴長壽概括了臺灣社會的三個階段：第一代由貧轉富，暴富之後大塊吃肉、大碗喝酒，口味很重；體態臃腫、血壓升高之後，轉向第二階段，即講究清淡、健康、均衡；第三階段人們不只爲口腹之欲和健康而吃，而是要吃出文化、吃出藝術來。

臺灣正從新富到成熟社會轉型，而大陸還處於新富階段。新富的另一個說法是暴發戶。兩岸對比，從社會進程上看，臺灣提前二十年預演了這個過程。

優酷組織的環島自由行，有一條路線是單車遊，是爲呼應全島宣導的節能減碳之號召，也是爲與原住民親密接觸。自行車手劉珊珊說：「三百二十公里上遇到的每個人都對我報以微笑。海邊的漁民、豪放的原住民、夜市裏的女老闆、環島的大學生、獨居的九十歲老伯……謝謝他們的純眞和友善，他們簡單的一句『加油』，讓我信心倍增。」

傳統的環境觀是天人合一，這一點臺灣人做得不錯。導遊笑稱LV包包是用來裝垃圾的——出外垃圾只能兜著走，因爲街頭很少有垃圾桶，這是敦促你少製造垃圾。餐盒不能丟公共垃圾桶，否則被罰。居民垃圾分五類管理，垃圾定時集中拉走。

停車開空調不能超過三分鐘，否則罰款六千元新臺幣。公共場合全面禁止吸煙，否則罰款三百至一萬元新臺幣。何爲公共場合？公共建築物屋簷之下，或同時有三人以上者。苛刻吧？

人行道上，汽車如果離行人少於三米，司機會被罰款六百元臺幣。這才叫人道主義，我們這邊則是車道主義，汽車從來不讓人，還嫌你走得慢猛按喇叭。

臺灣大部分地區民風純樸，即便在臺北摩托車夜晚也是放在外面一排，無人看管。逛夜市你不用擔心被偷包。搭計程車不用擔心被宰，因爲司機擔心被投訴。在臺灣，被投訴是一件很要命的事。

商場隨處可見投發票的箱子，那是宣導獻愛心、捐發票，因爲發票會定期搖獎。捐發票既監督商家納稅，又鼓勵你救助老弱。

在基隆看到一幅醒目的標語：爲什麼基隆沒發展，因爲沒有交通立委！選我吧！在臺灣政客表演像娛樂明星一樣起勁。而對岸，張家界市市長拍旅遊廣告被嘲諷爲作秀。同樣的宣傳行爲，在兩岸會有不同解讀。

除選戰期間，臺灣人基本上離政治很遠。在臺灣我有一種強烈的感覺，政治無處不在的社會不是好社會。

旅遊就是現代人的朝聖，從別處尋找生命體驗。而九天往返兩岸，我感到既親切又穿越。都說不要觀光旅遊，要深度旅遊，但無奈機會難得，自由行剛剛開閘，現每天已開放二千個名額。有機會一定要到花東和苗栗去小住一段時光。

（文、圖／肖鋒）

國家圖書館出版品預行編目資料

臺灣最美的風景是人/新周刊主編.
一初版.一臺北市 華品文創，2013.06
面 ；公分
ISBN 978-986-89112-3-9(平裝)

1. 人文地理 2. 臺灣文化

733.4 102010861

華品文創出版股份有限公司
Chinese Creation Publishing Co.,Ltd.

臺灣最美的風景是人

主　　編：《新周刊》
總 經 理：王承惠
總 編 輯：陳秋玲
財 務 長：江美慧
印務統籌：張傳財
美術設計：vision 視覺藝術工作室
出 版 者：華品文創出版股份有限公司
地址：100台北市中正區重慶南路一段57號13樓之1
讀者服務專線：(02)2331-7103　(02)2331-8030
讀者服務傳真：(02)2331-6735
E-mail：service.ccpc@msa.hinet.net
部落格：http://blog.udn.com/CCPC

總 經 銷：大和書報圖書股份有限公司
地址：新北市新莊區五工五路2號
電話：(02)8990-2588
傳真：(02)2299-7900
印　　刷：卡樂彩色製版印刷有限公司

初版一刷：2013年6月
定價：平裝新台幣330元
ISBN：978-986-89112-3-9

本書中文繁體版由《新周刊》授權出版
(圖片/除署名外由《新周刊》圖片庫提供)